Ken Wilber · Wege zum Selbst

Ken Wilber

Wege zum Selbst

Östliche und westliche Ansätze zu persönlichem Wachstum

Kösel

Übersetzung aus dem Amerikanischen: Gudrun Theusner-Stampa, München.
Die Originalausgabe erschien unter dem Titel »No Boundary« by arrangement with Shambhala Publications, Inc., 1123 Spruce Street, Boulder, Colorado 80302, USA

Für Jack Crittenden
den besten Schüler, besten Lehrer, besten Freund

CIP-Kurztitelaufnahme der Deutschen Bibliothek

Wilber, Ken:
Wege zum Selbst : östl. u. westl. Ansätze zum persönl. Wachstum / Ken Wilber. [Übers. aus d. Amerikan.: Gudrun Theusner-Stampa]. 2. Aufl., 5.–7. Tsd. – München : Kösel, 1986.
Einheitssacht.: No boundary ⟨dt.⟩
ISBN 3-466-34101-9

2. Auflage 1986, 5.–7. Tausend

Gesamtherstellung: Kösel, Kempten.
Umschlag: Günther Oberhauser, München, unter Verwendung eines Fotos von Lothar Nahler, Hillesheim.
ISBN 3-466-34101-9

Inhalt

Vorwort

In diesem Buch wird untersucht, wie wir uns ständig uns selber, anderen und der Welt entfremden, indem wir unser gegenwärtiges Erleben in verschiedene Teile zerlegen, die durch Grenzen getrennt sind. Wir spalten unser Gewahrsein künstlich in Abteilungen auf: Subjekt/Objekt, Leben/Tod, Leib/Seele, Inneres/Äußeres, Verstand/Gefühl – eine Trennungsregelung, die zur Folge hat, daß ein Erleben das andere einschneidend stört und das Leben sich selbst bekämpft. Das Ergebnis ist einfach Unglücklichsein, auch wenn man ihm viele andere Namen gibt. Das Leben wird zum Leiden, von Kämpfen erfüllt. Aber all diese *Kämpfe,* die wir erleben – unsere Konflikte, Ängste, Leiden und Verzweiflungen – werden durch die *Grenzen* verursacht, die wir in unserem Irrtum um unser Erleben ziehen. Hier wird untersucht, wie wir diese Grenzen schaffen und was wir gegen sie tun können.

Es herrscht heute eine große Verunsicherung darüber, wohin man sich wenden soll, um Hilfe und Anleitung zur Überwindung der eigenen Konflikte und inneren Kämpfe zu finden. Zunächst ist da einmal die ungeheure Anzahl der verfügbaren Ansätze aus Ost und West, von Psychoanalyse bis Zen, von Gestalt-Therapie bis TM, vom Existentialismus bis zum Hinduismus. Außerdem scheinen viele dieser Denkrichtungen einander geradezu zu widersprechen. Nicht nur sehen sie den Ursprung des Leidens völlig verschieden; sie verordnen zu seiner Linderung auch verschiedene Methoden. Oft stellt man fest, daß man mit zwei verschiedenen Psychologen oder spirituellen Lehrern einer Meinung ist, nur um dann zu erkennen, daß sie untereinander völlig uneinig sind.

Ich habe versucht, aus dieser verwirrenden Vielfalt von Anschauungen eine Synthese, eine Gesamtschau herzustellen. Ich habe diese verschiedenen Zugänge zu Therapie, Heilung und persönlicher Weiterentwicklung in einem Rahmen zusammengeführt, den ich »das Spektrum des Bewußtseins« nenne. Dieses Vorgehen erlaubt uns, das Wesentliche der drei Hauptrichtungen in der abendländischen Psychologie und Psychotherapie anzunehmen und zu integrieren: die orthodoxe, auf das Ich bezogene Richtung (einschließlich des kognitiven Behaviorismus und der Freudschen Ich-Psychologie), die humanistische Richtung (wie Bioenergetik und Gestalttherapie) und die transpersonale Richtung (wie Psychosynthese, die Jungsche Psychologie und die mystische Traditionen im allgemeinen). Soviel ich weiß, bietet kein anderes Werk diese Art von Überblick.

Dieses Buch soll zeigen, daß jede Grenze, die wir in unserem Erleben errichten, zu einer Einschränkung unseres Bewußtseins führt – zu einer Zerstückelung, einem Konflikt, einem Kampf. In unserem Erleben gibt es viele solcher Beschränkungen und Grenzen, die zusammen ein Spektrum des Bewußtseins bilden. Wir werden sehen, wie sich verschiedene Therapieformen verschiedenen Ebenen dieses Spektrums genähert haben. Jede Art der Therapie versucht, eine bestimmte Grenze oder einen bestimmten Knoten im Bewußtsein aufzulösen. Durch den Vergleich verschiedener Arten von Therapie offenbaren sich uns die verschiedenen Arten von Grenzen, die im Gewahrsein entstehen. Wir fangen auch an zu erkennen, wie wir all diese Hindernisse beseitigen und über sie hinauswachsen können.

Dem allgemein interessierten Leser wird dieses Buch also eine persönliche Einführung in die Hauptmethoden von Wachstum und Verwandlung liefern – von der auf das Ich bezogenen zur humanistischen und zur transpersonalen Methode –, und es wird aufzeigen, wie diese Ansätze miteinander zusammenhängen. Es bietet dem Leser auch spezifische Übungen an, damit er diese verschiedenen Ansätze an sich selber erfahren kann.

Dieses Buch ist weder ein Fachbuch noch ein gelehrtes Buch. Es ist eine Einführung, die sich notwendigerweise auf Verallgemeinerungen stützt. Ich habe mir daher die Freiheit genommen, einiges zu vereinfachen und zu verdichten. Ich habe z. B. Imaginationsübungen, die Entspannungsreaktion, Rollenspiel, das Anhalten des Denkens, die Traumanalyse usw. nicht ausführlich erörtert. Auch bin ich nicht auf Strategien der Verhaltensänderung eingegangen, denn für einfache Einführungskapitel sind sie zu kompliziert. Wenn ich vom »höchsten Bewußtseinszustand« spreche, verzichte ich auf die technisch korrekteren Bezeichnungen wie »nicht-duales« Bewußtsein, »offenes« oder »unbehindertes« Bewußtsein und auf »vereinendes« Bewußtsein und begnüge mich statt dessen zwanglos mit »Bewußtsein der All-Einheit« (unity consciousness). Leser, die sich für eine eingehendere Darstellung des Bewußtseinsspektrums interessieren, seien auf meine anderen, stärker theoretischen Werke verwiesen (*The Spectrum of Consciousness,* 1977; *The Atman Project,* 1980; *Up from Eden,* 1981).

Besonders erwähnen möchte ich mehrere Autoren, deren Werke ich stark herangezogen habe, um meine Thesen zu verdeutlichen. Ich habe eigens Autoren ausgewählt, deren Werke schon wohlbekannt und leicht zugänglich sind, da ich mir davon insgesamt eine Erleichterung meiner Aufgabe versprach (die üblichen Dementis gelten auch hier). Besonderen Dank schulde ich: für das zweite Kapitel dem Werk *A Study in Consciousness* von Dr. Annie Besant, für das dritte Kapitel Whiteheads *Wissenschaft und moderne Welt,* beim vierten Kapitel Augustinus und Meister Eckehart, aber vor allem den Werken *Schöpferische Freiheit* und *Gedanken zum Leben* von Krishnamurti und Alan Watts' *Die Weisheit des ungesicherten Lebens* (der erste Teil des vierten Kapitels ist eine Bearbeitung von *Schöpferische Freiheit* und des fünften Kapitels von *Die Weisheit . . .),* beim siebten Kapitel habe ich *The Adjusted American* von den Putneys benützt, im achten die Werke von Alexander Lowen; im neunten Kapitel beziehe ich mich auf Roberto Assagioli; im zehnten Kapitel halte ich mich an Suzuki Roshis *Zen-Geist, Anfänger-Geist* und an Bubba Free Johns *The Knee of Listening*. Jeder, der mit diesen Autoren vertraut ist, wird sofort erkennen, wieviel ich ihnen zu verdanken habe. Ich hoffe, daß ich meinen Lesern durch die

Heranziehung dieser leicht zugänglichen Meister der verschiedenen Seelenschichten das Erfassen der Gesamtnatur des Bewußtseinsspektrums erleichtert habe.

Lincoln, Nebraska,
im Frühjahr 1979 *Ken Wilber*

1 Einleitung: Wer bin ich?

Plötzlich, ohne jedes Vorzeichen, zu jeder Zeit, an jedem Ort, ohne erkennbaren Grund kann es geschehen.

Ganz plötzlich war ich von einer feuerfarbenen Wolke umgeben. Einen Augenblick lang dachte ich an Feuer, an ein Flammenmeer irgendwo nahebei in jener großen Stadt, im nächsten wußte ich, daß das Feuer in mir war. Unmittelbar darauf überkam mich ein Gefühl des Jubels, der unermeßlichen Freude, begleitet oder gefolgt von einer Erleuchtung des Verstandes, die ich unmöglich beschreiben kann. Unter anderem begriff ich nicht nur, sondern ich sah, daß das Universum nicht aus toter Materie besteht, sondern im Gegenteil eine lebendige Gegenwart ist; mir wurde bewußt, daß ewiges Leben in mir ist. Es war nicht die Überzeugung, daß mir ewiges Leben zuteil werden würde, sondern das Bewußtsein, daß ich in diesem Augenblick ewiges Leben hatte; ich erkannte, daß alle Menschen unsterblich sind; daß die kosmische Ordnung so ist, daß ohne jeden Zweifel alle Dinge zum Besten von allem und jedem zusammenwirken; daß das Ursprungsprinzip der Welt, aller Welten, das ist, was wir die Liebe nennen, und daß das Glück aller und jedes einzelnen auf lange Sicht eine absolute Gewißheit ist (Zit. aus R. M. Bucke).

Was für eine wunderbare Erkenntnis! Es wäre gewiß ein schwerer Fehler, wollten wir voreilig folgern, derartige Erlebnisse seien Halluzinationen oder Folgen einer geistigen Verwirrung, denn in dem, was sie schließlich offenbaren, haben sie nichts mit der schmerzlichen Gequältheit psychotischer Phantasiebilder gemein.

Der Staub der Straße und die Steine waren kostbar wie Gold, die Tore waren zunächst die Enden der Welt. Die grünen Bäume entzückten und begeisterten mich, als ich sie zuerst durch eines der Tore sah . . . Jungen und Mädchen, die sich auf den Straßen tummelten und spielten, waren dahintreibende Edelsteine. Ich wußte nichts davon, daß sie geboren waren oder sterben würden. Aber alle Dinge verharrten ewig, wie sie waren, an ihrem richtigen Ort. Ewigkeit offenbarte sich am hellen Tage . . . (Traherne)

William James, der bedeutendste amerikanische Psychologe, hat wiederholt unterstrichen, daß »unser normales Wachbewußtsein nur eine besondere Art des Bewußtseins ist, während überall ringsum, von ihm nur durch feinste Schleier getrennt, potentielle Formen des Bewußtseins liegen, die ganz anders sind.« Es ist, als sei unser alltägliches Gewahrsein nur eine unbedeutende Insel, umgeben von einem weiten Meer unvermuteten und unerforschten Bewußtseins, dessen Wellen ständig an die schützenden Klippen unseres Normalbewußtseins schlagen, bis sie vielleicht einmal ganz unversehens durchbrechen und unsere Bewußtseinsinsel mit der Erkenntnis eines riesigen, weitgehend unerforschten, aber ungemein realen Bereichs einer neuen Bewußtseinswelt überschwemmen.

Nun kam ein Moment der Verzückung, so intensiv, daß das Universum stillstand, als sei es verblüfft über die unbeschreibliche Erhabenheit des Schauspiels. Nur einer im ganzen unendlichen Universum! Der All-Liebende, der Vollkommene ... In demselben wunderbaren Augenblick dessen, was man himmlische Seligkeit nennen könnte, kam die Erleuchtung. Ich sah in einem eindringlichen inneren Bild die Atome oder Moleküle, aus denen sich das Universum anscheinend zusammensetzt – ich weiß nicht, ob materiell oder spirituell –, wie sie sich neu anordnen, während der Kosmos (in seinem fortdauernden, immerwährenden Leben) von einer Ordnung in die andere übergeht. Welche Freude, als ich sah, daß in der Kette keine Unterbrechung war – kein Glied wurde ausgelassen –, alles geschah an seinem Platz und zu seiner Zeit. Welten, Systeme – alles vermischte sich zu einem harmonischen Ganzen. (R. M. Bucke)

Das Faszinierendste an solchen erschreckenden und erleuchtenden Erlebnissen – und der Aspekt, dem wir viel Beachtung schenken werden – ist der Umstand, daß der einzelne Mensch über jeden Schatten eines Zweifels hinaus das Gefühl bekommt, daß er im Grunde eins ist mit dem ganzen Universum, mit allen Welten, seien sie hoch oder niedrig, heilig oder profan. Sein *Identitätsgefühl* erstreckt sich weit über die engen Grenzen seines Leibes und seiner Seele hinaus und umfaßt das ganze Weltall. Eben aus diesem Grunde bezeichnete R. M. Bucke diesen Zustand des Gewahrseins als »kosmisches Bewußtsein«. Der

Moslem nennt ihn die »Höchste Identität«, die höchste deshalb, weil sie eine Identität mit dem All ist. Wir werden sie gewöhnlich »Bewußtsein der All-Einheit« nennen – eine liebevolle Umarmung des Universums insgesamt.

Die Straßen waren mein, der Tempel war mein, ebenso Sonne, Mond und Sterne, und die ganze Welt war mein, und ich war der einzige, der sie betrachtete und genoß. Ich kannte keinen knauserigen Besitz, keine Grenzen noch Trennungen; alle Besitztümer und alles Abgetrennte waren mein, alle Schätze und ihre Besitzer. So daß ich mit viel Getue korrumpiert und veranlaßt wurde, die schmutzigen Kunstfertigkeiten dieser Welt zu erlernen, die ich nun wieder verlerne und gleichsam wieder zum kleinen Kind werde, damit ich in das Reich Gottes eingehen kann (Traherne).

Dieses Erleben der höchsten Identität ist so weit verbreitet, daß es sich zusammen mit den Lehren, die es erklären wollen, die Bezeichnung »Philosophia perennis« verdient hat. Es gibt viele Beweise dafür, daß diese Art von Erfahrung oder Erkenntnis im Zentrum jeder großen Religion steht – im Hinduismus, Buddhismus, Taoismus, im Christentum, im Islam und im Judentum –, so daß wir zu Recht von der »transzendierenden Einheit der Religionen« und der Einmütigkeit der ursprünglichen Wahrheit sprechen können.

Das Thema dieses Buches lautet: Diese Art des Gewahrseins, dieses Bewußtsein der Einheit oder diese höchste Identität ist die Natur und der Zustand aller fühlenden Wesen, aber wir schränken unsere Welt immer mehr ein und wenden uns von unserer wahren Natur ab, um uns mit Grenzen zu umgeben. Unser ursprünglich reines und einendes Bewußtsein funktioniert dann auf mannigfaltigen Ebenen, mit verschiedenen Identitäten und verschiedenen Grenzen. Diese verschiedenen Ebenen machen im Grunde die vielen Arten aus, wie wir auf die Frage »Wer bin ich?« antworten können und antworten.

»Wer bin ich?« Diese Frage hat wahrscheinlich die Menschheit seit Anbeginn gequält, und sie ist noch heute eine der beunruhigendsten aller menschlichen Fragen. Die angebotenen Antworten reichen vom Heiligen bis zum Profanen, vom Komplexen bis zum Einfachen, vom Wissenschaftlichen bis zum Romantischen, vom Politischen bis zum Individuellen. Aber anstatt die Menge von Antworten auf diese Frage zu untersuchen, wollen wir uns einen sehr spezifischen und grundlegenden Prozeß ansehen, der abläuft, wenn ein Mensch die Frage »Wer bin ich?, Was ist mein wahres Selbst?, Was ist meine fundamentale Identität?« stellt und beantwortet.

Wenn jemand fragt, »Wer bist du?« und wenn Sie darangehen, eine vernünftige, ehrliche oder mehr oder weniger ausführliche Antwort zu geben – was tun Sie dann wirklich? Was geht in Ihrem Kopf vor sich, während Sie dies tun? In gewissem Sinne beschreiben Sie Ihr Selbst, wie Sie es kennengelernt haben, wobei Sie in Ihre Schilderung die meisten einschlägigen Fakten einbeziehen, gute und schlechte, wertvolle und wertlose, wissenschaftliche und poetische, philosophische und religiöse, die Sie als etwas begreifen, das für Ihre Identität grundlegend ist. Sie könnten zum Beispiel denken: »Ich bin ein einzigartiger Mensch, ein mit einem gewissen Potential begabtes Wesen; ich bin gütig, aber manchmal grausam, liebevoll, aber manchmal feindselig, ich bin Vater und Rechtsanwalt, ich gehe gern fischen und spiele gern Basketball . . .« Und so könnte Ihre Liste von Gefühlen und Gedanken weitergehen.

Aber dem ganzen Vorgang der Darstellung einer Identität liegt noch ein tieferer Prozeß zugrunde. Wenn Sie auf die Frage »Wer bist du?« antworten, geschieht etwas ganz Einfaches. Wenn Sie Ihr »Selbst« beschreiben oder erklären oder auch nur innerlich spüren, ziehen Sie in Wirklichkeit, ob Sie es wollen oder nicht, im Geist eine Linie oder Grenze über das ganze Feld Ihres Erlebens, und alles, was *innerhalb* dieser Grenze liegt, nennen Sie oder empfinden Sie als Ihr »Selbst«, während Sie alles *außerhalb* dieser Grenze als »Nicht-Selbst« empfinden. Die Identität Ihres Selbst ist, anders ausgedrückt, völlig davon abhängig, wo Sie diese Grenzlinie ziehen.

Sie sind ein Mensch und kein Stuhl, und Sie wissen das, weil Sie bewußt oder unbewußt zwischen Menschen und Stühlen eine Grenze ziehen und Ihre Identität mit ersteren erkennen können.

Sie sind vielleicht ein sehr groß gewachsener Mensch und kein kleiner; daher ziehen Sie im Geist eine Grenze zwischen Groß und Klein und bezeichnen sich daher als »groß«. Sie bekommen das Gefühl, »Ich bin dies, und nicht das«, indem Sie zwischen »dies« und »das« eine Grenze ziehen und dann Ihre Identität mit »diesem« und Ihre Nicht-Identität mit »jenem« erkennen.

Wenn Sie also sagen: »mein Selbst«, ziehen Sie eine Grenze zwischen dem, was Sie sind, und dem, was Sie nicht sind. Wenn Sie auf die Frage »Wer bist du?« antworten, beschreiben Sie einfach das, was innerhalb dieser Grenzlinie liegt. Die sogenannte Identitätskrise tritt ein, wenn Sie nicht entscheiden können, wie oder wo die Linie zu ziehen ist. Kurzum, »Wer bist du?« bedeutet »Wo ziehst du die Grenze?«

Alle Antworten auf die Frage »Wer bin ich?« leiten sich genau von diesem Grundvorgang her, daß man zwischen »Selbst« und »Nicht-Selbst« eine Grenze zieht. Wenn erst einmal die allgemeinen Grenzlinien festgelegt sind, können die Antworten auf jene Frage sehr komplex werden – wissenschaftlich, theologisch, ökonomisch – oder sie können auch höchst einfach und ungegliedert sein. Aber jede mögliche Antwort hängt davon ab, daß man zunächst die Grenze zieht.

Das Interessanteste an dieser Grenzlinie ist, daß sie sich verschieben kann und dies auch häufig tut. Man kann sie neu ziehen. Der Mensch kann gewissermaßen seine Seele neu erforschen und Gebiete in ihr finden, die er niemals für möglich, erreichbar oder sogar wünschenswert gehalten hätte. Wie wir gesehen haben, geschieht die radikalste Neu-Erforschung oder Verschiebung der Grenzen beim Erleben der höchsten Identität, denn hier erweitert der Mensch die Grenzen der Identität seines Selbst so, daß sie das ganze Universum umfassen. Wir könnten sogar sagen, er verliert die Grenzlinie ganz und gar, denn wenn er mit dem »harmonischen Ganzen« identifiziert ist, gibt es kein Außen oder Innen mehr, also auch keinen Ort, wo man eine Grenze ziehen könnte.

In diesem Buch werden wir immer wieder auf das Bewußtsein ohne Grenzen, das als höchste Identität bekannt ist, zurückkommen und es untersuchen. Aber hier scheint es mir der Mühe wert,

einige der anderen, vertrauteren Methoden zu untersuchen, wie man die Grenzen der Seele definieren kann. Es gibt so viele Arten von Grenzen wie Individuen, die sie ziehen, aber sie alle lassen sich in eine Handvoll leicht erkennbarer Klassen einordnen.
Die am weitesten verbreitete Grenzlinie, die Menschen ziehen oder als gültig anerkennen, ist die Grenze der Haut, die den gesamten Organismus umhüllt. Dies scheint eine allgemein anerkannte Grenzlinie zwischen Selbst und Nicht-Selbst zu sein. Alles innerhalb dieser Hautgrenze ist in gewisser Hinsicht »ich«, während alles außerhalb dieser Grenze »nicht ich« ist. Etwas außerhalb der Hautgrenze mag »mein« sein, aber es ist nicht »ich«. Zum Beispiel erkenne ich »mein« Auto, »meine« Arbeit, »mein« Haus, »meine« Familie, aber sie sind eindeutig nicht unmittelbar »ich« – auf dieselbe Weise, wie alles, was in meiner Haut steckt, »ich« bin. Die Hautgrenze ist also eine der am grundsätzlichsten anerkannten Grenzen zwischen Selbst und Nicht-Selbst.
Wir könnten denken, diese Hautgrenze sei so offensichtlich, so real und so allgemein verbreitet, daß es in Wirklichkeit für einen Menschen gar keine anderen möglichen Grenzen geben könnte, ausgenommen vielleicht das seltene Auftreten des Bewußtseins der All-Einheit einerseits oder das Bewußtsein des hoffnungslosen Psychotikers andererseits. Aber es gibt tatsächlich einen weiteren, äußerst verbreiteten, nachweisbaren Typus der Grenzlinie, die sehr viele Menschen ziehen. Die meisten Menschen erkennen und akzeptieren zwar die Haut als Grenze zwischen Selbst und Nicht-Selbst als selbstverständlich, aber sie ziehen noch eine weitere Grenze, die für sie auch noch bedeutsamer ist, *innerhalb* des Gesamtorganismus.
Wenn Ihnen eine Grenzlinie *innerhalb* des Organismus seltsam vorkommt, dann lassen Sie mich fragen: »Haben Sie das Gefühl, ein Körper zu *sein,* oder haben Sie das Gefühl, einen Körper zu *haben*?« Die meisten Menschen glauben, sie *hätten* einen Körper, als ob sie ihn besäßen oder sein Eigentümer wären, ganz ähnlich wie bei einem Auto, einem Haus oder irgendeinem anderen Gegenstand. Unter diesen Umständen scheint der Kör-

per mehr »mein« als »ich« zu sein, und was »mein« ist, liegt der Definition gemäß *außerhalb* der Grenze zwischen Selbst und Nicht-Selbst. Der Mensch identifiziert sich tiefer und enger mit nur einer Facette seines Gesamtorganismus, und diese Facette, die er als sein wahres Selbst empfindet, wird unterschiedlich als das Geistig-Seelische, die Psyche, das Ich oder die Persönlichkeit bezeichnet.

Biologisch gibt es nicht die geringste Grundlage für diese Trennung oder radikale Spaltung zwischen Seele und Leib, Psyche und Soma, Ich und Fleisch, aber psychologisch ist sie verbreitet wie eine Seuche. Tatsächlich ist die Leib-Seele-Spaltung und der mit ihr einhergehende Dualismus ein grundlegendes Merkmal der westlichen Kultur. Beachten Sie bitte, daß ich selbst hier das Wort »Psychologie« für die Untersuchung des Gesamtverhaltens des Menschen benützen muß. Das Wort selbst spiegelt das Vorurteil wider, der Mensch sei im Grunde eine Geistseele und nicht ein Leib. Sogar der heilige Franziskus nannte seinen Körper den »armen Bruder Esel«, und die meisten Menchen meinen wirklich, daß wir nur gewissermaßen auf unserem Körper herumreiten wie auf einem Esel.

Diese Grenzlinie zwischen Leib und Seele ist gewiß seltsam, und sie ist keineswegs von Geburt an vorhanden. Aber wenn der Mensch an Jahren zunimmt und beginnt, seine Grenze zwischen Selbst und Nicht-Selbst zu ziehen und auszubauen, blickt er mit gemischten Gefühlen auf den Körper. Soll er ihn nun unmittelbar in die Grenzen seines Selbst mit hineinnehmen, oder soll er ihn als fremdes Gebiet ansehen? Wo soll er die Grenze ziehen? Einerseits ist der Körper ein Leben lang die Quelle von viel Lust, von den Ekstasen erotischer Liebe bis hin zu den Feinheiten köstlicher Speisen und zur Sanftheit von Sonnenuntergängen, die man mit den leiblichen Sinnen in sich aufnimmt. Aber andererseits beherbergt der Körper das Gespenst lähmender Schmerzen, entkräftender Krankheiten und die Folter des Krebses. Für das Kind ist der Körper die einzige Quelle der Lust, und dennoch ist er auch die erste Ursache von Schmerz und von Konflikten mit den Eltern. Außerdem scheint der Körper Abfallprodukte herzustellen, die aus für das Kind völlig unverständlichen Gründen den Eltern ein ständiger Anlaß zu Besorgnis und Angst sind. Was für ein unglaubliches Getue machen sie ums Bettnässen, um das »große Geschäft«, ums Naseputzen! Und all das hängt mit dem Körper zusammen. Es wird schwierig sein, zu entscheiden, wo man hier die Grenze ziehen soll.

Wenn aber der Mensch reifer geworden ist, hat er im allgemeinen dem armen Bruder Esel den Abschiedskuß gegeben. Wenn die Grenze zwischen Selbst und Nicht-Selbst endgültig festgelegt wird, ist der Bruder Esel eindeutig auf der anderen Seite des Zauns. Der Körper wird zum fremden Gebiet, fast (aber niemals ganz) so fremd wie die Außenwelt selbst. Die Grenze wird zwischen Geistseele und Leib gezogen, und der Mensch identifiziert sich aufrichtig mit der ersteren. Er bekommt sogar das Gefühl, er lebe in seinem Kopf, als sei er ein kleiner Mensch in seinem Schädel, der dem Körper Anweisungen und Befehle gibt, denen dieser gehorcht oder auch nicht.

Kurzum, was der Mensch als seine Eigenidentität empfindet, umfaßt *nicht* direkt den Gesamtorganismus, sondern nur eine Facette dieses Organismus, nämlich sein Ich. Das heißt, er identifiziert sich mit einem mehr oder weniger zutreffenden geistigen Selbstbild, zusammen mit den Verstandes- und Gefühlsprozessen, die mit diesem Selbstbild einhergehen. Da er sich nicht konkret mit dem Gesamtorganismus identifizieren will, läßt er höchstens ein Bild oder eine Vorstellung vom Gesamtorganismus zu. Er fühlt sich also als ein »Ich«, und sein Körper baumelt einfach unter ihm mit. Wir sehen hier also einen weiteren Haupttypus der Grenzziehung, die die Identität des Menschen so darstellt, daß sie vor allem mit dem Ich, dem Selbstbild, übereinstimmt.

Wie wir sahen, kann diese Grenzlinie zwischen Selbst und Nicht-Selbst ziemlich flexibel sein. Es wird uns also nicht überraschen, wenn wir feststellen, daß selbst innerhalb des Ichs oder des Geistig-Seelischen – ich verwende diese Ausdrücke vorläufig sehr ungenau – eine weitere Art von Grenzlinie gezogen werden kann. Aus verschiedenen Gründen, von denen wir einige später besprechen wollen, kann sich der Mensch sogar weigern zuzugeben, daß einige der Facetten seiner eigenen Psyche *zu ihm gehören*. In der Fachsprache der Psychologen heißt dies, er überträgt sie, verdrängt sie, spaltet sie ab oder projiziert sie. Das Wesentliche ist, daß er seine Grenze zwischen Selbst und Nicht-Selbst so einengt, daß sie nur bestimmte Anteile seiner Ich-Tendenzen umfaßt. Dieses eingeschränkte Selbstbild wollen wir als »Persona« bezeichnen, und seine Bedeutung wird im Folgenden klarer werden. Wenn sich aber der Mensch nur mit Facetten seiner Psyche (mit der Persona) identifiziert, empfindet er die übrigen Anteile tatsächlich als »Nicht-Selbst«, als fremdes Gebiet, als feindlich, unheimlich. Er macht sich ein neues Bild von seiner Seele, um die unerwünschten Aspekte seiner selbst (wir nennen sie den »Schatten«) zu leugnen und um zu versuchen, sie aus dem Bewußtsein auszuschließen. In größerem oder geringerem Maß wird der Mensch »von Sinnen«, verrückt. Dies ist ganz offenkundig ein weiterer wichtiger und allgemeiner Typus von Grenzziehung.

Wir versuchen an dieser Stelle nicht zu entscheiden, welche dieser Arten von Selbstbildern »richtig«, »korrekt« oder »wahr« sind. Wir stellen einfach unparteiisch fest, daß es tatsächlich mehrere Hauptarten von Grenzlinien zwischen Selbst und Nicht-Selbst gibt. Und da wir dieses Thema nicht wertend angehen, können wir einen weiteren Typus der Grenzlinie zumindest erwähnen, dem man heute viel Beachtung schenkt, nämlich die Grenze, die zu den sogenannten transpersonalen Phänomenen gehört.

»Transpersonal« bedeutet, daß im Individuum irgendeine Art von Prozeß abläuft, der gewissermaßen *über* das Individuum *hinaus*geht. Der einfachste Fall davon ist die außersinnliche Wahrnehmung (ASW). Parapsychologen erkennen mehrere Formen von ASW an: Telepathie, Hellsehen, Vorauswissen, Vergangenheitsschau. Wir könnten noch hinzunehmen: Erlebnisse außerhalb des eigenen Körpers, Erleben eines transpersonalen Selbst oder Zeugen, Gipfelerlebnisse usw. All diese Ereignisse haben eine Erweiterung der Grenze zwischen Selbst und Nicht-

Selbst gemeinsam, die über die Hautgrenze des Organismus hinausgeht. Die transpersonalen Erfahrungen haben zwar einige Ähnlichkeit mit dem Bewußtsein der All-Einheit, aber man sollte sie nicht miteinander verwechseln. Im Bewußtsein der All-Einheit ist der Mensch identisch mit dem All, mit absolut allem. Bei transpersonalen Erlebnissen erstreckt sich die Identität des Betreffenden nicht voll bis zum Ganzen, aber sie dehnt sich aus oder erweitert sich zumindest über die Hautgrenze des Organismus hinaus. Er ist nicht mit dem All identifiziert, aber seine Identität ist auch nicht allein auf den Organismus beschränkt. Was immer man von transpersonalen Erlebnissen halten mag (wir werden im weiteren Verlauf viele von ihnen ausführlich besprechen), die Beweise dafür, daß zumindest einige Arten von ihnen tatsächlich stattfinden, sind überwältigend. Wir können also ohne Risiko folgern, daß dieses Phänomen wieder eine weitere Art von Selbstgrenzen darstellen.

Der springende Punkt dieser Besprechung von Grenzen zwischen Selbst und Nicht-Selbst ist, daß einem Individuum nicht nur eine *Identitätsebene* zur Verfügung steht, sondern viele. Diese Identitätsebenen sind keine theoretischen Postulate, sondern Realitäten, die man beobachten kann – Sie können sie in sich und für sich selbst nachprüfen. Was diese verschiedenen Ebenen angeht, so ist es fast, als sei dieses vertraute, jedoch letzten Endes geheimnisvolle Phänomen, das wir Bewußtsein nennen, ein Spektrum, etwas wie ein Regenbogen, das sich aus zahlreichen Streifen oder Stufen der Selbst-Identität zusammensetzt. Beachten Sie, daß wir fünf Klassen oder Ebenen der Identität kurz umrissen haben. Es gibt auf diesen fünf Hauptebenen sicherlich Unterschiede, und man kann die Stufen selbst stark unterteilen, aber diese fünf Ebenen scheinen fundamentale Aspekte des menschlichen Bewußtseins zu sein.

Nehmen wir diese hauptsächlichen Identitätsebenen und bringen wir sie in eine gewisse Ordnung. Diese einem Spektrum ähnliche Anordnung ist in Abbildung 1 dargestellt; sie zeigt die Grenzlinie zwischen Selbst und Nicht-Selbst und die besprochenen Haupt-Identitätsebenen. Jede der verschiedenen Ebenen ergibt sich daraus, wo die Menschen diese Grenze ziehen können und tatsächlich ziehen. Beachten Sie, daß die Grenzlinie sich gegen den unteren Rand des Spektrums hin in dem Bereich, den wir transpersonal nennen, auflöst (Abb. 1), und daß sie auf der Stufe des Bewußtseins der All-Einheit völlig verschwindet, denn auf dieser höchsten Ebene werden Selbst und Nicht-Selbst »ein harmonisches Ganzes«.

Es ist deutlich erkennbar, daß jede der aufeinanderfolgenden Ebenen des Spektrums eine Art der Einengung oder Einschränkung dessen darstellt, was der einzelne als sein »Selbst« empfindet, als seine wahre Identität, seine Antwort auf die Frage »Wer bist du?« An der Basis des Spektrums fühlt der Mensch, daß er mit dem Universum eins ist, daß sein wirkliches Selbst nicht nur sein Organismus ist, sondern die ganze Schöpfung. Auf der nächsten Stufe des Spektrums (wenn man von unten nach oben geht) hat der Mensch das Gefühl, nicht mit dem All eins zu sein, sondern nur mit seinem gesamten Organismus. Sein Identitätsgefühl hat sich verschoben und vom Universum als Ganzem auf eine Facette des Universums verengt, nämlich auf seinen eigenen Organismus. Auf der nächsten Stufe verengt sich seine Selbst-Identität noch einmal, denn nun identifiziert er sich hauptsächlich mit seiner Geistseele oder seinem Ich, das nur eine Facette seines Gesamtorganismus ist. Und auf der letzten Stufe des Spektrums kann er seine Identität sogar auf Facetten seiner Psyche verengen, indem er den Schatten oder unerwünschte Aspekte seiner selbst überträgt oder verdrängt. Er identifiziert sich nur mit einem Teil seiner Psyche, einem Teil, den wir als »Persona« bezeichnen.

Vom Unviersum also zu einer Facette des Universums, »der Organismus« genannt; vom Organismus zu einer Facette des Organismus, genannt »das Ich«; vom Ich zu einer Facette des Ichs, genannt »Persona« – so also sind einige der Hauptstreifen des Bewußtseinsspektrums. Auf jeder der aufeinanderfolgenden Ebenen des Spektrums scheinen immer mehr Aspekte des Universums *außerhalb* des »Selbst« eines Menschen zu liegen. So erscheint auf der Ebene des Gesamtorganismus die Umwelt als

Das Spektrum des Bewußtseins
Abb. 1

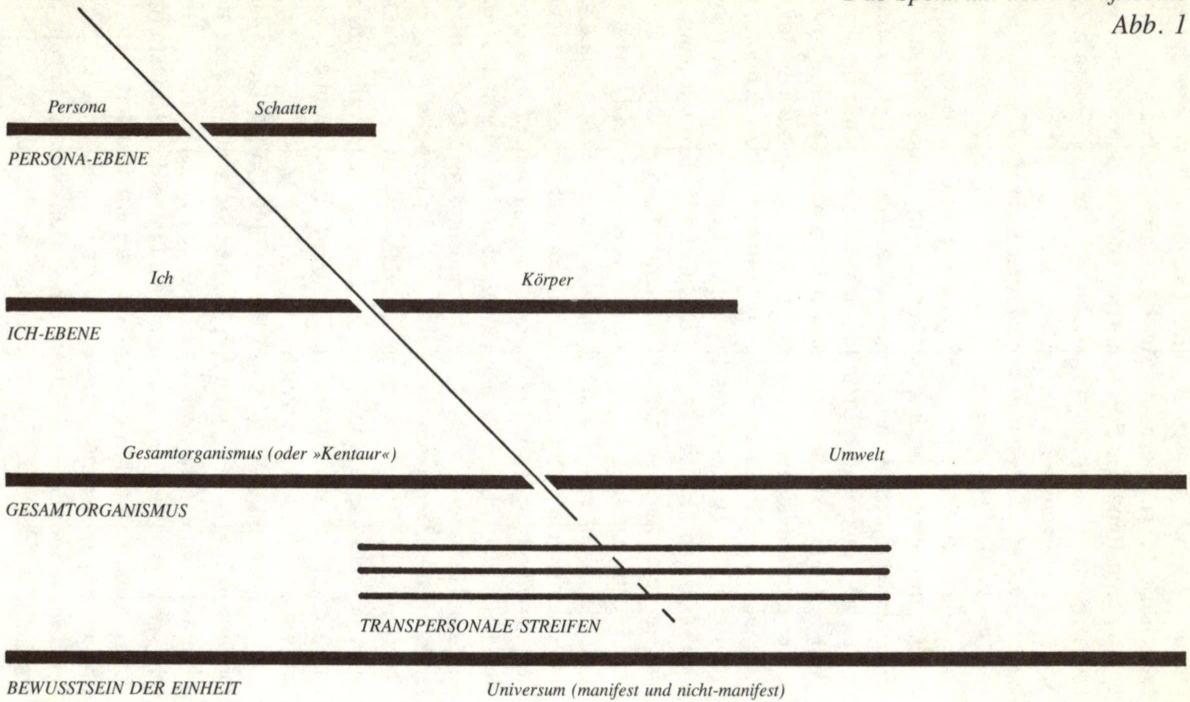

Therapien und die Ebenen des Spektrums
Abb. 2

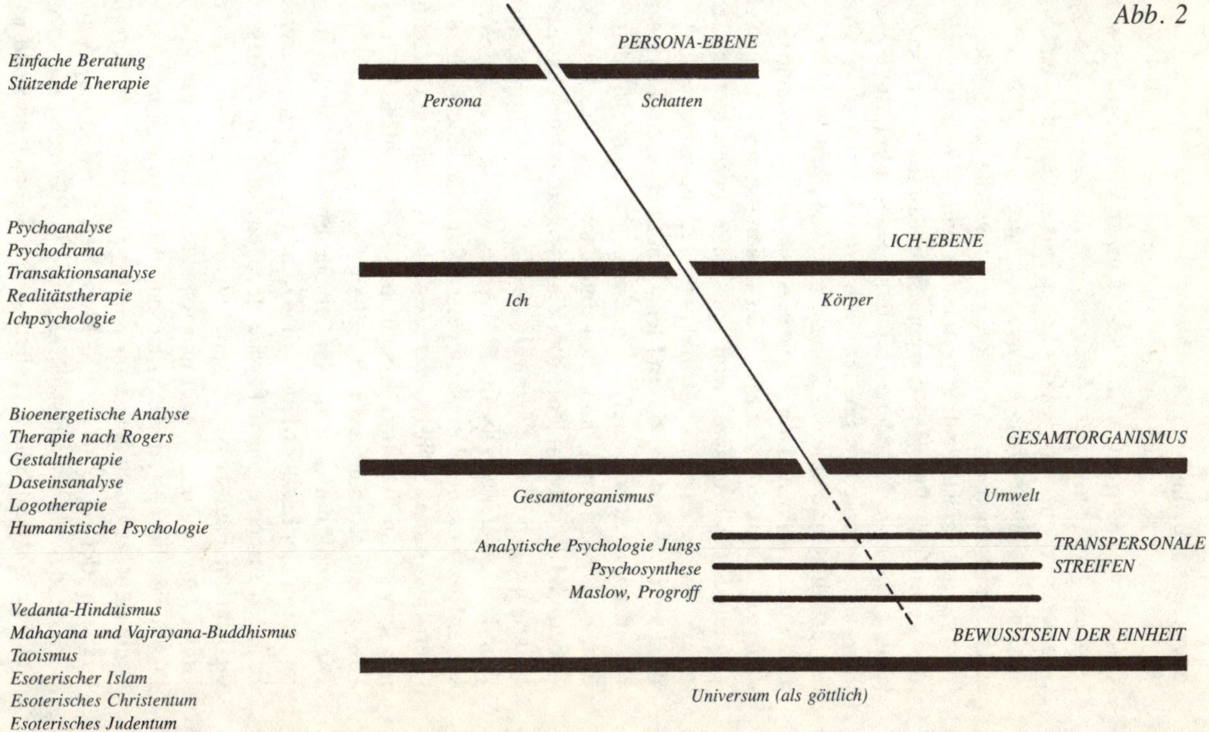

etwas, das außerhalb der Selbstgrenze liegt und fremd, äußerlich, Nicht-Selbst ist. Aber auf der Persona-Ebene erscheinen die Umwelt des einzelnen *und* sein Körper *und* Aspekte seiner eigenen Psyche als etwas Äußeres, als fremd, als Nicht-Selbst. Die verschiedenen Ebenen des Spektrums stellen nicht nur Unterschiede der Selbst-Identität dar, so wichtig das auch ist, sondern auch Unterschiede in jenen Eigenschaften, die direkt oder indirekt mit der Selbst-Identität verbunden sind. Man denke z. B. an das verbreitete Problem des »inneren Konflikts« im eigenen Selbst. Da es verschiedene Stufen des Selbst gibt, gibt es natürlich auch verschiedene Ebenen des inneren Konflikts. Der Grund ist, daß die Grenzlinie des Selbst eines Menschen auf jeder Stufe des Spektrums in anderer Weise gezogen wird. Aber eine *Grenzlinie* ist, wie Ihnen jeder Militärfachmann sagen wird, auch eine potentielle *Gefechtslinie,* denn eine Grenze bezeichnet das Territorium zweier gegnerischer und potentiell einander bekämpfender Lager. So findet z. B. ein Mensch auf der Stufe des Gesamtorganismus den potentiellen Feind in seiner Umwelt – denn sie erscheint ihm fremd, äußerlich und daher bedrohlich für sein Leben und Wohlbefinden. Aber ein Mensch auf der Ich-Ebene findet, nicht nur seine Umwelt, sondern auch sein Körper sei fremdes Gebiet, dasselbe fremde Gebiet, und daher ist das Wesen seiner Konflikte und Verwirrungen spektakulär anders. Er hat die Grenzlinie seines Selbst verschoben, daher auch die Gefechtslinie seiner Konflikte und persönlichen Kämpfe. Und in seinem Fall ist sein Körper zum Feind übergelaufen.
Diese Kampflinie kann auf der Persona-Ebene scharf hervortreten, denn hier hat der Mensch die Grenzlinie zwischen gewissen Facetten seiner eigenen Psyche gezogen, und daher liegt die Gefechtslinie nun zwischen dem Individuum als Persona und der Umwelt *und* seinem Körper *und* Aspekten seiner eigenen Seele. Das Wesentliche ist, daß ein Mensch, wenn er die Grenzen seiner Seele zieht, zugleich die Kämpfe seiner Seele programmiert. Die Grenzen der Identität eines Menschen bestimmen, welche Aspekte des Universums als »Selbst« zu betrachten sind und welche als »Nicht-Selbst« gelten sollen. So erscheinen auf jeder

Ebene des Spektrums wieder andere Aspekte der Welt als Nicht-Selbst, fremd und fern. Jede Ebene sieht wieder andere Prozesse des Universums als etwas ihr *Fremdes* an. Und da, wie Freud einmal bemerkte, jeder Fremde als Feind erscheint, ist jede Ebene potentiell in anderen Konflikten mit verschiedenen Feinden befangen. Man erinnere sich – jede Grenze ist auch eine Gefechtslinie, und der Feind ist auf jeder Stufe ein anderer. Psychologisch ausgedrückt: Verschiedene Symptome stammen von verschiedenen Ebenen.

Der Umstand, daß verschiedene Stufen des Spektrums verschiedene Eigenschaften, Symptome und Potentiale besitzen, bringt uns zu einem der interessantesten Punkte dieser Sichtweise. Es herrscht heute ein unglaublich verbreitetes und noch zunehmendes Interesse an allen Arten von Schulen und Techniken, die sich mit verschiedenen Aspekten des Bewußtseins befassen. Menschen drängen zur Psychotherapie, zur Jungschen Analyse, zur Mystik, zur Psychosynthese, zum Zen, zur Transaktionsanalyse, zum Rolfing, zum Hinduismus, zur Bioenergetik, zur Psychoanalyse, zum Yoga und zur Gestalttherapie. Diesen Schulen ist gemeinsam, daß sie alle auf die eine oder andere Weise versuchen, Veränderungen im Bewußtsein der Menschen zu bewirken. Aber damit ist die Ähnlichkeit auch schon zu Ende.

Dem Menschen, dem ernsthaft daran liegt, seine Selbsterkenntnis zu vermehren, steht eine solche verwirrende Vielfalt von psychologischen und religiösen Systemen gegenüber, daß er kaum weiß, wo er anfangen, wem er glauben soll. Selbst wenn er alle Hauptrichtungen der Psychologie und Religion sorgfältig studiert, wird er wahrscheinlich ebenso verwirrt herauskommen, wie er hineingegangen ist, denn diese verschiedenen Schulen insgesamt widersprechen einander ganz entschieden. Beim Zen-Buddhismus z. B. wird man aufgefordert, das eigene Ich zu vergessen, zu überschreiten oder durch es hindurchzuschauen, in der Psychoanalyse dagegen wird einem geholfen, das eigene Ich zu stärken, zu kräftigen, zu festigen. Welches von beiden ist richtig? Dies ist ein sehr reales Problem, sowohl für den interessierten Laien als auch für den professionellen Therapeuten. Soviele verschiedene

und einander widerstreitende Schulen – alle auf das Verstehen desselben Menschen ausgerichtet. Oder doch nicht?
Das heißt: Sind sie alle auf *dieselbe Ebene* des menschlichen Bewußtseins ausgerichtet? Oder ist es vielmehr so, daß diese verschiedenen Methoden in Wirklichkeit Zugänge zu verschiedenen Ebenen des Selbst eines Menschen sind? Könnte es sein, daß diese verschiedenen Methoden, weit entfernt davon, einander zu widerstreiten oder zu widersprechen, in Wirklichkeit die sehr realen Unterschiede in den verschiedenen Ebenen des Bewußtseins widerspiegeln? Und könnte es nicht sein, daß diese unterschiedlichen Ansätze *alle* mehr oder weniger richtig sind, wenn sie auf der ihnen hauptsächlich zugehörigen Ebene angewandt werden?
Wenn dies zutrifft, ermöglicht es uns, in diesen sonst verwirrenden komplexen Bereich doch recht viel Ordnung und Zusammenhang hineinzubringen. Es würde deutlich werden, daß all diese unterschiedlichen Schulen der Psychologie und Religion nicht so sehr widersprüchliche Zugänge zum Menschen und seinen Problemen darstellen, sondern vielmehr komplementäre Zugänge zu verschiedenen Ebenen des Individuums. Wenn man dies weiß, unterteilt sich das Riesengebiet von Psychologie und Religion in fünf oder sechs handhabbare Gruppen, und es wird klar, daß jede dieser Gruppen sich vor allem an eine der Hauptstufen des Spektrums wendet.
So ist es, um nur ein paar sehr kurze und allgemeine Beispiele anzuführen, das Ziel der Psychoanalyse und der meisten Formen konventioneller Psychotherapie, die radikale Spaltung zwischen den bewußten und den unbewußten Aspekten der Psyche zu heilen, so daß der Mench mit »seiner ganzen Seele« in Fühlung kommt. Diese Therapien zielen darauf ab, Persona und Schatten wieder zu vereinen und damit ein starkes und gesundes Ich zu schaffen, was besagen will, ein richtiges und annehmbares Selbstbild. Mit anderen Worten: Sie sind alle auf die Ich-Ebene ausgerichtet. Sie wollen dem Menschen, der als Persona lebt, helfen, seine Seele als Ich neu zu ordnen.
Darüber hinaus ist es jedoch das Ziel der meisten sogenannten

humanistischen Therapien, die Spaltung zwischen dem Ich und dem Körper zu heilen, Psyche und Soma wieder zu vereinen, um den Gesamtorganismus offenbar werden zu lassen. Darum nennt man die humanistische Psychologie – die man als die Dritte Kraft bezeichnet (die anderen beiden Hauptkräfte in der Psychologie sind dann Psychoanalyse und Behaviorismus) – auch die Bewegung für das menschliche Potential (human potential movement). Wenn man die Identität des Menschen von seiner Geistseele oder seinem Ich auf seinen Geamtorganismus ausdehnt, werden die riesigen Potentiale des Gesamtorganismus befreit und dem Menschen verfügbar gemacht.

Wenn wir noch tiefer gehen, finden wir, daß es das Ziel von Disziplinen wie Zen-Buddhismus oder Vedanta-Hinduismus ist, die Spaltung zwischen dem Gesamtorganismus und der Umwelt zu heilen und eine Identität, eine höchste Identität, mit dem ganzen Universum zu offenbaren. Sie zielen, anders ausgedrückt, auf die Ebene der Einheit des Bewußtseins ab. Aber wir dürfen nicht vergessen, daß zwischen der Ebene der Einheit des Bewußtseins und der Ebene des Gesamtorganismus die transpersonalen Streifen des Spektrums liegen. Die Therapien, die sich an diese Ebene wenden, sind zutiefst an jenen Prozessen im Menschen interessiert, die in Wirklichkeit »überindividuell«, »kollektiv« oder »transpersonal« sind. Manche von ihnen sprechen sogar von einem »transpersonalen Selbst«; dieses ist zwar nicht mit dem All identisch (das wäre das Bewußtsein der All-Einheit), aber trotzdem übersteigt es die Grenzen des Einzelorganismus. Zu den Therapien, die diese Ebene anstreben, gehören Psychosynthese, Jungsche Analyse, verschiedene vorbereitende Yoga-Praktiken, die Techniken der transzendentalen Meditation usw.

Dies alles ist natürlich eine sehr starke Vereinfachung der Dinge, aber es erklärt die allgemeine Art, wie die meisten Hauptrichtungen der Psychologie, Psychotherapie und Religion sich einfach nur an die verschiedenen Hauptebenen des Spektrums wenden. Einige dieser Entsprechungen sind auf Abbildung 2 zu sehen, wo die Hauptschulen der »Therapie« neben der Ebene des Spektrums aufgeführt sind, auf die sie im Grunde ausgerichtet sind. Ich möchte noch erwähnen, daß eine absolut eindeutige und gesonderte Klassifikation der Ebenen oder der auf sie gerichteten Therapien nicht möglich ist, weil – wie bei jedem Spektrum – die Ebenen sich ziemlich stark überschneiden. Wenn ich eine Therapie auf Grund der Ebene des Spektrums »klassifiziere«, auf die sie ausgerichtet ist, bedeutet dies außerdem immer die»tiefste« Ebene, von der die betreffende Therapie Notiz nimmt, sei es ausdrücklich oder unausgesprochen. Allgemein werden Sie feststellen, daß eine Therapie jeglicher Ebene die potentielle Existenz aller Ebenen oberhalb ihrer eigenen anzuerkennen, jedoch die Existenz aller Ebenen unterhalb zu leugnen pflegt.

Wenn sich jemand (Laie oder Therapeut) mit dem Spektrum – seinen verschiedenen Ebenen mit ihren unterschiedlichen Potentialen und Problemen – vertraut macht, wird er besser in der Lage sein, sich (oder seinen Klienten) auf dem Weg zum Verständnis und zum Wachstum des Selbst zu orientieren. Vielleicht wird er fähig, leichter zu erkennen, von welcher Ebene die vorhandenen Probleme oder Konflikte herrühren und so auf jeden Konflikt den der betreffenden Ebene angemessenen »therapeutischen« Prozeß anzuwenden. Vielleicht erkennt er auch allmählich, mit welchen Potentialen und Ebenen er in Fühlung kommen möchte, und welche Verfahren zur Förderung dieser Weiterentwicklung am geeignetsten sind.

Persönliches Wachstum bedeutet im Grunde eine Ausdehnung und Erweiterung des eigenen Blickfelds, ein Weiterwerden der eigenen Grenzen – nach außen in bezug auf den Weitblick, nach innen in bezug auf die Tiefe. Aber das ist genau die Definition des *Hinabsteigens* im Spektrum (oder des »Aufsteigens« in ihm, je nach der Blickrichtung, die man vorzieht. Ich will in diesem Buch »Hinabsteigen« verwenden, einfach weil es besser zu Abbildung 1 paßt). Wenn ein Mensch eine Stufe des Spektrums hinabsteigt, hat er tatsächlich seine Seele neu erforscht und ihr Gebiet vergrößert. Wachstum ist Neubestimmung, Neueinteilung, Neuordnung; eine Anerkennung und dann eine Bereiche-

rung immer tieferer und umfassenderer Ebenen des eigenen Selbst.
In den nächsten drei Kapiteln werden wir einige Facetten des letzten Geheimnisses, genannt »Bewußtsein der All-Einheit«, erforschen, uns hineintasten, es umkreisen, uns an es heranschleichen, nur um festzustellen, daß es uns von hinten her beschleicht. Diese Erforschung wird uns ein gewisses Gespür für das »Bewußtsein der All-Einheit« geben, uns aber außerdem mit vielen der Werkzeuge ausrüsten, die notwendig sind, um den ganzen Bereich dessen zu verstehen, was man heute »transpersonale Psychologie«, »Noëtik« oder »Bewußtseinsforschung« nennt. Wir wollen die Welt untersuchen, wie sie ohne Schranken und Grenzen erscheint; den gegenwärtgen Augenblick, wie er ohne die Grenzen von Vergangenheit und Zukunft erscheint, und das Gewahrsein, wie es ohne die Schranken von innen und außen erscheint.
Wir wollen dann der Erklärung von persönlichem Wachstum auf jeder Ebene des Spektrums ein Kapitel widmen: der Ebene des Gesamtorganismus, der Ebene des Ichs und der Persona-Ebene. Wenn wir dieses Grundverständnis erworben haben, werden wir beginnen, im Bewußtseinsspektrum hinabzusteigen; wir werden im Erleben die verschiedenen Ebenen untersuchen sowie die hauptsächlichen »Therapien«, die man anwendet, um mit ihnen in Fühlung zu kommen, und wir werden schließlich dort wieder ankommen, wo wir angefangen haben – auf der Stufe des »Bewußtseins der All-Einheit«. Das ist nur recht und billig, denn dies ist – wie wir sehen werden – die einzige Ebene, ohne die wir wahrhaftig niemals gewesen sind.

2 Die Hälfte

Haben Sie sich jemals gefragt, warum sich das Leben in Gegensätzen abspielt? Warum alles, was Sie wertschätzen, ein Teil eines Gegensatzpaares ist? Warum alle Entscheidungen ein Gegensatzpaar betreffen? Warum alle Wünsche auf Gegensätzen beruhen?
Bedenken Sie, daß alle räumlichen und die Richtung betreffenden Dimensionen Gegensätze sind: hinauf-hinunter, innen-außen, hoch-niedrig, lang-kurz, Norden-Süden, groß-klein, hier-dort, oben-unten, links-rechts. Und beachten Sie, daß alles, was wir als ernsthaft und wichtig betrachten, ein Pol eines Gegensatzpaares ist: gut-böse, Leben-Tod, Lust-Schmerz, Gott-Satan, Freiheit-Knechtschaft.
Ebenso werden unsere sozialen und ästhetischen Wertvorstellungen immer in Gegensätzen ausgedrückt: Erfolg-Scheitern, schön-häßlich, stark-schwach, klug-dumm. Selbst unsere höchsten Abstraktionen beruhen auf Gegensätzen. Bei der Logik z. B. geht es um das Richtige im Gegensatz zum Falschen, in der Erkenntnislehre um Schein und Sein, in der Ontologie um Sein und Nichtsein. Unsere Welt scheint eine massenhafte Ansammlung von Gegensätzen zu sein.
Dieser Umstand ist so geläufig, daß man ihn kaum zu erwähnen braucht, aber je mehr man über ihn nachdenkt, desto auffallender wird seine Seltsamkeit. Denn die Natur, so scheint es, weiß nichts von dieser Welt der Gegensätze, in der die Menschen leben. In der Natur wachsen keine echten Frösche und falschen Frösche heran, weder gibt es moralische Bäume noch unmoralische, weder richtige noch falsche Meere. In der Natur findet sich keine Spur von ethischen und unethischen Bergen. Es gibt nicht einmal so etwas wie schöne und häßliche Arten – zumindest nicht für die Natur, denn sie ist zufrieden, alle Sorten hervorzubringen.

Thoreau hat gesagt, die Natur entschuldige sich niemals, und anscheinend liegt es daran, daß die Natur die Gegensätze von richtig und falsch nicht kennt und daher nicht erkennt, was die Menschen für Fehler halten.

Es ist gewiß wahr, daß einiges von dem, was wir »Gegensätze« nennen, in der Natur zu existieren scheint. Es gibt z. B. große Frösche und kleine Frösche, große Bäume und kleine Bäume, reife Orangen und unreife Orangen. Aber es ist kein Problem für sie; sie werden dadurch nicht in Angstanfälle versetzt. Es mag sogar schlaue Bären und dumme Bären geben, aber es scheint sie nicht sehr zu beschäftigen. Bei Bären findet man eben einfach keine Minderwertigkeitskomplexe.

Ebenso gibt es in der Welt der Natur Leben und Tod, aber auch dies scheint nicht die erschreckenden Dimensionen zu enthalten, die ihm in der Menschenwelt zugeschrieben werden. Eine sehr alte Katze wird nicht von Sturzbächen des Schrekkens im Hinblick auf ihren bevorstehenden Tod überschwemmt. Sie wandert nur ruhig in den Wald hinaus, rollt sich unter einem Baum zusammen und stirbt. Ein todkrankes Rotkehlchen setzt sich bequem auf einen Weidenast und starrt in den Sonnenuntergang. Wenn es schließlich kein Licht mehr sehen kann, schließt es zum letzten Mal die Augen und fällt sanft zu Boden. Wie anders steht der Mensch dem Tod gegenüber:

> Geh nicht sanft in diese gute Nacht,
> Wut, Wut auf das sterbende Licht.

Zwar tauchen auch in der Welt der Natur Lust und Schmerz auf, aber sie sind keine Probleme, über die man sich Sorgen macht. Wenn ein Hund Schmerzen hat, jault er. Wenn nicht, macht er sich einfach keine Sorgen darum. Er fürchtet keine zukünftigen Schmerzen, bedauert keine vergangenen. Es scheint eine ganz einfache und natürliche Angelegenheit zu sein.

Wir sagen, das alles sei deshalb wahr, weil die Natur, einfach ausgedrückt, dumm sei. Aber das reicht als Grund nicht ganz aus. Wir beginnen gerade zu erkennen, daß die Natur viel schlauer ist, als wir gern glauben möchten. Der große Biochemiker Albert Szent-Gyorgy gibt ein wunderliches Beispiel dafür:

Als ich an das Institute for Advanced Study in Princeton ging, hoffte ich, durch den engen Kontakt mit diesen großen Atomphysikern und Mathematikern würde ich etwas über die lebende Materie erfahren. Aber sobald ich aufdeckte, daß in jedem lebenden System mehr als zwei Elektronen vorhanden sind, wollten die Physiker nicht mehr mit mir reden. Mit all ihren Computern konnten sie mir nicht sagen, was denn das dritte Elektron tue. Das Bemerkenswerte ist, daß es genau weiß, was es zu tun hat. Das kleine Elektron weiß also etwas, das all die gelehrten Männer von Princeton nicht wissen, und es kann doch nur etwas ganz Einfaches sein.

Ich fürchte, die Natur ist nicht nur gescheiter, als wir denken, die Natur ist gescheiter, als wir denken können. Die Natur hat schließlich auch das menschliche Gehirn hervorgebracht, von dem wir uns schmeichelnd sagen, es sei eines der intelligentesten Werkzeuge im Kosmos. Und kann ein Vollidiot ein echtes Meisterwerk schaffen?

Nach der Genesis war es eine der ersten Aufgaben Adams, den in der Natur vorhandenen Tieren und Pflanzen Namen zu geben. Denn die Natur liefert die Namensschildchen nicht gleich mit, und es wäre sehr günstig, wenn wir alle verschiedenen Aspekte der Naturwelt klassifizieren und benennen könnten. Adam wurde, mit anderen Worten, beauftragt, die Komplexität der Formen und Vorgänge der Natur zu unterscheiden und ihnen Namen zuzuteilen. »Diese Tiere sehen gleich aus und sind jenen Tieren überhaupt nicht ähnlich; nennen wir diese Gruppe also ›Löwen‹ und jene Gruppe ›Bären‹. Sehen wir mal, diese Gruppe von Dingen kann man essen, jene aber nicht. Nennen wir diese Gruppe ›Trauben‹ und jene ›Steine‹.«

Aber Adams wahre Aufgabe war es nicht so sehr, sich Namen für die Tiere und Pflanzen auszudenken, so mühsam das zweifellos auch war. Entscheidend an seiner Arbeit war vielmehr der Unterscheidungsvorgang selbst. Denn wenn es nicht nur ein Tier von jeder Sorte gab, was unwahrscheinlich ist, mußte Adam jene Tiere zusammenfassen, die einander ähnlich waren, und lernen, sie im Geist von ihnen unähnlichen zu unterscheiden. Er mußte lernen, zwischen den unterschiedlichen Tiergruppen im Geist eine Grenzlinie zu ziehen, denn erst wenn er dies getan hatte, konnte er die verschiedenen Tiere wirklich erkennen und so benennen. Anders ausgedrückt, die große Aufgabe, mit der Adam begann, war die Errichtung geistiger oder symbolischer Trennungslinien. Adam hat als erster die Natur abgegrenzt, sie im Geiste aufgeteilt, gekennzeichnet und schematisiert. Adam war der erste große Kartograph. Adam zog Grenzen.

Diese Einteilung der Natur war so erfolgreich, daß wir bis zum heutigen Tag unser Leben weitgehend damit zubringen, Grenzen zu ziehen. Jede Entscheidung, die wir treffen, jede unserer Handlungen, jedes unserer Worte beruht auf der bewußten oder unbewußten Errichtung von Grenzen. Ich spreche jetzt nicht nur von einer Begrenzung der eigenen Identität – so wichtig sie gewiß ist –, sondern von allen Grenzen im weitesten Sinn. Eine Entscheidung treffen heißt, eine Grenze zwischen dem ziehen, was man wählen soll, und dem, was man nicht wählen soll. Sich etwas wünschen bedeutet, eine Grenze zwischen lustvollen und unlustvollen Dingen ziehen und sich dann auf erstere zubewegen. Eine Vorstellung hegen heißt, zwischen Auffassungen, die man als richtig empfindet, und anderen, die man als falsch empfindet, eine Grenze ziehen. Unsere Erziehung und Bildung bedeutet, daß wir lernen, wo und wie Grenzen zu ziehen sind, und dann, was mit den abgegrenzten Aspekten anzufangen ist. Ein Gerichtswesen zu unterhalten bedeutet, eine Grenze zwischen jenen zu ziehen, die sich nach den Regeln der Gesellschaft richten, und jenen, die es nicht tun. Einen Krieg führen heißt, eine Grenze ziehen zwischen denen, die für uns und den anderen, die gegen uns sind. Die Morallehre zu studieren bedeutet, zu lernen, wie man eine Grenze zieht, die Gut und Böse offenbar werden läßt. Abendländische Medizin betreiben heißt, mit größerer Deutlichkeit eine Grenze zwischen Krankheit und Gesundheit ziehen. Ganz offensichtlich ist unser Leben von geringfügigen Vorfällen bis hin zu schweren Krisen, von kleinen Entscheidungen bis hin zu großen Geschäftsabschlüssen, von leichten Vorlieben bis hin zu flammenden Leidenschaften, ein Prozeß des Grenzenziehens.

Das Eigenartige an einer Grenze ist, daß sie, so komplex und verfeinert sie auch sein mag, in Wirklichkeit nichts absteckt als ein Außen und Innen. Wir können zum Beispiel die allereinfachste Form einer Grenzlinie als einen Kreis zeichnen und sehen, daß sie ein Innen gegenüber einem Außen deutlich macht:

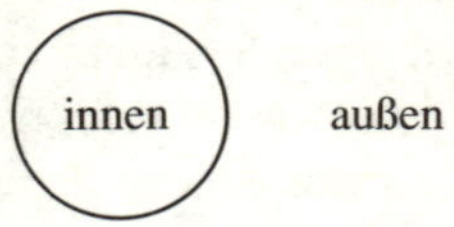

Beachten Sie aber, daß der Gegensatz von innen und außen an und für sich nicht existiert hat, bis wir die kreisförmige Grenze gezogen haben. Anders gesagt, es ist die Grenzlinie selbst, die ein Gegensatzpaar schafft. Kurzum, Grenzen ziehen heißt, Gegensätze herstellen. Wir können so anfangen zu begreifen, daß wir genau deshalb in einer Welt der Gegensätze leben, weil das Leben, wie wir es kennen, ein Prozeß der Grenzziehungen ist.

Und die Welt der Gegensätze ist eine Welt der Konflikte, wie Adam selber bald entdecken sollte. Adam muß fasziniert gewesen sein von der Macht, die durch das Ziehen von Grenzen und das Anrufen von Namen entsteht. Man stelle sich vor: Ein einfacher Laut wie »Himmel« konnte die ganze Unermeßlichkeit und Weite des blauen Himmels darstellen, der durch die Macht der Grenzen als etwas erkannt wurde, das anders war als Erde, Wasser und Feuer. So konnte Adam, anstatt reale Gegenstände zu befühlen und zu handhaben, in seinem Kopf mit diesen magischen Bezeichnungen umgehen, die für die Dinge selbst standen. Vor der Erfindung von Grenzen und Namen mußte Adam z. B., wenn er Eva sagen wollte, sie sei so dumm wie eine Gans, Eva packen und umherwandern, bis er auch eine Gans fand, erst auf die Gans, dann auf Eva zeigen, dann mit den Armen wie mit Flügeln schlagen, mit langgestrecktem Hals zischen und ein dummes Gesicht machen. Aber jetzt konnte Adam, durch den Zauber der Wörter, einfach nur aufblicken und sagen: »Lieber Himmel, meine Gute, du bist genauso dumm wie eine Gans«. Eva, die übrigens in Wirklichkeit viel klüger war als Adam, hielt gewöhnlich den Mund. Das heißt, sie lehnte es ab, mit Wortzauber zurückzuschlagen, denn sie wußte im Herzen, daß Wörter ein zweischneidiges Schwert sind, und daß der, der durch das Schwert lebt, auch durch das Schwert umkommt.

Unterdessen waren die Ergebnisse der Bemühungen Adams augenfällig, machtvoll, magisch, und er begann verständlicherweise, etwas frech zu werden. Er fing an, Grenzen in Bereiche hinein auszudehnen und so Wissen über sie zu erlangen, die besser unerforscht geblieben wären. Dieses übermütige Benehmen fand seinen Höhepunkt am Baum der Erkenntnis, der in Wirklichkeit der Baum der Gegensätze von Gut und Böse war. Und als Adam den Unterschied zwischen den Gegensätzen von Gut und Böse erkannte, das heißt, als er eine verhängnisvolle Grenze zog, fiel seine Welt auseinander. Als Adam sündigte, kehrte sich die ganze Welt der Gegensätze, die zu erschaffen er selbst geholfen hatte, wider ihn, um ihn zu quälen. Schmerz gegen Lust, Gut gegen Böse, Leben gegen Tod, Arbeit gegen Spiel – das ganze Aufgebot einander widerstreitender Gegensätze überschwemmte die Menschheit.

Die erbitternde Tatsache, die Adam erfuhr, war die, daß jede Grenze auch eine potentielle Kampffront ist, so daß allein schon das Ziehen einer Grenze bedeutet, daß man sich auf einen Konflikt vorbereitet, spezifisch auf den Konflikt des Krieges der Gegensätze, den qualvollen Kampf des Lebens gegen den Tod, der Lust gegen den Schmerz, des Guten gegen das Böse. Zu spät lernte Adam, daß die Frage »Wo soll ich die Grenze ziehen?« in Wirklichkeit bedeutet: »Wo soll die Schlacht stattfinden?«

Es ist einfach eine Tatsache, daß wir in einer Welt der Konflikte und Gegensätze leben, weil wir in einer Welt der Grenzen leben. Da jede Grenze auch eine Gefechtslinie ist, sieht die mißliche Lage des Menschen so aus: Je fester die Grenzen sind, desto erbitterter sind die Kämpfe. Je mehr ich mich an die Lust klammere, desto mehr fürchte ich notwendigerweise den

Schmerz. Je mehr ich mich um das Gute bemühe, desto besessener bin ich vom Bösen. Je mehr ich nach Erfolg strebe, desto mehr muß ich die Niederlage fürchten. Je stärker ich mich ans Leben klammere, desto schrecklicher wird mir der Tod. Je mehr ich etwas schätze, desto mehr sucht mich die Furcht vor seinem Verlust heim. Anders gesagt, die meisten unserer Probleme sind Probleme der Grenzen und der Gegensätze, die sie schaffen.

Unser üblicher Versuch, diese Probleme zu lösen, besteht darin, daß wir uns bemühen, *einen* Teil des Gegensatzpaares auszurotten. Wir gehen an das Problem von Gut und Böse heran, indem wir versuchen, das Böse zu vernichten. Wir handhaben das Problem von Leben und Tod, indem wir versuchen, den Tod hinter symbolischen Unsterblichkeiten zu verstecken. In der Philosophie werden wir mit begrifflichen Gegensätzen fertig, indem wir einen der Pole fallen lassen oder versuchen, ihn auf den anderen zurückzuführen. Der Materialist versucht, den Geist auf die Materie zu reduzieren, während der Idealist versucht, die Materie auf den Geist zu reduzieren. Die Monisten versuchen, Pluralität auf die Einheit zurückzuführen, die Pluralisten versuchen, Einheit als Pluralität zu erklären.

Wesentlich ist, daß wir immer dazu neigen, die Grenze als *real* zu behandeln, und dann die Gegensätze, die die Grenze geschaffen hat, manipulieren. Wir scheinen die Existenz der Grenze selbst nie in Frage zu stellen. Weil wir die Grenze für real halten, bleiben wir unerschütterlich bei der Vorstellung, die Gegensätze seien unvereinbar, getrennt, auf immer festgelegt. »Ost ist Ost und West ist West, und beide werden niemals zusammenkommen.« Gott und Satan, Gut und Böse, Liebe und Haß, das Selbst und das andere – sie sind so verschieden, sagen wir, wie Tag und Nacht.

So nehmen wir an, das Leben wäre eine reine Freude, wenn wir nur all die negativen und unerwünschten Pole der Gegensatzpaare ausrotten könnten. Könnten wir den Schmerz, das Böse, den Tod, das Leiden und die Krankheit besiegen, so daß das Gute, das Leben, die Freude und die Gesundheit im Überfluß vorhanden wären – das wäre wirklich ein herrliches Leben, und tatsächlich stellen viele Menschen sich genauso den Himmel vor. Der Begriff Himmel hat die Bedeutung angenommen, der Ort zu sein, wo alle positiven Hälften der Gegensatzpaare versammelt sind (nicht der, wo alle Gegensätze überschritten werden), während die Hölle der Ort ist, wo alle negativen Hälften gesammelt sind: Schmerz, Leiden, Qual, Angst, Krankheit.

Dieses Ziel, die Gegensätze zu trennen und sich dann an die positiven Hälften zu klammern oder ihnen nachzulaufen, scheint ein hervorstechendes Merkmal der fortschrittlichen westlichen Kultur zu sein – ihrer Religion, ihrer Wissenschaft, Medizin und Industrie. Fortschritt ist schließlich einfach ein Fortschreiten auf das Positive *zu* und *weg* vom Negativen. Aber trotz der offensichtlichen Bequemlichkeiten der Medizin und der Landwirtschaft ist nicht das geringste Anzeichen dafür vorhanden, daß die Menschheit, nachdem sie jahrhundertelang Positives betont und Negatives abzuschaffen versucht hat, glücklicher, zufriedener oder mehr im Frieden mit sich selbst ist. Tatsächlich weisen die verfügbaren Anzeichen auf genau das Gegenteil hin: Heute haben wir das »Zeitalter der Angst«, des »Zukunftschocks«, der epidemischen Frustration und Entfremdung, der Langeweile inmitten von Reichtum und der Sinnlosigkeit inmitten der Fülle.

Es scheint, als könnten »Fortschritt« und Unglücklichsein sehr wohl die zwei Seiten der Medaille sein, die ständig in Bewegung ist. Denn schon der Drang nach *Fortschritt* weist auf eine Unzufriedenheit mit dem *gegenwärtigen* Stand der Dinge hin, so daß ich die Unzufriedenheit um so schärfer empfinde, je mehr ich nach Fortschritt strebe. In ihrem blinden Fortschrittsstreben hat unsere Kultur tatsächlich die Frustration institutionalisiert. Denn bei unserem Versuch, das Positive hervorzuheben und das Negative zu beseitigen, haben wir völlig vergessen, daß das Positive nur durch das Negative definiert wird. Die Gegensätze können tatsächlich so verschieden sein wie Tag und Nacht, aber das Wesentliche ist, daß wir ohne die Nacht gar nicht in der Lage wären, so etwas wie den Tag zu erkennen. Die Zerstörung des Negativen bedeutet zugleich die Zerstörung jeder Möglichkeit, das Positive zu genießen. Je mehr Erfolg wir also in diesem

Fortschrittsabenteuer haben, desto mehr scheitern wir in Wirklichkeit, und desto schneidender wird daher unser Gefühl totaler Frustration.

Die Wurzel der ganzen Schwierigkeit ist unsere Tendenz, die Gegensätze als unvereinbar, als völlig getrennt und voneinander geschieden anzusehen. Selbst das einfachste Gegensatzpaar, wie z. B. Kaufen und Verkaufen wird als zusammengesetzt aus zwei verschiedenen und getrennten Ereignissen angesehen. Nun trifft es zwar zu, daß Kaufen und Verkaufen sich in gewissem Sinn unterscheiden, aber sie sind auch – und darauf kommt es an – völlig *untrennbar*. Jedesmal, wenn Sie etwas kaufen, hat jemand anders, bei derselben Handlung, etwas verkauft. Anders ausgedrückt, Kaufen und Verkaufen sind einfach *zwei* Seiten *eines* Geschehens, nämlich der einzelnen geschäftlichen Transaktion selbst. Und während die beiden Seiten der Transaktion »verschieden« sind, ist das einzelne Ereignis, das sie darstellen, ein und dasselbe.

Auf genau dieselbe Weise haben alle Gegensätze teil an einer impliziten Identität. Das heißt, wie ausgeprägt uns auch die Unterschiede zwischen den Gliedern des Gegensatzpaares vorkommen mögen, sie bleiben dennoch gänzlich untrennbar und wechselseitig voneinander abhängig, und das aus dem einfachen Grund, daß eines nicht ohne das andere existieren könnte. Wenn man das Problem so betrachtet, gibt es natürlich kein Innen ohne ein Außen, kein Hinauf ohne Hinab, keinen Gewinn ohne den Verlust, keine Lust ohne den Schmerz, kein Leben ohne den Tod. Der alte chinesische Weise Lao Tzu sagt:

> Besteht ein Unterschied zwischen ja und nein?
> Besteht ein Unterschied zwischen gut und böse?
> Muß ich fürchten, was andere fürchten? Was für ein Unsinn!
> Haben und Nichthaben entstehen zusammen,
> Schwierig und leicht ergänzen sich,
> Lang und kurz stehen im Gegensatz zueinander,

Hoch und niedrig beruhen auf einander,
Vorn und hinten folgen einander.

Chuang Tzu führt aus:

Also begreifen jene, die sagen, sie möchten das Richtige ohne sein Korrelat, das Falsche, oder eine gute Regierung ohne ihr Korrelat, die schlechte Regierung, nicht die großen Grundsätze des Weltalls, ebensowenig das Wesen aller Schöpfung. Man könnte ebensogut von der Existenz des Himmels ohne die der Erde sprechen oder vom negativen Prinzip ohne das Positive, was eindeutig unmöglich ist. Aber die Menschen sprechen immer weiter unaufhörlich darüber; solche Menschen müssen entweder Narren oder Schurken sein.

Man kann die Idee von der inneren Einheit der Gegensätze kaum als etwas bezeichnen, das nur bei östlichen oder westlichen Mystikern vorkommt. Wenn wir uns der modernen Physik zuwenden, dem Gebiet, auf dem der abendländische Verstand seine größten Fortschritte gemacht hat, finden wir eine weitere Version von der Realität als Vereinigung des Gegensätzlichen. In der Relativitätstheorie z. B. sind die alten Gegensätze Ruhe und Bewegung völlig ununterscheidbar geworden, d. h. »jedes ist beides zugleich«. Ein Gegenstand, der dem einen Beobachter so erscheint, als sei er in Ruhe, ist für einen anderen Beobachter zur gleichen Zeit in Bewegung. Ebenso verschwindet die Aufspaltung zwischen Welle und Teilchen, aus »wave« und »particle« werden »wavicles«, und der Gegensatz von Struktur und Funktion löst sich auf. Selbst die uralte Trennung von Masse und Energie ist Einsteins $E = mc^2$ zum Opfer gefallen, und diese ehemaligen »Gegensätze« werden heute als lediglich zwei Aspekte einer Realität angesehen, einer Realität, für die Hiroshima ein so greller Beweis war.
Gleichermaßen werden solche Gegensätze wie Subjekt und Objekt, Zeit und Raum heute als so sehr wechselseitig abhängig voneinander angesehen, daß sie ein verflochtenes Kontinuum bilden, ein einziges vereinigtes Muster. Was wir »Subjekt« und »Objekt« nennen, sind, genau wie Kaufen und Verkaufen, einfach nur zwei verschiedene Weisen, an einen einzigen Prozeß heranzugehen. Und weil dasselbe für Zeit und Raum gilt, können

wir nicht länger davon sprechen, ein Objekt sei im Raum lokalisiert oder ereigne sich in der Zeit, sondern nur von einem raumzeitlichen Ereignis. Die moderne Physik behauptet, kurz gesagt, man könne die Realität nur als eine Vereinigung von Gegensätzlichem betrachten. Der Biophysiker Ludwig von Bertalanffy formuliert das so:

Wenn das Gesagte wahr ist, ist die Realität das, was Nikolaus von Kues als *coincidentia oppositorum* bezeichnet hat. Das diskursive Denken stellt immer nur einen Aspekt der höchsten Wirklichkeit dar, die Nikolaus von Kues Gott nennt; es kann ihre unendliche Vielfalt niemals erschöpfen. Daher ist die höchste Wirklichkeit eine Einheit der Gegensätze.

Unter dem Blickwinkel der *coincidentia oppositorum* – des Zusammenfallens der Gegensätze – erweist sich das, was uns als völlig getrenntes und unvereinbares Gegensatzpaar erschien, nach den Worten von Bertalanffys als »komplementäre Aspekte ein und derselben Wirklichkeit«.

Aus all diesen Gründen hat Alfred North Whitehead, einer der einflußreichsten Philosophen dieses Jahrhunderts, seine Philosophie vom »Organismus« und von der »vibrierenden Existenz« formuliert, die zu verstehen gibt, daß alle »Grundelemente ihrem Wesen nach vibrierend sind«. Das heißt, all die Dinge und Ereignisse, die wir gewöhnlich als unvereinbar ansehen, wie z. B. Ursache und Wirkung, Vergangenheit und Zukunft, Subjekt und Objekt, sind in Wirklichkeit nur wie Kamm und Tal einer einzigen Welle, einer einzigen Vibration. Denn eine Welle drückt sich, obwohl sie selbst ein einzelnes Ereignis ist, nur durch die Gegensätze von Kamm und Tal, von höchstem Punkt und niedrigstem Punkt aus. Gerade aus diesem Grund ist die Realität nicht im Wellenkamm oder im Wellental allein zu finden, sondern in ihrer Einheit (versuchen Sie, sich eine Welle mit Kämmen, aber ohne Täler vorzustellen). Natürlich gibt es so etwas wie einen Kamm ohne ein Tal, einen Hochpunkt ohne einen Tiefpunkt nicht. Kamm und Tal sind – wie alle Gegensätze – untrennbare Aspekte einer zugrundeliegenden Tätigkeit. So ist, wie Whitehead es ausdrückt, jedes Element des Universums »ein vibrierendes Ebben und Fluten einer zugrundeliegenden Energie oder Tätigkeit«.

Nirgends wird diese innere Einheit der Gegensätze deutlicher dargelegt als in der Gestalttheorie der Wahrnehmung. Nach dieser Theorie nehmen wir niemals ein Objekt oder ein Ereignis oder eine Figur wahr, es sei denn in Beziehung zu einem kontrastierenden Hintergrund. Zum Beispiel ist etwas, das wir »hell« nennen, in Wirklichkeit eine helle Figur, die sich von einem dunklen Hintergrund abhebt. Wenn ich in einer dunklen Nacht zum Himmel hinaufschaue und das Glitzern eines hellen Sterns wahrnehme, ist das, was ich in Wirklichkeit sehe – was mein Auge tatsächlich »aufnimmt« – nicht der abgesonderte Stern, sondern das ganze Feld oder die ganze Gestalt von »hellem Stern *und* dunklem Hintergrund«. Wie stark der Gegensatz zwischen dem hellen Stern und seinem Hintergrund von Dunkelheit auch sein mag – wichtig ist, daß ich ohne den einen den anderen niemals wahrnehmen könnte. »Hell« und »dunkel« sind also zwei wechselseitig einander bedingende Aspekte *einer* sensorischen Gestalt. Ebenso kann ich Bewegung nicht wahrnehmen, außer in Beziehung zu Ruhe, Mühsal nicht ohne Bequemlichkeit, Komplexität nicht ohne Einfachheit, Anziehung nicht ohne Abstoßung.

Auf dieselbe Weise nehme ich Lust nie wahr, außer in Beziehung zu Unlust. Ich kann mich tatsächlich in diesem Augenblick sehr behaglich und vergnügt fühlen, aber ich könnte es niemals *erkennen,* gäbe es nicht den Hintergrund von Unbehagen und Mißmut. Darum scheinen sich Lust und Unlust immer abzuwechseln, denn nur in ihrem wechselseitigen Kontrast kann das Vorhandensein beider erkannt werden. So sehr ich die eine liebe und die andere verabscheue – der Versuch, sie zu isolieren, ist also vergeblich. Whitehead würde sagen, Lust und Unlust sind eben nur der untrennbare »Kamm-und-Tal«-Verlauf einer einzigen Welle des Gewahrseins, und der Versuch, den positiven Kamm zu betonen und das negative Tal zu beseitigen, bedeutet, die ganze Welle des Gewahrseins selbst beseitigen zu wollen.

Vielleicht beginen wir zu verstehen, warum das Leben, wenn

man es als eine Welt getrennter Gegensätze ansieht, so total frustrierend ist, und warum der Fortschritt in Wirklichkeit keine Weiterentwicklung mehr ist, sondern ein Krebsgeschwür. Bei dem Versuch, die Gegensätze zu trennen und uns an die zu klammern, die wir als positiv beurteilen, wie z. B. Lust ohne Schmerz, Leben ohne Tod, Gut ohne Böse, laufen wir in Wirklichkeit Gespenstern ohne die mindeste Realität nach. Wir könnten ebensogut nach einer Welt von Wellenkämmen ohne Wellentäler, von Käufern ohne Verkäufer, von links ohne rechts, hinein ohne hinaus streben. So sind also, wie Wittgenstein erklärte, unsere Probleme nicht schwierig, sondern unsinnig, weil unsere Ziele nicht hochgesteckt, sondern illusorisch sind.

Daß alle Gegensätze – wie Masse und Energie, Subjekt und Objekt, Leben und Tod – so sehr einer der andere sind, daß sie völlig untrennbar sind, kommt die meisten von uns noch hart an, zu glauben. Aber das liegt nur daran, daß wir die *Grenzlinie* als real ansehen, die zwischen den Gegensätzen gezogen wird. Es sind, man erinnere sich, die Grenzen selbst, die die scheinbare Existenz getrennter Gegenteile schaffen. Um es deutlich zu sagen: Wenn man ausspricht, »Die letzte Realität ist eine Einheit von Gegensätzen«, sagt man in Wirklichkeit damit, daß es *in der letzten Realität keine Grenzen gibt*. Überhaupt keine.

Wir sind in der Tat so behext von Grenzen, stehen so unter dem Bann der Sünde Adams, daß wir die tatsächliche Natur der Grenzlinien selbst völlig vergessen haben. Denn Grenzlinien jeder Art finden sich niemals in der realen Welt selbst, sondern nur in der Vorstellung von Kartographen. Gewiß, es gibt in der natürlichen Welt viele Sorten von *Linien,* wie z. B. die Küstenlinien zwischen Kontinenten und den sie umgebenden Meeren. Es gibt tatsächlich alle Arten von Linien und Oberflächen in der Natur – Umrisse von Blättern und Häute von Organismen, Horizonte und Baumgrenzen und Wasserlinien, Oberflächen von Licht und Schatten und Linien, die alle Gegenstände von ihrer Umgebung abheben. Offensichtlich sind diese Oberflächen und Linien tatsächlich vorhanden, aber sie stellen, genau wie die Küstenlinie zwischen Land und Wasser, nicht nur eine *Tren-*

nung von Land und Wasser dar, wie wir im allgemeinen annehmen. Wie Alan Watts so oft erklärt hat, bezeichnen diese sogenannten »Trennungslinien« ebenso genau dieselben Stellen, wo Land und Wasser *sich berühren*. Das heißt, diese Linien *vereinigen* und *fügen* ebensosehr *zusammen* wie sie trennen und unterscheiden. Diese Linien sind, anders ausgedrückt, gar keine Grenzen! Zwischen einer Linie und einer Grenze besteht, wie wir gleich sehen werden, ein riesengroßer Unterschied.

Es kommt also darauf an, daß Linien die Gegenteile ebenso vereinigen wie unterscheiden. Und genau das ist das Wesen und die Funktion aller wirklichen Linien und Oberflächen in der Natur. Sie bezeichnen explizit die Gegensätze, während sie sie zur gleichen Zeit implizit vereinen. Ziehen wir z. B. einmal die Linie, die eine konkave Figur darstellt, folgendermaßen:

Beachten Sie jedoch, daß ich mit genau derselben Linie auch eine konvexe Figur gezeichnet habe. Das ist es, was der taoistische Weise Lao Tzu meint, als er sagte, alle Gegensätze entstehen zugleich und in wechselseitiger Abhängigkeit. Wie das Konkave und das Konvexe in unserem Beispiel tauchen sie zusammen auf. Wir können außerdem nicht sagen, die Linie *trenne* konkav von konvex, denn es ist nur eine Linie da, die beide ganz und gar miteinander teilen. Die Linie, weit davon entfernt, konkav und konvex zu teilen, macht es dem einen absolut unmöglich, ohne das andere zu existieren. Wegen dieser einzigen Linie haben wir, gleichgültig, wie wir das Konkave zeichnen, auch das Konvexe gezeichnet, weil die Außenlinie des Konkaven die Innenlinie des Konvexen *ist*. Sie werden also niemals ein Konkaves ohne ein Konvexes finden, denn sie sind, wie alle Gegensätze, dazu bestimmt, einander für alle Zeiten innig zu umarmen.

Das Wesentliche ist, daß alle Linien, die wir in der Natur finden oder sogar selber konstruieren, nicht nur verschiedene Gegenteile unterscheiden, sondern die beiden auch in einer untrennbaren Einheit verbinden. Eine Linie ist, anders ausgedrückt, keine Grenze. Denn eine Linie, sei sie geistiger, natürlicher oder logischer Art, trennt und teilt nicht einfach nur, sondern sie verbindet und vereint auch. Grenzen andererseits sind reine Illusionen – sie tun so, als trennten sie etwas, das in Wirklichkeit untrennbar ist. In diesem Sinn gibt es in der wirklichen Welt Linien, aber keine realen Grenzen.

Eine reale Linie wird zu einer illusorischen Grenze, wenn wir uns ihre beiden Seiten als getrennt und beziehungslos vorstellen, d. h. wenn wir den äußeren Unterschied der beiden Gegenteile anerkennen, die innere Einheit aber nicht zur Kenntnis nehmen. Eine Linie wird zur Grenze, wenn wir vergessen, daß das Innere mit dem Äußeren zugleich existiert. Eine Linie wird zur Grenze, wenn wir uns vorstellen, sie trenne nur, vereinige aber nicht zugleich. Es ist recht und schön, Linien zu ziehen, vorausgesetzt, wir halten sie nicht irrtümlich für Grenzen. Es ist zulässig, Lust von Schmerz zu unterscheiden; es ist unmöglich, Lust von Schmerz zu trennen.

Wir erzeugen heute die Illusion von Grenzen ganz ähnlich, wie es schon Adam tat, denn die Sünden der Väter sind an ihren Söhnen und Töchtern heimgesucht worden. Wir beginnen damit, daß wir entweder den Linien der Natur folgen – Küstenlinien, Baumgrenzen, Horizonten, Oberflächen von Gestein und Haut – oder indem wir unsere eigenen geistigen Grenzlinien konstruieren (die Ideen und Begriffe sind). Dadurch sortieren und klassifizieren wir Aspekte unserer Welt. Wir lernen, den Unterschied zwischen dem Innen und dem Außen unserer Klassen zu erkennen: zwischen dem, was Gestein ist und was nicht, zwischen dem, was Lust ist und was nicht, zwischen dem, was groß ist und was nicht groß ist, zwischen dem, was gut ist und was nicht gut ist . . .

Schon laufen unsere Linien Gefahr, Grenzen zu werden, denn wir erkennen explizite Unterschiede an und vergessen die implizite Einheit. Dieser Irrtum wird zudem gefördert, wenn wir dazu übergehen, das Innen und Außen der Klasse zu benennen, sie mit einem Wort oder Symbol zu verbinden. Denn die Wörter, die wir für das Innere der Klasse verwenden, wie »hell«, »aufwärts«, »Lust«, sind eindeutig ablösbar und getrennt von den Wörtern, die wir für die Außenseite der Klasse benützen, wie »dunkel«, »abwärts« und »Schmerz«.

Wir können also die Symbole unabhängig von ihrem notwendigen Gegenteil handhaben. Ich kann z. B. einen Satz bilden, der besagt: »Ich will Lust«, und in diesem Satz ist nicht die Rede vom notwendigen Gegenteil der Lust – vom Schmerz. Ich kann Lust und Schmerz mit Worten trennen, oder in meinen Gedanken, obwohl in der wirklichen Welt das eine nie getrennt vom anderen zu finden ist. Hier wird die Linie zwischen Lust und Schmerz zur Grenze, und die Illusion, beide seien voneinander getrennt, erscheint überzeugend. Da ich nicht sehe, daß die Gegenteile einfach nur zwei unterschiedliche Namen für einen Prozeß sind, stelle ich mir vor, es gebe zwei verschiedene Prozesse, die im Gegensatz zueinander stehen. In einer Bemerkung zu diesem Sachverhalt sagte L. L. Whyte:

> So ist der unreife Geist, unfähig, seinem eigenen Vorurteil zu entgehen, dazu verdammt, in der Zwangsjacke seiner Dualismen zu zappeln: Subjekt/Objekt, Zeit/Raum, Geist/Materie, Freiheit/Notwendigkeit, freier Wille/Gesetz. Die Wahrheit, die einzeln sein muß, wird vom Widerspruch geplagt. Der Mensch kann nicht denken, wo er ist, denn er hat *aus einer Welt zwei geschaffen*.

Es scheint, als sei es unser Problem, daß wir uns vom tatsächlichen Territorium der Natur, das keine Grenzen hat, eine konventionelle Karte anfertigen, mitsamt den Grenzen, und die beiden dann gründlich miteinander verwechseln. Wie Korzybski und die allgemeinen Semantiker gezeigt haben, sind unsere Wörter, Symbole, Zeichen, Gedanken und Ideen lediglich »Landkarten« der Realität, nicht die Realität selbst, denn »die Landkarte ist nicht das Land«. Das Wort »Wasser« wird Ihren Durst nicht stillen. Aber wir leben in der Welt der Landkarten, als sei sie die reale Welt. Adam auf dem Fuße folgend, haben wir uns in einer Welt rein der Fantasie entsprungener Landkarten und Grenzen ganz und gar verirrt. Und diese illusorischen Grenzen mitsamt den Gegensätzen, die sie schaffen, sind Gegenstand unserer leidenschaftlichen Kämpfe geworden.

Die meisten unserer »Lebensprobleme« beruhen also auf der Einbildung, die Gegensätze könnten und sollten voneinander getrennt und isoliert werden. Aber da alle Gegensätze in Wirklichkeit Aspekte einer zugrundeliegenden Realität sind, ist dies so, als wollte man versuchen, die beiden Enden eines Gummibandes total voneinander zu trennen. Man kann nur immer stärker ziehen – bis schließlich etwas heftig zerreißt.

Wir könnten also verstehen, daß in allen mystischen Überlieferungen auf der ganzen Welt derjenige, der die Illusion der Gegensätze durchschaut, »befreit« genannt wird. Weil er von den Gegensatzpaaren befreit ist, ist er in diesem Leben befreit von den im Grunde sinnlosen Problemen und Konflikten, die zum Krieg der Gegensätze gehören. Auf seiner Suche nach dem Frieden stellt er Gegenteile nicht mehr gegeneinander, sondern geht statt dessen über beide hinaus. Nicht: Gut kontra Böse, sondern jenseits von Gut und Böse. Nicht Leben gegen Tod, sondern ein Zentrum des Gewahrseins, das über beide hinausgeht. Es kommt darauf an, die Gegensätze nicht zu trennen und »positiven Fortschritt« zu machen, sondern vielmehr die Gegensätze, positive wie negative, zu harmonisieren, indem man eine Grundlage entdeckt, die über beide hinausgeht und sie beide umfaßt. Und diese Grundlage ist, wie wir bald sehen werden, das »Bewußtsein der All-Einheit« selbst. Unterdessen wollen wir anmerken, wie es die Hinduschrift *Bhagavad Gita* tut, daß Befreiung nicht die Freiheit vom Negativen ist, sondern Freiheit von den »Paaren«:

> Zufrieden mit dem, was von selber kommt,
> über die Paare hinausgelangt, frei von Neid,
> nicht an Erfolg noch Mißerfolg hängend,
> selbst im Handeln ist er nicht gebunden.
> Er muß als ewig frei erkannt werden,
> der weder verabscheut noch begehrt;
> denn er, der von den Paaren befreit ist,
> befreit sich leicht von Konflikten.

Dieses »Befreitsein von den Paaren« ist, in westlicher Sprache ausgedrückt, die Entdeckung des Himmelreichs auf Erden, wenn es auch die populären »Evangelisten« vergessen haben. Denn der Himmel ist nicht, wie es die populäre Religion gern hätte, ein Zustand alles Positiven ohne alles Negative, sondern der Zustand der Erkenntnis von »Nicht-Gegensätzen« oder »Nicht-Zweiheit«, zumindest nach dem *Thomasevangelium:*

Sie sagten zu ihm: Werden wir dann, wenn wir Kinder sind, ins Himmelreich eingehen? Jesus sagte zu ihnen: Wenn ihr aus den zweien eines macht, und wenn ihr das Innere wie das Äußere macht, und das Äußere wie das Innere und das Darüber wie das Darunter, und wenn ihr aus dem Männlichen und dem Weiblichen eines macht, dann werdet ihr ins Himmelreich eingehen.

Diese Vorstellung von Nicht-Gegensätzen und Nicht-Zweiheit ist der Kern des Advaita-Hinduismus (»advaita« bedeutet »nicht-dual« oder »nicht-zwei«) und des Mahayana-Buddhismus. Diese Idee wird in einem der bedeutendsten Buddhistischen Texte, dem *Lankavatara Sutra,* wunderschön ausgedrückt:

Die falsche Vorstellung lehrt, daß Dinge wie Licht und Schatten, lang und kurz, schwarz und weiß, verschieden sind und auseinandergehalten werden müssen; aber sie sind nicht unabhängig voneinander; sie sind nur verschiedene Aspekte desselben, sie sind Ausdrücke von Beziehungen, nicht der Wirklichkeit. Daseinsbedingungen sind nicht von der Art, daß sie sich gegenseitig ausschließen; im Kern sind die Dinge nicht zwei, sondern eins.

Wir könnten diese Zitate unbegrenzt vermehren, aber sie würden alle auf dasselbe hinweisen: Die letzte Realität ist eine Vereinigung von Gegensätzen. Und da es ausdrücklich die Grenzen sind, die wir der Realität überstülpen, durch die sie in unzählige Gegensatzpaare aufgesplittert wird, ist die Behauptung all dieser Überlieferungen, die Realität sei befreit von den Gegensatzpaaren, zugleich die Behauptung, die Realität sei von allen Grenzen befreit. Daß die Realität nicht-zwei ist, bedeutet, daß die Realität ohne Grenzen ist.

Die Lösung für den Krieg der Gegensätze erfordert das Aufgeben aller Grenzen und nicht das fortschreitende Ausspielen der

Gegenteile gegeneinander. Der Krieg der Gegensätze ist ein Symptom einer Grenze, die für real gehalten wird, und um die Symptome zu heilen, müssen wir an die Wurzel der Sache selbst gehen: zu unseren illusorischen Grenzen.

Aber was wird, fragen wir, mit unserem Streben nach Fortschritt geschehen, wenn wir erkennen, daß alle Gegensätze eins sind? Wenn wir auch nur ein wenig Glück haben, wird es aufhören – und mit ihm jene eigenartige Unzufriedenheit, die unter der Illusion gedeiht, auf der anderen Seite des Zauns sei das Gras grüner. Aber wir sollten in dieser Beziehung ganz klar sehen. Ich meine nicht, daß wir aufhören werden, in der Medizin, in Landwirtschaft und Technologie gewisse Fortschritte zu machen. Wir werden uns nur nicht mehr der Täuschung hingeben, das Glück sei davon abhängig. Denn wenn wir die Illusionen unserer Grenzen durchschauen, werden wir hier und jetzt das Universum so sehen, wie Adam es vor dem Sündenfall sah: als organische Einheit, als Harmonie der Gegensätze, als Melodie von Positivem und Negativem, als Entzücken am Spiel unserer vibrierenden Existenz. Wenn erkannt wird, daß die Gegensätze eins sind, schmilzt Dissonanz zu Einklang, Schlachten werden zum Tanz, und alte Feinde werden zu Liebenden. Wir sind dann in der Lage, mit unserem ganzen Universum Freundschaft zu schließen, und nicht nur mit der Hälfte davon.

3 Ohne Grenzen

Das letzte metaphysische Geheimnis ist, wenn wir es so einfach ausdrücken dürfen, daß es im Universum keine Grenzen gibt. Grenzen sind Illusionen, nicht Produkte der Realität, sondern der Art und Weise, wie wir die Realität kartographieren und redigieren. Es ist zwar in Ordnung, das Territorium zu kartographieren, aber es ist verhängnisvoll, Landkarte und Land zu verwechseln. Es ist nicht nur so, daß zwischen den Gegensätzen keine Grenzen sind. In einem viel weiteren Sinn gibt es keine trennenden Grenzen zwischen Dingen oder Ereignissen irgendwo im Kosmos. Und nirgends wird die Realität der Nicht-Grenzen deutlicher gesehen als in der modernen Physik, was um so bemerkenswerter ist angesichts der Tatsache, daß die klassische Physik verbunden mit Namen wie Kepler, Galilei und Newton – eine der echten Erben des Kartographen und Grenzziehers Adam war.
Als Adam schließlich starb, hinterließ er der Menschheit sein Erbe des Kartographierens und Grenzziehens. Und da jede Grenze politische und technologische Macht mit sich bringt, bezeichnete Adams Begrenzen, Klassifizieren und Benennen der Natur die ersten Anfänge technologischer Macht und Beherrschung der Natur. Tatsächlich will es die jüdische Überlieferung, daß die Frucht vom Baum der Erkenntnis in Wirklichkeit nicht das Wissen von Gut und Böse enthielt, sondern das vom Nützlichen und vom Nutzlosen – d. h. technologische Erkenntnis. Aber wenn jede Grenze technologische und politische Macht in sich trägt, so bedeutet sie auch Entfremdung, Zersplitterung und Konflikt – denn wenn man eine Grenze errichtet, um Herrschaft über etwas zu erringen, trennt und entfremdet man sich zugleich von dem, was man zu beherrschen versucht. Daher Adams Fall in die Zersplitterung, bekannt als Erbsünde.
Die Grenzen, die Adam zog, waren jedoch sehr einfacher Art.

Sie klassifizierten lediglich und waren nur im Hinblick auf Beschreibung, Definition, Benennung usw. nützlich. Und Adam nützte diese klassifizierenden Grenzen nicht einmal völlig aus. Er war kaum bis dahin gelangt, Gemüsen und Früchten Namen zu geben, als er einen Fehler machte und aus dem Spiel ausgeschlossen wurde.

Generationen später faßten die Nachkommen Adams endlich genug Mut, um wieder mit Grenzen herumzuspielen, zudem noch mit subtileren und abstrakteren. In Griechenland traten Männer mit glänzenden Verstandeskräften auf den Plan – d. h. großartige Kartographen und Grenzzieher. Aristoteles z. B. klassifizierte fast jeden Vorgang und jedes Ding in der Natur mit solcher Genauigkeit und Überzeugungskraft, daß die Europäer Jahrhunderte brauchten, um die Gültigkeit seiner Grenzen auch nur in Frage zu stellen.

Aber, gleichgültig, wie genau und komplex die Klassifizierungen, die man hat, auch sein mögen, man kann mit dieser Art von Grenzlinien – zumindest wissenschaftlich – außer beschreiben und definieren nicht viel anfangen. Man hat nur eine qualitative, eine klassifizierende Wissenschaft. Man kann jedoch, wenn man erst einmal seine Anfangsgrenzen festgelegt hat, so daß die Welt als ein Komplex von getrennten Dingen und Ereignissen erscheint, zu weit subtileren und abstrakteren Arten von Grenzen fortschreiten. Und die Griechen, wie z. B. Pythagoras, taten genau das. Denn Pythagoras entdeckte, als er all die verschiedenen Klassen von Dingen und Ereignissen – von Pferden über Orangen bis hin zu den Sternen – überblickte, daß er mit all diesen verschiedenen Dingen einen glänzenden Trick ausführen konnte – er konnte sie zählen.

Wenn das Benennen wie Magie erschien, wirkte das Zählen göttlich, denn Namen konnten Dinge magisch darstellen, aber Zahlen konnten über sie hinausgehen. Zum Beispiel ist eine Orange und noch eine Orange gleich zwei Orangen, aber ebenso ist ein Apfel und noch ein Apfel gleich zwei Äpfeln. Die Zahl zwei bezieht sich unparteiisch auf jegliche Gruppe von zwei Dingen und muß daher irgendwie über sie hinausgehen.

Es gelang dem Menschen, durch die abstrakten Zahlen seinen Geist von konkreten Dingen freizumachen. In gewissem Maß war dies auch schon durch die erste Art von Grenze möglich, durch das Benennen, Klassifizieren und Feststellen von Unterschieden. Aber die Zahlen vergrößerten diese Macht dramatisch. Denn das Zählen war in gewissem Sinn tatsächlich eine gänzlich neue Art von Grenze. Es war eine Grenze auf einer Grenze, eine Meta-Grenze, und das ging so:

Mit seiner ersten Grenzart zieht der Mensch eine Trennungslinie zwischen verschiedenen Dingen und erkennt dann, daß sie eine Gruppe oder Klasse bilden, die er dann Frösche, Käse, Berge oder wie auch immer nennt. Dies ist die erste oder grundlegende Art von Grenze. Wenn man erst einmal seine ersten Grenzen gezogen hat, dann kann man über der ersten Art von Grenze eine *zweite* ziehen und dann die Dinge in den Klassen zählen. Wenn die erste Grenze eine Klasse von Dingen ergibt, ergibt die zweite Grenze eine Klasse der Klassen von Dingen. Die Zahl sieben z. B. bezieht sich gleichermaßen auf *alle* Gruppen oder Klassen von Dingen, die sieben Mitglieder haben. Sieben kann sich auf sieben Weinbeeren, sieben Tage, sieben Zwerge usw. beziehen. Die Zahl sieben ist, mit anderen Worten, eine Gruppe all jener Gruppen, die sieben Mitglieder haben. Sie ist daher eine Klasse von Klassen, eine Grenze über einer Grenze. Der Mensch hat also mit den Zahlen eine neue Art von Grenze konstruiert, eine abstraktere und allgemeinere Grenze, eine *Meta-Grenze*. Und da Grenzen politische und technologische Macht bedeuten, hatte der Mensch hierdurch seine Fähigkeit vermehrt, die Welt der Natur zu beherrschen.

Diese neuen und wirksameren Grenzen brachten jedoch nicht nur das Potential für eine entwickeltere Technologie mit sich, sondern auch eine durchdringendere Entfremdung und Zersplitterung des Menschen und seiner Welt. Es gelang den Griechen, durch diese neue Meta-Grenze der Zahl einen subtilen Konflikt, einen subtilen Dualismus einzuführen, der sich an den Europäer geheftet hat, wie sich ein Blutsauger an sein Opfer hängt. Denn die abstrakten Zahlen, diese neue Meta-Grenze, überstiegen die konkrete Welt derart, daß der Mensch, wie er entdeckte, nun in zwei Welten lebte – der konkreten gegenüber der abstrakten, der idealen gegenüber der realen, der universalen gegenüber der einzelnen. Im Lauf der nächsten zweitausend Jahre veränderte dieser Dualismus seine Form ein Dutzend mal, aber er wurde kaum ausgerottet oder harmonisiert. Er wurde zum Kampf des Rationalen gegen das Romantische, von Ideen gegen Erfahrung, Intellekt gegen Instinkt, Gesetz gegen Chaos, Geist gegen Materie. Diese Unterscheidungen beruhten alle auf angemessenen und realen Linien, aber diese entarteten gewöhnlich zu Grenzen und Kämpfen.

Diese neue Meta-Grenze – die der Zahl, des Zählens, Messens und dergleichen – wurde jahrhundertelang von den Naturwissenschaftlern nicht wirklich in Gebrauch genommen, bis etwa zum Jahr 1600, der Zeit Galileis und Keplers. Die Zwischenzeit zwischen den Griechen und den ersten klassischen Physikern war nämlich durch eine neue Kraft auf dem europäischen Schauplatz in Anspruch genommen – die Kirche. Und die Kirche wollte von diesem Messen oder wissenschaftlichen Aufzählen der Natur nichts wissen. Die Kirche war durch den Einfluß des Thomas von Aquin eng mit der aristotelischen Logik verbündet, und diese war trotz all ihrer Brillanz überwiegend eine Logik des Klassifizierens. Aristoteles war Biologe, und er führte die Klassifizierung fort, die Adam begonnen hatte. Er ist in Wirklichkeit nie ganz in die pythagoräische Methode von Zahl und Maß eingedrungen, ebensowenig die Kirche.

Aber bis zum 17. Jahrhundert war die Kirche schon im Niedergang,und die Menschen fingen an, sich die Formen und Prozesse der Naturwelt um sie herum sehr sorgfältig anzusehen. Zu dieser Zeit traten auch die Genies Galilei und Kepler auf den Plan. Das Revolutionäre, was diese Physiker fertigbrachten, war einfach, zu *messen,* und das Messen ist nichts weiter als eine sehr verfeinerte Form des Zählens. Wo also Adam und Aristoteles Grenzen zogen, zogen Kepler und Galilei Meta-Grenzen.

Die Naturwisenschaftler des 17. Jahrhunderts ließen aber nicht nur die Meta-Grenze von Zahl und Maß wiederauferstehen und verfeinerten sie dann; sie gingen einen Schritt weiter und führten eine ganz neue eigene Grenze ein (oder vervollkommneten sie vielmehr). So unglaublich es scheinen mag, sie brachten eine Grenze über der Meta-Grenze ins Spiel. Sie erfanden die Meta-Meta-Grenze, besser bekannt als Algebra.

Einfach gesagt, bringt die erste Grenze eine Klasse hervor. Die Meta-Grenze bringt eine Klasse der Klassen hervor, Zahl genannt. Die dritte oder Meta-Meta-Grenze bringt eine Klasse der Klassen von Klassen hervor, die man als Variable bezeichnet. Die Variable ist am besten bekannt als das, was in Formeln als »x«, »y« oder »z« dargestellt wird. Und die Variable funktioniert so: Genau wie eine Zahl *jegliches Ding* vertreten kann, so kann eine Variable für *jegliche Zahl* stehen. Ebenso wie sich fünf auf irgendwelche fünf Dinge beziehen kann, so kann sich »x« auf jede Zahl innerhalb eines bestimmten Spielraums beziehen.

Durch den Einsatz von Algebra konnten die frühen Naturwissenschaftler nicht nur dazu übergehen, die Elemente zu numerieren und zu messen, sondern auch dazu, abstrakte Beziehungen zwischen diesen Messungen zu erforschen, die sich in Theorien, Gesetzen und Grundsätzen ausdrücken ließen. Und diese Gesetze schienen in gewissem Sinn all die Dinge und Ereignisse, die man mit der allerersten Grenzart bezeichnet hatte, zu »beherrschen«, zu »lenken«. Die frühen Naturwissenschaftler brachten Dutzende von Gesetzen hervor: »Übt ein Körper auf einen anderen eine Kraft aus, so wirkt dieser mit einer gleich großen Kraft von entgegengesetzter Richtung auf den ersten Körper zurück (actio = reactio)«; »Die eine Bewegungsänderung verursachende Kraft ist bei konstanter Masse der Beschleunigung direkt proportional«; »Die Wirkung auf einen Körper (Arbeit) ist das Produkt aus angreifender Kraft und zurückgelegtem Weg«. Diese neue Grenzart, die Meta-Meta-Grenze, brachte neue Erkenntnisse und natürlich explosive neue technologische und politische Macht. Europa wurde von einer intellektuellen Revolution erschüttert, wie die Menschheit sie noch niemals erlebt hatte. Man stelle sich nur einmal vor: Adam

konnte die Planeten benennen, Pythagoras konnte sie zählen, aber Newton konnte angeben, wieviel sie wogen.
Halten wir also fest: Dieser ganze Vorgang der Formulierung naturwissenschaftlicher Gesetze beruhte auf drei allgemeinen Arten von Grenzen, von denen jede auf der vorangehenden aufbaute und abstrakter und verallgemeinerter war als diese. Zunächst zieht man eine klassifizierende Grenze, um verschiedene Dinge und Ereignisse erkennen zu können. Als zweites sucht man unter seinen klassifizierten Elementen nach denen, die man zählen kann. Diese Meta-Grenze gestattet es einem, von Qualität auf Quantität überzugehen, von Klassen auf Klassen von Klassen, von Elementen zu Messungen. Drittens sucht man nach Beziehungen zwischen den Zahlen und Maßen des zweiten Schrittes, bis man eine algebraische Formel erfinden kann, die sie alle umfaßt. Diese Meta-Meta-Grenze verwandelt Messungen in Folgerungen, Zahlen in Prinzipien. Jeder Schritt, jede neue Grenzart bringt einem ein allgemeineres Wissen und daher mehr Macht.
Dieses Wissen, diese Macht und die Herrschaft über die Natur kostete jedoch einen hohen Preis, denn eine Grenze ist, wie immer, ein zweischneidiges Schwert, und die Früchte, die es der Natur abgewinnt, sind notwendigerweise bittersüß. Der Mensch hatte Herrschaft über die Natur errungen, aber nur, indem er sich radikal von ihr abtrennte. Innerhalb bloßer zehn Generationen hatte er sich zum ersten Mal in der Geschichte die zweifelhafte Ehre gegeben, fähig zu sein, den ganzen Planeten einschließlich seiner selbst in die Luft zu jagen. Die Erdatmosphäre war so von Rauch und Dämpfen durchsetzt, daß Vögel starben, die Seen waren so mit fettigem Schlamm belastet, daß manche von ihnen spontan Feuer fingen, die Ozeane so verdickt von unlöslichem chemischem Gallert, daß die Fische an die Oberfläche gedrückt wurden wie Styropor auf Quecksilber, und der Regen, der auf die Erde fiel, zerfraß mancherorts das Blech.
Und dennoch bahnte sich innerhalb von zehn Generationen eine zweite Revolution der Naturwissenschaft an. Niemand ahnte oder hätte ahnen können, daß diese Revolution, als sie schließ-

lich um 1925 ihren Höhepunkt erreichte, die Überwindung der klassischen Physik – ihrer Grenzen, Meta-Grenzen, Meta-Meta-Grenzen – anzeigen würde. Die ganze Welt der klassischen Grenzen fiel und brach zusammen vor Männern wie Einstein, Schrödinger, Eddington, de Broglie, Bohr und Heisenberg.

Wenn man die Berichte über diese Wissenschaftsrevolution im 20. Jahrhundert liest, die diese Physiker selbst gegeben haben, kann man nicht umhin, sich von der erschreckenden Qualität des intellektuellen Umsturzes beeindrucken zu lassen, der im Lauf nur einer Generation, in der kurzen Zeit von 1905 bis 1925, von Einsteins Relativitätstheorie bis hin zu Heisenbergs Unschärferelation, eintrat. Die klassischen Grenzen und Landkarten der alten Physik brachen buchstäblich auseinander.

1925 stellte *Whitehead* fest: »Der Fortschritt der Naturwissenschaften hat jetzt einen Wendepunkt erreicht. Die stabilen Grundlagen der Physik haben sich aufgelöst . . . Die alten Grundlagen des naturwissenschaftlichen Denkens werden allmählich unverständlich. Zeit, Raum, Materie, Material, Äther, Elektrizität, Mechanismus, Organismus, Konfiguration, Struktur, Muster, Funktion – sie alle bedürfen einer Neuinterpretation. Was bedeutet es, von einer mechanischen Erklärung zu reden, wenn man nicht weiß, was man mit Mechanik meint?«

Und Louis *de Broglie* sagte: »An dem Tag, an dem ganz verstohlen die Quanten eingeführt wurden, spürte das umfangreiche und großartige Gebäude der klassischen Physik eine Erschütterung bis zu den Grundfesten. In der Geschichte der Verstandeswelt hat es wenige Umwälzungen gegeben, die mit dieser vergleichbar wären.«

Um zu verstehen, warum diese »Quantenrevolution« eine so verheerende Umwälzung war, muß man bedenken, daß dieWelt der Naturwissenschaft beim Anbruch des 20. Jahrhunderts etwa vierzehn Jahrzehnte verblüffender Erfolge genossen hatte. Das Universum wurde, zumindest mit den Augen der klassischen Physiker, als eine großartige, aber ungegliederte Ansammlung getrennter Dinge und Erscheinungen angesehen, von denen jedes und jede durch eindeutige Grenzen in Raum und Zeit vollkommen isoliert war. Außerdem glaubte man, diese getrennten Einheiten – Planeten, Steine, Meteore, Äpfel, Menschen – seien

genau meßbar und zählbar, und dieser Prozeß ergebe schließlich naturwissenschaftliche Gesetze und Prinzipien.
Dieses Verfahren war so erfolgreich, daß die Naturwissenschaftler zu träumen begannen, die ganze Natur werde von diesen Gesetzen regiert. Man sah die Welt als einen riesigen Newtonschen Billardtisch an, auf dem sich all die getrennten Dinge im Universum wie Billardkugeln verhielten, die blindlings herumsausten und gelegentlich gegeneinanderstießen. Als die Naturwissenschaftler die Welt der subatomaren Physik zu erforschen begannen, nahmen sie ganz von selbst an, daß all die alten Newtonschen Gesetze oder etwas ihnen ähnliches auf die Protonen, Neutronen und Elektronen anwendbar seien. Aber es war nicht so, überhaupt nicht, nicht ein bißchen. Der Schock ist dem vergleichbar, den man erleiden würde, wenn man eines Tages beim Abstreifen des Handschuhs eine Hummerschere vorfinden würde, wo man seine Hand erwartet hatte.
Noch schlimmer: Diese »letzten Realitäten«, wie die Elektronen, paßten nicht nur nicht zu den alten physikalischen Gesetzen – man konnte sie nicht einmal lokalisieren! Heisenberg drückte dies so aus: »Wir können diese Bausteine der Materie, die wir ursprünglich für die letzte objektive Realität hielten, gar nicht mehr ›an sich‹ betrachten. Das ist so, weil sie allen Formen objektiver Lokalisation in Raum und Zeit trotzen.« Die subatomaren Billardkugeln gehorchten nicht nur nicht den etablierten Gesetzen – die Billardkugeln selbst existierten nicht einmal, zumindest nicht als getrennte Einheiten. Mit anderen Worten: Das Atom verhielt sich nicht wie ein gesondertes »Ding«. Die alte Physik hatte das Atom metaphorisch als ein Sonnensystem im Kleinen angesehen, wobei Neutronen und Protonen den Sonnenkern bildeten und abgetrennte »planetare« Elektronen um ihn kreisten. Jetzt aber begann das Atom mehr wie eine nebelhafte Wolke auszusehen, die unmerklich in ihre Umgebung überging. Henry Stapp sagt das so: »Ein Elementarteilchen ist keine unabhängig existierende unanalysierbare Einheit. Es ist im Grunde ein System von Beziehungen, die sich nach außen auf andere Dinge erstrecken.« Diese »atomischen Dinge«, die letz-

ten Bausteine aller Realität, konnten nicht lokalisiert werden, weil sie, kurz gesagt, keine Grenzen hatten.
Zudem ließen sich diese »letzten Realitäten« des Universums nicht adäquat messen, weil sie keine bestimmten Grenzen hatten. Das war für die Physiker äußerst verwirrend, denn ihr Arbeitsmaterial war das Lineal des naturwissenschaftlichen Messens, Zählens und der Meta-Grenzen. Die Tatsache, daß man diese grundlegenden Realitäten niemals total messen konnte, wurde als »Heisenbergsche Unschärferelation« bezeichnet, und sie war der Schlußstein der klassischen Physik. Heisenberg selbst nannte sie »die Auflösung des starren Rahmens«. Die alten Grenzen waren zusammengebrochen.
Weil die subatomaren Teilchen keine Grenzen hatten, konnte es keine Meta-Grenzen, keine Messungen, geben und daher auch keine genauen Meta-Meta-Grenzen, keine »Gesetze«. Bis heute gibt es kein Gesetz, keine Meta-Meta-»Karte«, die die Bewegungen eines einzigen Elektrons regiert, vor allem weil ein einzelnes Elektron keine Grenzen hat. Es kann keine Meta-Grenze oder Meta-Meta-Grenze geben, wenn von Anfang an nicht einmal eine Grenze vorhanden ist. Die Kernphysiker müssen heute mit Wahrscheinlichkeiten und statistischen Werten arbeiten. Das bedeutet, daß sie für ihre Messungen genug atomare Elemente sammeln müssen, so daß die Physiker vorgeben können, die gesammelte Gruppe sehe aus wie ein deutlich unterscheidbares Ding, das eine hypothetische Grenze hat. Dann können sie Meta-Grenzen konstruieren und eine einigermaßen fundierte Einschätzung anbieten, wie sich das Gesamtsystem vielleicht verhält. Das Entscheidende ist jedoch, daß die Physiker heute *wissen,* daß diese Grenzen vorgeblich und scheinbar sind, und daß die Grundbestandteile selbst ohne Grenzen bleiben.
Es ist heute leichter zu erkennen, was bei der alten Physik schiefgegangen ist. Sie war so bezaubert von dem Erfolg ihrer Meta-Grenzen und Meta-Meta-Grenzen, daß sie den Übereinkunftscharakter der ursprünglichen Grenzen völlig vergaß. Die Meta- und Meta-Meta-Grenzen waren so nützlich und brachten so große politische und technologische Macht mit sich, daß die

klassischen Physiker überhaupt nicht mehr auf den Gedanken kamen, ihre *ursprünglichen* Grenzen könnten falsch sein. Anders ausgedrückt: sie entwickelten Gesetze, die getrennte Dinge bestimmten, nur um zu entdecken, daß es getrennte Dinge gar nicht gibt.

Die neuen Quantenphysiker mußten den Übereinkunftscharakter der ursprünglichen Grenzen selbst erkennen, und zwar aus dem einfachen Grund, daß sie keine realen Grenzen finden konnten. Grenzen wurden nicht mehr als Produkt der Realität, für jedermann fühlbar und greifbar und meßbar, sondern endlich als Produkt der Art und Weise gesehen, wie wir die Realität abbilden und redigieren. Der Physiker Eddington sagte:

> Wir haben festgestellt, daß der Geist dort, wo die Naturwissenschaft am weitesten fortgeschritten ist, von der Natur nur das wiedergewonnen hat, was er selbst hineingelegt hat. An den Küsten des Unbekannten haben wir eine seltsame Fußspur gefunden. Um ihren Ursprung zu erklären, haben wir eine tiefschürfende Theorie nach der anderen aufgestellt. Schließlich ist es uns gelungen, das Geschöpf zu rekonstruieren, das die Fußspur hinterlassen hatte. Und siehe da – sie stammt von uns selbst!

Das soll nicht heißen, die reale Welt sei lediglich ein Produkt unserer Einbildungen (subjektiver Idealismus), sondern daß unsere Grenzen es sind. Darum hat Wittgenstein gesagt, am Grunde der ganzen modernen Weltanschauung liege die Illusion, die sogenannten Naturgesetze seien die Erklärung von Naturphänomenen. Denn diese Gesetze beschreiben nicht die Realität, sondern nur unsere Grenzen der Realität. Wittgenstein drückte dies etwa so aus: Gesetze, wie das Kausalitätsgesetz usw., handeln vom Geflecht [der Grenzen] und nicht von dem, was das Geflecht darstellt.

Kurzum, die Quantenphysiker entdeckten, daß man die Realität nicht mehr als einen Komplex unterschiedener Dinge und Grenzen ansehen konnte. Vielmehr erwies sich das, was man früher für begrenzte »Dinge« gehalten hatte, als miteinander verwobene Aspekte von Dingen. Aus irgendeinem seltsamen Grund schienen alle Dinge und Ereignisse im Universum miteinander in

Verbindung zu stehen. Die Welt, das reale Territorium, sah nicht mehr wie eine Ansammlung von Billardkugeln aus, sondern immer mehr wie ein einziges riesiges universales Feld, das Whitehead als den »nahtlosen Mantel des Universums« bezeichnete. Es scheint, als sei es diesen Physikern gelungen, einen flüchtigen Blick von der Welt zu erhaschen, vom Gebiet der Grenzenlosigkeit, von der Welt, die Adam erblickte, bevor er seine verhängnisvollen Grenzen zog, von der Welt, wie sie ist, und nicht, wie sie klassifiziert, begrenzt, vermessen und mit Meta-Grenzen versehen wird. Teilhard de Chardin spricht von diesem ungenähten Mantel:

In seiner konkreten Realität betrachtet, kann der Stoff des Universums sich nicht teilen, sondern er bildet als eine Art von gigantischem Atom in seiner Gesamtheit das einzige wirklich Unteilbare ... Je weiter und tiefer wir mit Hilfe zunehmend wirkungsvoller Methoden in die Materie eindringen, desto mehr werden wir durch die wechselseitige Abhängigkeit ihrer Bestandteile verwirrt ... Man kann in dieses Netzwerk nicht hineinschneiden, keinen Teil von ihm isolieren, ohne daß er ausfranst und rundum aufgefasert wird.

Interessanterweise entspricht diese Auffassung der modernen Physik, nach der die Welt in mancher Hinsicht einem Riesenatom ähnelt, soweit sie reicht (und sie kratzt eigentlich nur an der Oberfläche), der buddhistischen Lehre vom »Dharmadhatu«, d. h. Reich des Universums oder Feld der Realität. Das Hauptprinzip des Dharmadhatu heißt *shih shih wu ai*. *Shih* bedeutet »Ding, Ereignis, Einheit, Phänomen, Objekt, Prozeß«; *wu* bedeutet »kein«, und *ai* bedeutet »Hindernis, Blockierung, Grenze, Trennung«. *Shih shih wu ai* läßt sich also übersetzen als: »Zwischen jedem Ding und Ereignis im Universum gibt es keine Grenze«. Da es zwischen den Dingen keine realen trennenden Grenzen gibt, sagt man, jede Einheit auf der Welt durchdringe jede andere und umgekehrt. Garma Chang erklärt das so:

Im unendlichen Dharmadhatu umfaßt jedes einzelne Ding zugleich alle (anderen Dinge) in perfekter Vollständigkeit, ohne die geringste Mangelhaftigkeit oder Weglassung, und zu allen Zeiten. Einen Gegenstand sehen heißt daher, alle Gegenstände sehen, und umgekehrt. Das bedeutet, ein winziges Einzelteilchen innerhalb des winzigen Kosmos eines

Atoms enthält tatsächlich die unendlichen Objekte und Prinzipien in den unendlichen Welten der Zukunft und der fernen Vergangenheit in perfekter Vollständigkeit ohne jede Weglassung.

Im Mahayana-Buddhismus wird das Universum deshalb mit einem riesigen Netz aus Juwelen verglichen, in dem die Spiegelung von einem Edelstein in allen Edelsteinen enthalten ist, und jeder einzelne alle widerspiegelt. Die Buddhisten drücken es so aus: »Alle in einem und einer in allen«. Dies klingt sehr geheimnisvoll und unvergleichlich, bis man hört, wie ein moderner Physiker die heutige Ansicht von Elementarteilchen erklärt: »Sie besagt, in normaler Ausdrucksweise, daß jedes Teilchen aus allen anderen Teilchen besteht, von denen jedes in gleicher Weise und zur gleichen Zeit alle anderen Teilchen zusammen ist.«

Derartige Ähnlichkeiten haben viele Naturwissenschaftler veranlaßt, sich der Ansicht Fritjof Capras anzuschließen, der sagt:

Die beiden Grundtheorien der modernen Physik zeigen also alle Hauptmerkmale der östlichen Weltanschauung. Die Quantentheorie hat die Vorstellung von fundamental getrennten Objekten abgeschafft; sie hat den Begriff des Partizipierenden an Stelle des Begriffs vom Beobachter eingeführt, und sie sieht inzwischen das Universum als ein Gewebe von untereinander verbundenen Beziehungen an, deren Teile nur durch ihre Verbindungen zum Ganzen definiert sind.

Im Grunde liegt die große Ähnlichkeit darin, daß sowohl die moderne Naturwissenschaft als auch die östliche Philosophie die Realität nicht als Grenzen und getrennte Dinge sehen, sondern als ein nicht-duales Geflecht untrennbarer Muster, ein Riesenatom, einen nahtlosen Mantel von Grenzenlosigkeit.

Daß der Osten dies schon längst wußte, bevor die westliche Naturwissenschaft zufällig darauf gekommen ist, liegt daran, daß der Osten Grenzen niemals ernst genommen hat. Grenzen sind den Menschen des Ostens nie so zu Kopf gestiegen, daß die Köpfe einen anderen Weg einschlugen als die Natur. Für den Osten gab es nur einen Weg, das Tao, das Dharma, und er zeigte eine Ganzheit unter den trennenden Grenzen der vom Menschen gemachten Landkarten an. Der Osten erkannte, daß die Realität nicht-dual, nicht-zwei war, und erkannte damit auch, daß alle Grenzen illusorisch waren. Sie verfielen daher niemals wirklich dem Trugschluß, die Landkarte mit dem Gelände, Grenzen mit der Realität, Symbole mit der Wirklichkeit und Namen mit dem Benannten zu verwechseln. Man schlage nur irgendein gutes buddhistisches Sutra auf (die meisten davon wurden vor Jahrhunderten geschrieben), und man wird vielleicht auf etwas wie dieses stoßen:

Mit Erscheinung ist das gemeint, was sich den Sinnen und dem Unterscheidungsvermögen offenbart und als Form, Geräusch, Geruch, Geschmack und Getast wahrgenommen wird. Aus diesen Erscheinungen werden Vorstellungen gebildet, wie Ton, Wasser, Krug usw., mit deren Hilfe man sagt: Dies ist ein so und so beschaffenes Ding und kein anderes – dies ist der Name. Wenn Erscheinungen einander entgegengesetzt und Namen verglichen werden, wie z. B. wenn wir sagen: Dies ist ein Elefant, dies ist ein Pferd, ein Wagen, ein Fußgänger, ein Mann, eine Frau, oder: Dies ist die Seele und was zu ihr gehört – von den so benannten Dingen sagt man, sie werden unterschieden. Wenn man allmählich erkennt, daß diese Unterscheidungen (d. h. Grenzen) selbst keine Substanz haben, ist dies das richtige Wissen. Durch dieses hören die Weisen auf, Erscheinungen und Namen als Realität zu betrachten. Wenn Erscheinungen und Namen beiseitegelassen werden, und wenn alle Unterscheidung aufhört, ist das, was bleibt, die wahre und wesentliche Natur der Dinge, und da sich über die Natur des Wesens nichts aussagen läßt, nennt man sie das »Sosein« der Realität. Dieses universelle, undifferenzierte, unerforschliche »Sosein« ist die einzige Realität. *(Lankavatara Sutra)*

Unter einem anderen Blickwinkel ist dies die tiefe buddhistische Lehre von der Leere, die besagt, die Realität sei leer an Gedanken und leer an Dingen. Sie ist leer an Dingen, weil Dinge, wie unsere Physiker entdeckt haben, einfach abstrakte Grenzen der Erfahrung sind. Und sie ist leer an Gedanken, weil diese, unsere symbolischen Kartographien genau der Vorgang sind, durch den der Realität Grenzen auferlegt werden. Ein »Ding« sehen, heißt denken; denken heißt, sich »Dinge« bildhaft vorstellen – »Denken« und »Dinge« sind also zwei verschiedene Bezeichnungen für das Netz von Grenzen, das wir der Realität überwerfen.

Wenn der Buddhist sagt, die Realität sei leer, meint er, sie ist frei von Grenzen. Er meint nicht, daß alles einfach verschwindet und ein reines Vakuum von Nichtsein, einen undifferenzierten monistischen Brei hinterläßt. D. T. Suzuki sagt, wenn er von der Leere spricht: ». . . sie leugnet nicht die Welt der Vielfalt, Berge sind da, die Kirschbäume stehen in voller Blüte, der Mond scheint in der Herbstnacht am hellsten; aber zur gleichen Zeit sind sie mehr als Besonderheiten, sie rufen uns an mit einem tieferen Sinn; sie werden verstanden im Bezug zu dem, was sie nicht sind.«

Der springende Punkt ist, daß alle Dinge und Ereignisse – genau wie alle Gegensätze –, wenn man die Welt als frei von Grenzen ansieht, so gesehen werden, daß sie wechselseitig voneinander abhängig sind und einander durchdringen. Genau wie Lust mit Schmerz in Beziehung steht, gut mit böse und Leben mit Tod, so stehen alle Dinge »in Beziehung zu dem, was sie nicht sind«. Das ist für die meisten von uns schwer zu begreifen, denn wir stehen noch sehr im Bann der Erbsünde Adams, und daher klammern wir uns an Grenzen, als gehe es ums liebe Leben. Aber das Wesen der Einsicht, daß die Realität ohne Grenzen ist, ist sehr einfach. Gerade die Einfachheit macht die Erkenntnis so schwierig. Nehmen Sie z. B. Ihr eigenes Gesichtsfeld. Wenn Ihre Augen den Bereich der Natur forschend betrachten, sehen sie jemals ein *einzelnes* Ding, ein einziges Ding, ein gesondertes Ding? Haben Sie jemals *einen* Baum gesehen, *eine* Welle, *einen* Vogel? Oder sehen die Augen statt dessen ein kaleidoskopisches Fließen aller Arten miteinander verwobener Muster und Strukturen, von Baum und Gras und Boden und Wellen und Sand und Steinen und Wolken . . .?

Sogar während Sie nun die Druckzeilen in diesem Buch lesen, werden Sie, wenn Sie Ihr gesamtes Gesichtsfeld sorgfältig beachten, erkennen, daß Ihre Augen nicht nur ein Wort auf einmal aufnehmen. Ihre Augen sehen, obwohl sie sie nicht wirklich lesen können, alle Wörter auf dieser Seite, außerdem etwas vom Umfeld, vielleicht Ihre Hände und Unterarme, Ihren Schoß, einen Tisch, Teile des Zimmers und so weiter.

In Ihrem unmittelbaren und konkreten Gewahrsein gibt es daher keine getrennten Dinge, keine Grenzen. Sie *sehen* in Wirklichkeit niemals eine einzelne Einheit, sondern immer ein stark strukturiertes Feld. Das ist das Wesen Ihrer unmittelbaren Realität, und hier fehlen Grenzen völlig.

Aber Sie können Ihrem unmittelbaren Wahrnehmungsfeld im Geist vermeintliche Grenzen überstülpen. Sie können einen Ausschnitt des Feldes ausgrenzen, indem Sie Ihre Aufmerksamkeit nur auf einige hervorstechende Bereiche richten, wie z. B. »einen« Baum, »eine« Welle, »einen« Vogel, und dann *vorgeben,* Sie nähmen nur dieses besondere Objekt wahr, indem Sie absichtlich den Rest des Wahrnehmungsfeldes ausschließen. Sie können sich also *konzentrieren,* was bedeutet, in die Wahrnehmung eine Grenze einzuführen. Sie können Ihre Aufmerksamkeit nur auf diese Worte richten und so tun, als nähmen Sie alle anderen Erscheinungen in Ihrem Bewußtseinsfeld nicht wahr.

Dies ist ein äußerst nützlicher und gewiß notwendiger Trick, aber er schlägt leicht auf den zurück, der ihn anwendet. Der Umstand, daß man sich konzentrieren und so auf »ein einzelnes Ding« auf einmal achten kann, ruft leicht den Eindruck hervor, die Realität selbst sei aus einer Ansammlung dieser »einzelnen Dinge« zusammengesetzt, während in Wirklichkeit all diese einzelnen Dinge lediglich ein Nebenprodukt dessen sind, daß man dem eigenen Wahrnehmungsfeld Grenzen auferlegt. Wenn man als Werkzeug nur einen Hammer hat, sieht bald alles aus wie ein Nagel. Es ist jedoch eine Tatsache, daß man Grenzen niemals wirklich sieht, sondern sie nur selber macht. Wir nehmen nicht einzelne Dinge wahr, sondern wir erfinden sie. Das Problem beginnt, sobald man diese Erfindungen fälschlich für die Realität selbst nimmt, denn dann erscheint die wirkliche Welt so, als sei sie eine fragmentierte und zerstückelte Angelegenheit, und ein erstes Gefühl der Entfremdung dringt ins Bewußtsein selbst ein.

Wenn also der Physiker oder der östliche Weise sagt, alle Dinge seien leer oder alle Dinge seien nicht-zwei oder alle Dinge durchdrängen sich gegenseitig, will er nicht Unterschiede leugnen, Individualität übersehen und die Welt als einheitliche »Schmiere« betrachten. Die Welt enthält alle Arten von Merkmalen, Oberflächen und Linien, aber sie sind alle nahtlos zu einem Feld verwoben. Sehen Sie es einmal so an: Ihre Hand ist sicher anders als Ihr Kopf, und Ihr Kopf ist anders als Ihre Füße, und Ihre Füße sind anders als Ihre Ohren. Aber es fällt uns überhaupt nicht schwer, zu erkennen, daß sie alle Bestandteile eines Körpers sind, und ebenso drückt sich Ihr einer Körper in all seinen verschiedenen Teilen aus. Alles in einem und eins in allem. Gleichermaßen sind im Territorium der Grenzenlosigkeit alle Dinge und Ereignisse Glieder eines Körpers, des Dharmakaya, des mystischen Leibes Christi, der universellen Brahmansphäre, des organischen Musters des Tao. Jeder Physiker wird Ihnen sagen, alle Gegenstände im Kosmos seien einfach verschiedene Formen einer einzigen Energie – und ob wir diese Energie nun »Brahman«, »Tao«, »Gott« oder schlicht »Energie« nennen, erscheint mir völlig nebensächlich.

Was wir in den letzten beiden Kapiteln gesehen haben – zumindest nach einigen der neuesten Entwicklungen in den modernen Naturwissenschaften und nach den uralten Weisheiten des Ostens – heißt, die Realität hat keine Grenzen. Jede denkbare Art von Grenze ist lediglich eine Abstraktion vom nahtlosen Mantel des Universums; daher sind alle Grenzen reine Illusion, und zwar in dem Sinn, daß sie Trennungen (und letzten Endes Konflikte) schaffen, wo keine sind. Die Grenzen zwischen Gegensätzen ebenso wie die Grenzen zwischen Dingen und Ereignissen bleiben endlich Täuschungen in der Tiefe.

Für den Osten war jedoch die Realität der Grenzenlosigkeit niemals nur ein theoretisches oder philosophisches Problem. Sie war niemals etwas, das man an der Wandtafel oder im Laboratorium darstellt, so wichtig derartige Unternehmungen auch sind. Der Umstand, daß es keine Grenzen gibt, war vielmehr eine Angelegenheit des konkreten, alltäglichen Lebens. Denn die Menschen versuchen immer, ihr Leben, ihre Erfahrungen, ihre Realitäten zu begrenzen. Und leider ist jede Grenzlinie eine potentielle Kampffront. Das einzige Ziel der östlichen (und der esoterischen westlichen) Befreiungsmethoden besteht also darin, die Menschen von den Konflikten und Verwicklungen ihrer

Kämpfe zu befreien, indem man sie von ihren Grenzen befreit. Sie versuchen nicht, den Kampf nach seinen eigenen Gesetzen zu entscheiden, denn das ist so unmöglich wie das Abwaschen von Blut mit Blut. Statt dessen demonstrieren sie einfach nur das trügerische, illusorische Wesen der Grenzen, die die Kämpfe erzeugen. Der Kampf wird also nicht gelöst, sondern aufgelöst. Zu zeigen, daß die Realität ohne Grenzen ist, bedeutet also, zu zeigen, daß alle Konflikte illusorisch sind. Und diese End-Erkenntnis nennt man Nirwana, Mokscha, Erlösung, Befreiung, Erleuchtung, Satori – der Mensch ist befreit von den Paaren, befreit von der bezaubernden Vision des Getrenntseins, befreit von den Ketten der eigenen illusorischen Grenzen. Mit dieser Erkenntnis sind wir nun so weit, daß wir dieses Gewahrsein, daß es keine Grenzen gibt, das man gewöhnlich »Bewußtsein der All-Einheit« nennt, näher untersuchen können.

4 Bewußtsein frei von Grenzen

Das Bewußtsein der All-Einheit ist das einfache Gewahrsein des wirklichen Territoriums der »Grenzenlosigkeit«. Wir brauchen keine Tricks, um sie zu erklären, kein Expertengerede, keinen mystischen Jargon, keinen Schwarm okkultistischer Wörter. Wenn die Realität tatsächlich ein Zustand ohne Grenzen ist – und wenn wir das leugnen wollten, müßten wir der Relativitätstheorie, der Ökologie, der Organismus-Theorie und der Weisheit des Ostens den Rücken kehren –, dann ist das Bewußtsein der All-Einheit das natürliche Gewahrsein, das diese Realität zur Kenntnis nimmt. Kurzum: »All-Einheitsbewußtsein« ist das Gewahrsein, daß es keine Grenzen gibt.
Das klingt zwar ganz einfach, aber es ist trotzdem höchst schwierig, dieses Gewahrsein All-Einheitsbewußtsein angemessen zu besprechen. Das liegt daran, daß unsere Sprache – das tragende Medium aller verbalen Diskussion – eine Sprache der Grenzen ist. Wie wir gesehen haben, sind Wörter und Symbole und selbst Gedanken nichts weiter als Grenzen, denn jedesmal, wenn man denkt oder ein Wort oder eine Bezeichnung benützt, schafft man schon Grenzen. Selbst wenn man sagt: »Die Realität ist das Gewahrsein dessen, daß es keine Grenzen gibt«, trifft man eine Unterscheidung zwischen Grenzen und Nicht-Grenzen! Wir müssen also die große Schwierigkeit berücksichtigen, die die dualistische Sprache mit sich bringt. Daß die Realität keine Grenze hat, stimmt zwar, wir müssen aber daran denken, daß das Gewahrsein des Nichtvorhandenseins von Grenzen ein direktes, unmittelbares und nicht in Worte gefaßtes Gewahrsein ist, also keineswegs eine bloße philosophische Theorie. Aus diesen Gründen betonen die Mystiker und Weisen, die Realität liege jenseits von Bezeichnungen und Formen, Wörtern und Gedanken, Einteilungen und Abgrenzungen. Jenseits aller Grenzen liegt die

wirkliche Welt des Soseins, die Leere, das Dharmakaya, das Brahman, das Tao, die Gottheit. Und in der Welt des Soseins gibt es weder Gut noch Böse, weder Heilige noch Sünder, weder Geburt noch Tod, denn in der Welt des Soseins gibt es keine Grenzen.

Insbesondere gibt es keine Grenze zwischen Subjekt und Objekt, dem Selbst und dem Nicht-Selbst, dem Sehenden und dem Gesehenen. Ich unterstreiche dies und werde dieses ganze Kapitel hindurch immer wieder darauf hinweisen, weil von allen Grenzen, die der Mensch errichtet, diejenige zwischen Selbst und Nicht-Selbst die grundlegendste ist. Von dieser Grenze trennen wir uns am schwersten. Diese Grenze haben wir schließlich als allererste gezogen; sie schätzen wir am höchsten. Wir haben Jahre gebraucht, um sie zu befestigen und zu verteidigen, um sie zu sichern und Gefahren von ihr abzuwenden. Gerade diese Grenze gibt uns das Gefühl, ein von anderen getrenntes Selbst zu sein. Und wenn wir alt werden, eine Fülle von Jahren und Erinnerungen gesammelt haben und hinüberzugleiten beginnen in das endgültige Nichtsein des Todes, ist dies die letzte Grenze, die wir aufgeben. Die Grenze zwischen Selbst und Nicht-Selbst ist die erste, die wir ziehen und die letzte, die wir ausradieren. Sie ist die Urgrenze all unserer Grenzen.

Die Urgrenze zwischen Selbst und Nicht-Selbst ist so grundlegend, daß all unsere anderen Grenzen von ihr abhängig sind. Wir können kaum Grenzen zwischen Dingen unterscheiden, bevor wir uns *von* Dingen unterschieden haben. Jede Grenze, die man *selbst* schafft, hängt von der eigenen gesonderten Existenz ab, d. h. von der Urgrenze zwischen Selbst und Nicht-Selbst.

Gewiß sind sämtliche Grenzen Hindernisse für das Bewußtsein der All-Einheit, aber da all unsere anderen Grenzen von dieser Urgrenze abhängen, durchschauen wir alle, wenn wir die eine durchschauen. Das ist in gewissem Sinn sehr günstig, denn wenn wir all unsere Grenzen einzeln und nacheinander bewältigen müßten, würden wir ein Leben, vielleicht mehrere, brauchen, um sie alle aufzulösen und »Befreiung von den Paaren« zu erreichen. Wenn wir uns aber auf die Urgrenze konzentrieren, erleichtern wir uns die Arbeit ungemein. Es ist, als stellten unsere verschiedenen Grenzen eine umgekehrte Pyramide von Bauteilen dar, die alle auf dem einen Bauteil ruhen, das die Spitze darstellt. Wenn man dieses eine Element herauszieht, bricht das ganze Gebäude zusammen.

Wir können diese Urgrenze unter vielen Blickwinkeln betrachten und ihr viele Namen geben. Sie ist die elementare Abgrenzung zwischen dem, was ich mein Selbst nenne und was ich als Nicht-Selbst bezeichne, zwischen mir hier drin und Objekten dort draußen. Sie ist die Spaltung zwischen dem erkennenden Subjekt und dem erkannten Objekt. Sie ist jener Raum, der sich zwischen meinem Organismus und der Umwelt auftut. Sie ist die Kluft zwischen dem »Ich«, das gerade liest, und der Buchseite, die gelesen wird. Alles in allem ist sie die Kluft zwischen dem Erlebenden und der Welt, die erlebt wird. Es sieht also so aus, als existiere »innerhalb« der Urgrenze mein »Selbst«, das Subjekt, der Denkende und Fühlende und Sehende, und auf der anderen Seite sei das Nicht-Selbst, die Welt der Objekte dort draußen, die Umwelt, mir fremd und von mir getrennt.

Im Bewußtsein der All-Einheit, im Gewahrsein, daß es keine Grenze gibt, erweitert sich das Gefühl vom Selbst so, daß es alles, was man früher für Nicht-Selbst gehalten hat, gänzlich einbezieht. Das Gefühl der eigenen Identität geht über auf das gesamte Unviersum, auf alle Welten, seien sie hoch oder niedrig, greifbar oder ungreifbar, irdisch oder überirdisch. Dies kann natürlich so lange nicht eintreten, wie die Urgrenze, die das Selbst vom Universum *trennt,* fälschlich für real gehalten wird. Aber sobald man begreift, daß die Urgrenze eine Täuschung ist, umfaßt das Gefühl vom eigenen Selbst das All – es gibt dann nichts mehr außerhalb des eigenen Selbst und man braucht nirgends mehr irgendeine Art von Grenze zu ziehen. Wenn wir also überhaupt anfangen können, die Urgrenze zu durchschauen, sind wir nicht mehr weit vom Bewußtsein der All-Einheit entfernt.

Nur allzu leicht könnte man aus dem Vorangegangenen fälschlich folgern, um das Bewußtsein der All-Einheit herzustellen, müßte man nur die Urgrenze zerstören. Sehr vereinfacht trifft dies zu, aber die Situation ist in Wirklichkeit noch viel einfacher. Tatsächlich brauchen wir uns nicht die Mühe des Versuchs zu machen, die Urgrenze zu zerstören, und das hat einen höchst einfachen Grund: die Urgrenze gibt es nicht.

Wie alle Grenzen ist sie nur eine Täuschung. Sie *scheint* nur zu existieren. Wir geben vor, sie existiere; wir nehmen an, sie existiere; wir verhalten uns ganz und gar so, als existiere sie. Aber sie existiert nicht. Und wenn wir uns nun auf die Suche nach der Urgrenze machen, werden wir keine Spur von ihr finden, denn Geister werfen keine Schatten. Hier und jetzt, und ich meine eben jetzt, während Sie dies lesen, gibt es keine wirkliche Urgrenze, und daher gibt es hier und jetzt keine wirkliche Schranke, die Sie vom Bewußtsein der All-Einheit abhalten könnte.

Wir werden also nicht die Urgrenze aufsuchen und dann versuchen, sie zu zerstören. Das wäre in der Tat ein schwerer Fehler, denn wir können nicht zerstören, was von vornherein gar nicht vorhanden ist. Wollte man versuchen, die Urgrenze zu zerstören, wäre es, als stünde man inmitten einer Fata Morgana und schlüge wild mit den Armen um sich, um sie zu zerstreuen – wenn auch solches Tun starke Erregung erzeugen mag, bleibt es doch vergeblich. Man kann eine Täuschung nicht ausradieren. Man kann nur die Täuschung selbst begreifen und durchschauen. Unter diesem Gesichtspunkt wird selbst der Versuch, die Urgrenze durch aufwendige Bemühungen wie Yoga, Konzentrationsübungen, Gebet, Rituale, Gesänge und Fasten zu zerstören, die Illusion nur verfestigen und verewigen, weil der Versuch die Urgrenze als real ansieht. Wie Fénélon, der Erzbischof von Cambrai, sagte: »Es gibt keine gefährlichere Täuschung als die Wahngebilde, durch welche Menschen der Täuschung zu entgehen versuchen.«

Anstatt die Urgrenze als real zu betrachten und Schritte zu ihrer Auslöschung zu unternehmen, wollen wir zunächst auf die Suche nach der Urgrenze selbst gehen. Und wenn sie wirklich eine Täuschung ist, werden wir niemals eine Spur von ihr finden. Dann begreifen wir vielleicht *spontan*, daß das, was uns nach unserer Meinung vom Bewußtsein der All-Einheit abhielt, überhaupt nie existiert hat. Und diese Einsicht ist, wie wir sehen werden, schon ein flüchtiger Schimmer des Gewahrseins, daß es keine Grenzen gibt.

Was bedeutet es nun genau, nach der Urgrenze zu suchen? Es bedeutet, sehr sorgfältig nach der Empfindung zu suchen, ein abgetrenntes Selbst zu sein, ein gesonderter Erlebender und Fühlender, der von Erlebnissen und Gefühlen abgetrennt ist. Ich weise darauf hin, daß wir, wenn wir sorgfältig nach diesem »Selbst« suchen, es nicht finden werden. Und da dieses Gefühl, ein isoliertes Selbst zu sein, das Haupthindernis auf dem Weg zum Bewußtsein der All-Einheit ist, bedeutet die Suche nach ihm und das Nichtfinden zugleich einen Blick auf das Bewußtsein der All-Einheit. Man höre, was der große buddhistische Weise, Padma Sambhava, sagt: »Wenn der Suchende selbst, wenn man ihn sucht, nicht zu finden ist, ist das Ziel des Suchens erreicht, ebenso das Ende der Suche.«

Am Beginn eines solchen Versuchs müssen wir uns ganz klar machen, was dieses »Fehlen des Selbst« oder »Fehlen der Urgrenze« bedeutet. Es bedeutet nicht den Verlust jedes Empfindungsvermögens; es ist kein Zustand der Trance, des Chaos, des Aufruhrs oder des Unbeherrschtseins. Es ist nicht so, daß Körper und Geist sich in Dampf auflösen und zu einem großen Klumpen von irgendwas irgendwo verschmelzen. Es hat nichts mit schizophrener Regression zu tun, in der die Grenze zwischen Selbst und Nicht-Selbst nicht überschritten, sondern nur verwischt und unklar gemacht wird.

Wenn wir vom »Verlust des Selbst« sprechen, meinen wir vielmehr: Die Empfindung, ein gesondertes Selbst zu sein, ist mißverstanden und mißdeutet worden, und wir haben es mit der Beseitigung dieses Mißverständnisses zu tun. Wir haben alle das tief verankerte Gefühl, ein isoliertes Selbst zu sein, abgespalten von unserem Erlebensstrom und abgespalten von der Welt um uns her. Wir alle haben das Gefühl eines »Selbst« auf der einen Seite und der Außenwelt auf der anderen. Aber wenn wir uns die Empfindung vom »Selbst hier drinnen« und die von der »Welt da draußen« genau ansehen, werden wir feststellen, daß diese beiden Empfindungen in Wirklichkeit *ein und dieselbe* sind. Anders ausgedrückt, was ich jetzt als die objektive Welt da draußen empfinde, *ist* dasselbe, was ich als das subjektive Selbst hier drinnen empfinde. Die Spaltung zwischen dem Erlebenden und der Welt der Erlebnisse existiert nicht und kann daher nicht gefunden werden . . .

Am Anfang klingt das sehr seltsam, weil wir so daran gewöhnt sind, an Grenzen zu glauben. Es erscheint so offensichtlich, daß ich der Hörer bin, der Laute hört, daß ich der Fühlende bin, der Gefühle empfindet, daß ich der Sehende bin, der etwas sieht. Aber ist es andererseits nicht seltsam, daß ich mich als der *Sehende* bezeichne, der die Dinge *sieht,* die *gesehen* werden? Oder der *Hörer,* der die *gehörten* Laute *hört*? Ist die Wahrnehmung wirklich so kompliziert? Gehören wirklich drei getrennte Elemente dazu – ein Sehender, das Sehen und das Gesehene? Gewiß sind hier keine drei getrennten Elemente vorhanden. Gibt es jemals etwas wie einen Sehenden ohne Sehen oder ohne etwas Gesehenes? Gibt es jemals ein Sehen ohne einen Sehenden oder ohne etwas Gesehenes? Tatsächlich sind der Sehende, das Sehen und das Gesehene alles Aspekte *eines* Prozesses – niemals kommt einer von ihnen ohne die anderen vor.

Unser Problem ist, daß wir drei Wörter – den »Sehenden«, »sieht« und das »Gesehene« – für einen einzigen Vorgang, die Erfahrung des Sehens, haben. Wir könnten ebensogut einen einzigen Wasserstrom als »den Strömer« bezeichnen, »der das Strömende strömt«. Das ist äußerst redundant; hier werden drei Faktoren eingeführt, wo tatsächlich nur einer ist. Aber da wir von Adams Wortzauber so hypnotisiert sind, nehmen wir an, daß es ein getrenntes Element, den »Sehenden«, geben muß, und daß dieser durch einen gewissen Vorgang, den man »Sehen« nennt, Kenntnis von noch einem weiteren Ding erlangt, das »das Gesehene« genannt wird. Ganz natürlich nehmen wir dann an, wir seien *nur* die Sehenden, die vom Gesehenen total getrennt sind. Unsere Welt, die nur einmal gegeben ist, wird dadurch in der Mitte gespalten, wobei der »Sehende hier drinnen« über einen klaffenden Abgrund hinweg den Dingen gegenübersteht, die »dort draußen gesehen« werden.

Gehen wir statt dessen zum Uranfang des Erlebensvorgangs selbst zurück, und schauen wir nach, ob der Erlebende wirklich so gänzlich verschieden vom Erlebten ist. Fangen Sie mit dem Hören an. Schließen Sie die Augen und achten Sie auf den tatsächlichen Vorgang des Hörens. Nehmen Sie all die vielfältigen Laute wahr, die da herumschwirren – Vogelgezwitscher, Autobrummen, Grillenzirpen, Kinderlachen, das Schmettern eines Fernsehers. Aber beachten Sie, daß bei all diesen Geräuschen etwas ist, das Sie nicht hören können, ganz gleich, wie sorgfältig sie auf jeden Laut achten. Sie können den Hörenden nicht hören; d. h. zusätzlich zu jenen Geräuschen können Sie keinen Hörer dieser Laute hören.

Sie können keinen Hörer hören, *weil keiner da ist*. Was Sie gelernt haben, einen »Hörer« zu nennen, ist in Wirklichkeit nur das Erlebnis des Hörens selbst, und das Hören hören Sie nicht. In Wirklichkeit ist da nur ein Strom von Geräuschen und dieser Strom ist nicht aufgespalten in ein Subjekt und ein Objekt. Hier gibt es keine Grenze.

Wenn Sie die Empfindung, in Ihrem Schädel ein »Hörender« zu sein, sich im Hören selbst auflösen lassen, werden Sie vielleicht feststellen, daß Ihr »Selbst« mit der ganzen Welt von »äußeren Lauten« verschmilzt. Ein Zen-Meister rief aus, als er zur Erleuchtung gelangt war: »Als ich die Tempelglocke läuten hörte, gab es plötzlich keine Glocke mehr, und auch kein Ich, nur das Läuten.« Durch einen solchen Versuch soll Avalokitesvara zur Erleuchtung gelangt sein, denn als er dem Vorgang des Hörens seine Aufmerksamkeit zuwandte, erkannte er, daß es getrennt vom Strom des Hörens kein abgetrenntes Selbst, keinen Hörer, gab. Wenn Sie versuchen, den *subjektiven* Hörer zu hören, werden Sie nur *objektive* Geräusche hören. Und das bedeutet, Sie hören keine Geräusche, Sie *sind* diese Geräusche. Der Hörende *ist* jeder Laut, der gehört wird. Er ist kein abgelöstes Element, das abseits steht und das Hören hört.

Dasselbe gilt für den Vorgang des Sehens. Wenn ich mir das

Gesichtsfeld sorgfältig ansehe, scheint es fast im Raum zu hängen, im Nichts aufgehängt. Es besteht jedoch aus einem unendlich reichen Muster miteinander verflochtener Helligkeiten, Farben und Schattierungen, die hier einen Berg bilden, dort eine Wolke, darunter einen Fluß. Aber unter allem, was ich sehen kann, gibt es eines, das ich nicht sehen kann, so sehr ich meine Augen anstrenge: ich kann den nicht sehen, der sieht, was in diesem Gesichtsfeld ist.

Je mehr ich versuche, den Sehenden zu sehen, desto mehr gibt mir sein Fehlen Rätsel auf. Jahrelang erschien es mir völlig natürlich anzunehmen, ich sei der Sehende, der Dinge sähe. Aber sobald ich auf die Suche nach dem Sehenden gehe, finde ich keine Spur von ihm. Tatsächlich stelle ich fest, wenn ich auf dem Versuch beharre, den Sehenden zu sehen, daß ich *nur* Dinge finde, die *gesehen* werden. Das bedeutet einfach, daß ich, der »Sehende«, nicht etws sehe, sondern daß vielmehr ich, der »Sehende«, mit allem identisch bin, was jetzt an Gesehenem vorhanden ist. Der sogenannte Sehende ist nichts anderes als alles, was gesehen wird. Wenn ich einen Baum ansehe, ist da nicht eine Erfahrung, die »Baum« heißt, und eine andere Erfahrung, die »den Baum sehen« heißt. Es ist einfach nur das einzige Erlebnis da, »den Baum zu sehen«. Ich sehe dieses Sehen ebensowenig, wie ich das Riechen rieche oder das Schmecken schmecke.

Es scheint, als verschwinde immer dann, wenn wir nach einem vom Erleben losgelösten Selbst suchen, dieses *im* Erleben. Wenn wir nach dem Erlebenden suchen, finden wir nur wieder ein Erlebnis – Subjekt und Objekt erweisen sich immer als ein und dasselbe. Da dies eine ziemlich entnervende Erfahrung ist, werden Sie sich nun vielleicht etwas verwirrt fühlen, während Sie dasitzen und über dies alles nachdenken. Aber gehen Sie nur noch etwas weiter. Während Sie nun darüber nachdenken, können Sie auch einen Denker finden, der nachdenkt?

Das heißt, gibt es einen Denker, der den Gedanken denkt: »Ich bin verwirrt«, oder ist einfach der Gedanke da »Ich bin verwirrt«? Gewiß ist nur der gegenwärtige Gedanke da, denn wenn auch ein

Denker des Gedankens da wäre, würden Sie dann über den Denker nachdenken, der den Gedanken denkt? Es scheint offensichtlich, daß das, was wir irrtümlich für einen Denker halten, in Wirklichkeit nichts anderes ist als der Strom gegenwärtiger Gedanken.

Wenn also der gegenwärtige Gedanke war »Ich bin verwirrt«, waren Sie sich nicht *zugleich* eines Denkers bewußt, der dachte: »Ich bin verwirrt«. Da war *nur* der gegenwärtige Gedanke allein – »Ich bin verwirrt«. Als Sie *dann* nach dem Denker dieses Gedankens suchten, fanden Sie lediglich einen *weiteren* gegenwärtigen Gedanken, nämlich: »Ich denke,ich bin verwirrt«. Sie haben niemals einen vom gegenwärtigen Gedanken abgelösten Denker gefunden, was lediglich besagt, daß beide identisch sind.

Das ist auch der Grund, warum die Weisen uns raten, nicht zu versuchen, das »Selbst« zu zerstören, sondern einfach nach ihm zu suchen, denn immer, wenn wir nach ihm suchen, finden wir nur sein früheres Fehlen. Aber selbst wenn wir angefangen haben zu begreifen, daß es keinen gesonderten Hörenden, Schmeckenden, Sehenden und Denkenden gibt, werden wir wahrscheinlich immer noch eine Art elementares Kerngefühl in uns entdecken, ein abgelöstes und isoliertes Selbst zu sein. Da ist immer noch die Empfindung, von der Welt dort draußen getrennt zu sein. Da ist immer noch das Gefühl im Innersten, das ich irgendwie als mein inneres »Selbst« kenne. Auch wenn ich mein Selbst nicht sehen, schmecken und hören kann, *fühle* ich doch entschieden mein Selbst.

Nun, können Sie, zusätzlich zu dem Gefühl, das Sie jetzt als Ihr Selbst bezeichnen, einen *Fühlenden* finden, der das Fühlen besorgt? Wenn es Ihnen so scheint, als könnten Sie es, können Sie dann den Fühlenden *fühlen,* der das Fühlen besorgt? Auch hier ist wieder das Kerngefühl, ein Fühlender zu sein, der Gefühle hat, selbst *nur ein weiteres Gefühl*. Der »Fühlende« ist nichts weiter als ein gegenwärtiges Gefühl, genauso wie der Denker nur ein gegenwärtiger Gedanke und der Schmecker ein gegenwärtiger Geschmack ist. Auch in diesem Fall gibt es

keinen abgesonderten Fühlenden, der sich von gegenwärtigen Gefühlen unterscheidet – und es hat ihn nie gegeben.
Es dämmert uns also die unausweichliche Folgerung: Es gibt kein getrenntes Selbst, abgelöst von der Welt. Sie haben immer angenommen, Sie seien ein abgetrennter Erfahrender, aber sobald Sie tatsächlich nach ihm zu suchen beginnen, verschwindet er *in* der Erfahrung. Alan Watts drückt dies so aus:

Es gibt einfach nur Erleben. Es gibt nicht etwas oder jemanden, der das Erleben erlebt! Sie fühlen nicht das Fühlen, Sie denken nicht Gedanken oder empfinden Empfindungen, ebensowenig hören Sie das Hören, sehen das Sehen oder riechen das Riechen. »Ich fühle mit gut« heißt, daß ein gutes Gefühl da ist. Es heißt nicht, daß da ein Ding ist, das man ein »Ich« nennt, und ein anderes, davon getrenntes Ding, das man ein Gefühl nennt, so daß, wenn Sie die beiden zusammenbringen, dieses »Ich« die guten Gefühle *fühlt*. Es gibt keine Gefühle außer gegenwärtigen Gefühlen, und welches Gefühl gerade gegenwärtig ist, das ist »Ich«. Niemals hat jemand ein von irgendeinem gegenwärtigen Erleben abgetrenntes »Ich« gefunden, ebensowenig irgendein von einem »Ich« abgelöstes Erleben – was nur besagt, daß beide dasselbe sind.

Wenn Sie nun begreifen, daß zwischen »Ihnen« und Ihren Erlebnissen keine Kluft besteht, wird dann nicht allmählich klar, daß keine Kluft zwischen »Ihnen« und der Welt besteht, die erlebt wird? Wenn Sie Ihre Erlebnisse sind, sind Sie die Welt, die so erlebt wird. Sie haben nicht einen Sinneseindruck von einem Vogel, Sie sind der Sinneseindruck von einem Vogel. Sie haben nicht den Eindruck von einem Tisch, Sie sind der Eindruck von einem Tisch. Sie hören nicht das Geräusch des Donners, Sie sind das Geräusch des Donners. Die innere Empfindung, die »Sie« genannt wird, und die äußere Empfindung, die man »die Welt« nennt, sind ein und dieselbe Empfindung. Das innere Subjekt und das äußere Objekt sind zwei Bezeichnungen für ein Gefühl, und das ist nicht etwas, was Sie fühlen *sollten,* es ist das einzige, was Sie fühlen *können*.
Das bedeutet, daß Ihr Bewußtseinszustand im Augenblick, ob Sie es erkennen oder nicht, der des Bewußtseins der All-Einheit ist. Im Augenblick *sind* Sie schon der Kosmos, *sind* Sie schon die Totalität Ihres gegenwärtigen Erlebens. Ihr augenblicklicher

Zustand ist immer der des Bewußtseins der All-Einheit, denn das abgetrennte Selbst, das das Haupthindernis für dieses Bewußtsein zu sein scheint, ist immer eine Täuschung. Sie brauchen nicht zu versuchen, das abgelöste Selbst zu zerstören, denn es ist von vornherein gar nicht da. In Wirklichkeit brauchen Sie nur nach ihm zu suchen, und Sie werden es nicht finden. Schon dieses Nichtfinden ist eine Bestätigung des Bewußtseins der All-Einheit. Anders ausgedrückt, immer, wenn Sie nach Ihrem »Selbst« suchen und es nicht finden, verfallen Sie für einen Augenblick in Ihren ursprünglichen und wirklichen Zustand des Bewußtseins der All-Einheit.

So seltsam dies alles am Anfang klingen mag, die Einsicht, daß es kein gesondertes Selbst gibt, war den Mystikern und Weisen aller Zeiten gegeben, und sie ist einer der Kernpunkte der Philosophia perennis. Zwar könnte man diese Einsicht mit zahlreichen Zitaten veranschaulichen, aber die berühmte Zusammenfassung der Lehren Buddhas sagt eigentlich alles.:

> Allein das Leiden existiert, keiner der leidet.
> Die Tat ist da, aber kein Täter der Tat;
> das Nirwana ist, aber niemand, der es sucht;
> der Pfad ist da, aber niemand, der ihn zurücklegt.

Und gerade von dieser Auffassung heißt es allgemein, sie stelle die Befreiung von allem Leiden dar. Positiv ausgedrückt: Wenn man erkennt, daß das eigene Selbst das All ist, dann gibt es nichts außerhalb, das einem Leiden verursachen *könnte*. Es gibt nichts außerhalb des Universums, mit dem es zusammenstoßen könnte. Negativ ausgedrückt: Diese Auffassung ist eine Befreiung von allem Leiden, weil sie eine Befreiung von der Vorstellung ist, es gebe ein Selbst, das überhaupt leiden *kann*. Wei Wu Wei sagt:

> Warum bist du unglücklich?
> Weil 99,9 Prozent
> von allem, was du denkst und
> von allem, was du tust,
> für dich selbst ist –
> und ein Selbst ist nicht da.

Nur Teile leiden, nicht das Ganze. Und diese Erkenntnis besagt, wenn sie von den Mystikern »negativ« ausgedrückt wird: »Du bist befreit vom Leiden, wenn dir klar wird, daß der Teil eine Täuschung ist – es gibt kein abgetrenntes Selbst, das leidet.« Wenn sie »positiv« ausgedrückt wird, lautet sie: »Du bist immer das Ganze, das nur Freiheit, Erlösung und Strahlen kennt. Das Ganze zu erkennen, bedeutet, dem Schicksal eines Teils zu entgehen, das nur Leiden, Schmerz und Tod ist.« Im Hinayana-Buddhismus wird das erstere betont, im Hinduismus und Christentum das letztere, und der Mahayana-Buddhismus scheint einen glücklichen Ausgleich zu schaffen. Aber sie sind alle Zeugen derselben Einsicht.

Wenn wir erkennen, daß es keinen Teil gibt, fallen wir ins Ganze. Wenn wir erkennen, daß immer kein Selbst da ist (und das geschieht eben jetzt), erkennen wir, daß unsere wahre Identität immer die Höchste Identität ist. Angesichts des ständig vorhandenen Gewahrseins, daß es keine Grenzen gibt, stellt sich das, was wir früher für das isolierte Selbst hier drinnen gehalten haben, als Bestandteil des Kosmos dort draußen heraus. Und das ist, wenn es das überhaupt gibt, Ihr wirkliches Selbst. Wohin Sie auch blicken, Sie sehen auf allen Seiten Ihr ursprüngliches Gesicht.

Ein Zen-Meister erklärte seine erste Begegnung mit der Grenzenlosigkeit so: Ich kam zurück in die Halle und schickte mich an, zu meinem Platz zurückzugehen, als sich der ganze Anblick änderte. Als ich herumblickte und hinauf- und hinuntersah, erschien mir das ganze Universum mit seinen vielen Sinnesobjekten ganz anders; was vorher abscheulich war, zusammen mit Dummheit und Leidenschaften, sah ich nun als nichts anderes als den Ausfluß meiner eigenen innersten Natur, die in sich hell, echt und durchsichtig blieb.

Tat tvam asi, sagen die Hindus. »Das bist du. Dein wahres Selbst ist identisch mit der höchsten Energie, die sich in allen Dingen des Universums manifestiert.«

Im Lauf der Menschheitsgeschichte hat man diesem wahren Selbst in den verschiedenen mystischen und metaphysischen Traditionen Dutzende von verschiedenen Namen gegeben. Man hat es als den göttlichen Sohn, al-insal al-Kamil, Adam-Kadmon, Ruach Adonai, Nous, Pneuma, Purusha, Tathagatagarbha, den universellen Menschen, die Hostie, den Brahman Atman, das Ich-Seiende (I AMness) bezeichnet. Und unter einem leicht veränderten Blickwinkel ist es tatsächlich gleichbedeutend mit Dharmadhatu, der Leere, dem Sosein und der Gottheit. Diese Wörter sind einfach Symbole der realen Welt ohne Grenzen.

Das wahre Selbst wird häufig mit irgendeiner Bezeichnung belegt, die zu verstehen gibt, daß es der »innerste« Kern des Menschen ist, in höchstem Maß subjektiv, innerlich, persönlich, nicht-objektiv, innen und drinnen. Die Mystiker sagen uns übereinstimmend, »das himmlische Reich ist im Inneren«; wir sollten in den Tiefen unserer Seele suchen, bis wir, verborgen in unserem innersten Wesen, das Wahre Selbst jeder Existenz entdecken. Swami Prabhavananda pflegte zu sagen: »Was glaubt Ihr, was und wer Ihr seid? Absolut, im Grunde, fundamental tief drinnen?«

Oft wird man finden, daß das wirkliche Selbst als etwas wie der »innere Zeuge«, der »Absolute Seher und Erkenner«, die eigene »innerste Natur«, »Absolute Subjektivität« usw. bezeichnet wird. So pflegte Shankara, ein Meister des Vedanta-Hinduismus, zu sagen: »Es gibt eine von selbst existierende Realität, die die Grundlage unseres Ich-Bewußtseins ist. Diese Realität ist der Zeuge der drei Stadien des Bewußtseins [Wachen, Träumen, Schlafen] und unterscheidet sich von den fünf körperlichen Hüllen. Diese Realität ist in allen Bewußtseinszuständen der Wissende. Sie ist dessen gewahr, ob die Seele gegenwärtig oder abwesend ist. Dies ist Atman, das Höchste Wesen, das Uralte.« Oder man nehme dieses ausgezeichnete Zitat des Zenmeisters Shibyama:

> Sie (die Realität) ist »Absolute Subjektivität«, die sowohl über Subjektivität als auch Objektivität hinausgeht und sie frei schafft und benützt. Sie ist »Fundamentale Subjektivität«, die man niemals objektivieren oder begrifflich fassen kann, und die in sich selbst vollständig ist, mit dem vollen Bedeutungsgehalt der Existenz an sich. Ihr diese Namen zu

geben, ist schon ein Fehler, ein Schritt auf Objektivierung und begriffliches Erfassen hin. Meister Eisai hat daher gesagt: »Sie ist immer unnennbar«.
Die Absolute Subjektivität, die niemals objektiviert oder begrifflich erfaßt werden kann, ist frei von den Begrenzungen von Raum und Zeit; sie ist Leben und Tod nicht unterworfen; sie geht über Subjekt und Objekt hinaus, und obwohl sie in einem Individuum lebt, ist sie nicht auf das Individuum beschränkt.

Wenn wir aber sagen, das wirkliche Selbst sei der Wahre Seher oder Innere Zeuge oder die Absolute Subjektivität in jedem von uns, könnte es angesichts dessen, was wir bisher in bezug auf das Bewußtsein der All-Einheit gesagt haben, widersprüchlich erscheinen. Denn einerseits haben wir gesehen, daß das reale Selbst ein stets gegenwärtiges Gewahrsein der Grenzenlosigkeit ist, in dem Subjekt und Objekt, Sehender und Gesehenes, Erlebender und Erlebtes ein einziges Kontinuum bilden. Aber andererseits haben wir eben das reale Selbst als den Inneren Zeugen, den letzten Wissenden, bezeichnet. Wir haben gesagt, es ist der Sehende und nicht das Gesehene, es ist innen und nicht außen. Was sollen wir mit diesem scheinbaren Widerspruch anfangen? Zunächst müssen wir die Schwierigkeiten erkennen, vor denen der Mystiker steht, wenn er versucht, die unaussprechliche Erfahrung des Bewußtseins der All-Einheit zu beschreiben. Eine Hauptschwierigkeit ist der Umstand, daß das reale Selbst ein Bewußtsein frei von Grenzen ist, während all unsere Wörter und Gedanken nichts als Grenzen sind. Dies ist jedoch kein Fehler, der irgendeiner bestimmten Sprache anhaftet, sondern er wohnt allen Sprachen kraft ihrer Struktur inne. Eine Sprache ist nur insoweit von Nutzen, wie sie konventionelle Grenzen konstruieren kann. Eine Sprache ohne Grenzen ist überhaupt keine Sprache, und deshalb ist der Mystiker, der versucht, logisch und formal über das Bewußtsein der All-Einheit zu sprechen, dazu verurteilt, sehr paradox oder widersprüchlich zu klingen. Das Problem ist, daß die Struktur keiner Sprache das Wesen des Bewußtseins der All-Einheit erfassen kann – ebensowenig, wie eine Gabel den Ozean erfassen kann.

Der Mystiker muß sich also damit begnügen, einen Weg zu zeigen, auf dem wir alle selber Bewußtsein der All-Einheit erleben können. In diesem Sinn ist der mystische Weg rein experimentell. Der Mystiker bittet, nichts in blindem Glauben zu akzeptieren, keine Autorität als die des eigenen Begreifens und Erlebens anzunehmen. Er fordert nur auf, ein paar Gewahrseinsexperimente zu machen, sich den eigenen Daseinszustand scharf anzuschauen und zu versuchen, das eigene Selbst und die eigene Welt so deutlich zu sehen, wie es einem nur möglich ist. Denke nicht, schau' nur hin!, rief Wittgenstein aus.

Aber *wohin* soll man denn schauen? An dieser Stelle antwortet der Mystiker allgemein: »Schau' nach innen, tief innen. Denn das wirkliche Selbst liegt im Inneren.« Der Mystiker *beschreibt* aber nicht das reale Selbst als etwas, das *in* Ihnen *ist* – er zeigt in Sie hinein. Er sagt tatsächlich, man solle nach innen schauen, nicht deshalb, weil die endgültige Antwort in Ihnen liegt und nicht außerhalb, sondern weil Sie, wenn Sie sorgfältig und konsequent im Inneren suchen, früher oder später draußen finden. Anders ausgedrückt, Sie erkennen, daß innen und außen, Subjekt und Objekt, Sehender und Gesehenes eins sind, und so verfallen Sie spontan in Ihren natürlichen Zustand. Der Mystiker fängt also an, in einer Weise vom wirklichen Selbst zu sprechen, die allem zu widersprechen scheint, was wir vorher gesagt haben. Wenn wir jedoch dem Mystiker bis zum Ende folgen, ist die Schlußfolgerung – wie wir sehen werden – identisch.

Beginnen Sie damit, zu überlegen, was so etwas wie »Absolute Subjektivität« oder »Innerer Zeuge« bedeuten könnte, zumindest so, wie der Mystiker diese Worte gebraucht. Absolute Subjektivität wäre das, was niemals, zu keiner Zeit, unter keinen Umständen ein bestimmtes Objekt sein kann, das man sehen, hören, kennen oder wahrnehmen kann. Wie der absolute Sehende kann sie niemals gesehen werden. Wie der absolute Wissende kann sie niemals gekannt werden. Lao Tzu spricht folgendermaßen davon:

Weil das Auge schaut, aber keinen Anblick davon erhaschen kann,
nennt man es schwer faßbar.
Weil das Ohr lauscht, es aber nicht hören kann,
nennt man es verfeinert.
Weil die Hand danach tastet, es aber nicht finden kann,
wird es unendlich klein genannt.

Um mit diesem wirklichen Selbst oder der Absoluten Subjektivität in Fühlung zu kommen, gehen die meisten Mystiker daher in ähnlicher Weise vor, wie Sri Ramana Maharshi es im folgenden beschreibt: »Der große Leib, der aus den sieben Säften zusammengesetzt ist, *bin ich nicht;* die fünf Sinnesorgane, die ihre entsprechenden Objekte erfassen, *bin ich nicht;* selbst der Geist, der denkt, *bin ich nicht.*«

Aber was könnte dieses wirkliche Selbst dann sein? Wie Ramana gezeigt hat, kann es nicht mein Körper sein, denn den kann ich fühlen und kennen, und was erkannt werden kann, ist nicht der absolute Wissende. Es können nicht meine Wünsche, Hoffnungen, Ängste und Gemütsbewegungen sein, denn sie kann ich in gewissem Maß sehen und fühlen, und was gesehen werden kann, ist nicht der absolute Sehende. Es kann nicht mein Geist, meine Persönlichkeit, meine Gedanken sein, denn diese können alle bezeugt werden, und was bezeugt werden kann, ist nicht der absolute Zeuge.

Wenn ich auf diese Weise beharrlich im Inneren nach dem realen Selbst suche, beginne ich tatsächlich zu erkennen, daß es nicht gefunden werden kann. Ich pflegte mich selber für das »kleine Subjekt« hier drinnen zu halten, das all die Objekte dort draußen beobachtet. Aber der Mystiker zeigt mir deutlich, daß man dieses »kleine Subjekt« in Wirklichkeit als ein *Objekt* ansehen kann! Es ist überhaupt kein reales Subjekt, nicht mein reales Selbst.

Aber gerade hier liegt, dem Mystiker zufolge, unser Hauptproblem im Leben. Denn die meisten von uns stellen sich vor, wir könnten uns selber fühlen oder kennen oder wahrnehmen oder unserer selbst in irgendeinem Sinn gewahr sein. Wir haben dieses Gefühl selbst jetzt. Aber der Mystiker antwortet, die Tatsache, daß ich in diesem Augenblick mein »Selbst« sehen oder kennen oder fühlen kann, zeigt mir überzeugend, daß dieses »Selbst« überhaupt nicht mein reales Selbst sein kann. Es ist ein falsches Selbst, ein Pseudo-Selbst, eine Täuschung und ein Schwindel. Wir haben uns versehentlich mit einem Komplex von *Objekten* identifiziert, die wir alle kennen oder kennen können. Darum kann dieser Komplex von kennbaren Objekten nicht der wahre Wissende oder das wirkliche Selbst sein. Wir haben uns mit unserem Körper, unserem Geist unserer Persönlichkeit identifiziert und uns eingebildet, diese Objekte stellten unser reales »Selbst« dar, und dann verbringen wir unser ganzes Leben mit dem Versuch, das zu verteidigen, zu schützen und zu verlängern, was nur eine Illusion ist.

Wir sind Opfer einer weitverbreiteten mißverstandenen Identität; dabei wartet unsere Höchste Identität ruhig, aber sicher, daß sie entdeckt wird. Und der Mystiker will nichts weiter, als daß wir zu dem erwachen, was wir wirklich und ewig *unterhalb* oder *unter* oder *vor* unserem Pseudo-Selbst sind. Er fordert uns daher auf, die Identifikation mit diesem falschen Selbst zu beenden, zu erkennen, daß was ich auch immer über mich wissen, denken oder empfinden kann, nicht mein wirkliches Selbst ausmachen kann.

Mein Geist, mein Körper, meine Begierden – sie sind ebensowenig mein reales Selbst wie die Bäume, die Sterne, die Wolken und die Berge, denn ich kann sie *alle* mit gleicher Sicherheit als Objekte erleben. Wenn ich auf diese Art vorgehe, werde ich für mein Selbst durchsichtig und erkenne, daß in gewissem Sinn das, was ich bin, weit über diesen isolierten, von Haut begrenzten Organismus hinausgeht. Je mehr ich ins Ich hineingehe, desto mehr falle ich heraus.

Wenn diese Erforschung weiter vorangetrieben wird, tritt ein merkwürdiger Ruck im Bewußtsein ein, der im *Lankavatara Sutra* »ein sich im tiefsten Sitz des Bewußtseins Herumdrehen« genannt wird. Je mehr ich nach dem absoluten Sehenden suche, desto mehr erkenne ich, daß ich ihn als Objekt nicht finden kann.

Und der einfache Grund, warum ich ihn nicht als bestimmtes Objekt finden kann, ist der, der er *jedes* Objekt ist! Ich kann ihn nicht fühlen, weil er alles Gefühlte *ist*. Ich kann ihn nicht erleben, weil er alles Erlebte ist. Es trifft zu, daß alles, was ich sehen kann, *nicht* der Sehende ist – weil alles, was ich sehe, der Sehende ist. Wenn ich ins Innere gehe, um mein reales Selbst zu finden, finde ich nur die Welt.

Aber nun ist etwas Seltsames geschehen, denn ich erkenne, daß das wirkliche Selbst drinnen in Wirklichkeit die reale Welt draußen ist, und umgekehrt. Subjekt und Objekt, Inneres und Äußeres, sind eins und sind es immer gewesen. Es gibt keine Urgrenze. Die Welt ist mein Körper, und das, woraus ich herausschaue, ist das, was ich anschaue.

Weil das reale Selbst weder drinnen noch draußen wohnt, weil Subjekt und Objekt in Wirklichkeit nicht-zwei sind, kann der Mystiker auf vielerlei Weisen von der Realität sprechen, die sich nur scheinbar widersprechen. Er kann sagen, daß es in der ganzen Wirklichkeit überhaupt keine Objekte gibt. Oder er könnte sagen, die Realität enthalte überhaupt keine Subjekte. Oder er kann die Existenz von Subjekt und Objekt leugnen. Oder er spricht vielleicht von einer Absoluten Subjektivität, die über das relative Subjekt und das relative Objekt hinausgeht und dennoch beide einschließt. Dies sind alles nur verschiedene Weisen zu sagen, daß Innenwelt und Außenwelt nur zwei verschiedene Bezeichnungen für den einzigen, stets gegenwärtigen Zustand des Gewahrseins ohne Grenzen sind.

Vielleicht ist nun klar, daß die Essenz der mystischen Botschaft schlicht, einfach und offen ist, den komplizierten theoretischen Formulierungen zum Trotz, mit denen die *Philosophia perennis* oft umgeben ist. Ein Rückblick: Im zweiten Kapitel haben wir gesehen, daß die Realität eine Vereinigung von Gegensätzen ist, also »nicht-dual«. Da es symbolische Landkarten und Grenzen sind, die die Gegensätze in feindliche Lager aufzuteilen scheinen, heißt es, die Realität hat keine Grenzen, wenn wir sagen, die Realität sei »nicht-dual«.

Im dritten Kapitel haben wir gesehen, daß die reale Welt keine

Ansammlung von getrennten und unabhängigen Dingen ist, die voneinander in Raum und Zeit geschieden sind. Jedes Ding und jedes Ereignis im Kosmos steht in wechselseitiger Abhängigkeit und Beziehung zu jedem anderen Ding und Ereignis im Kosmos. Und wieder – weil unsere symbolischen Landkarten und Grenzen uns die Täuschung unabhängiger Einheiten vorgaukeln – heißt es, die reale Welt hat keine Grenzen, wenn wir sagen, die reale Welt enthält keine getrennten Dinge.

In diesem Kapitel haben wir gesehen, daß die Entdeckung der realen Welt ohne Grenzen das Bewußtsein der All-Einheit *ist*. Es ist nicht so, daß man in diesem »Bewußtsein« das wirkliche Territorium des Grenzenlosen betrachtet; das Bewußtsein der All-Einheit *ist* das wirkliche Territorium ohne Grenzen. Die Realität ist, wie man hört, das Gewahrsein, daß es keine Grenzen gibt – das, und gerade das, ist das eigene Wirkliche Selbst. Erwin Schrödinger, der Begründer der Quantenmechanik, sagt:

Du kannst dich also flach auf den Boden werfen und dich auf Mutter Erde ausstrecken, mit der festen Überzeugung, daß du eins mit ihr bist und sie mit dir. Du bist ebenso fest gegründet, ebenso unverwundbar wie sie, tatsächlich tausendmal fester und unverwundbarer. So gewiß sie dich morgen verschlingen wird, so gewiß wird sie dich neu hervorbringen zu neuem Sterben und Leiden. Und nicht nur ›eines Tages‹: jetzt, heute, jeden Tag bringt sie dich hervor, nicht nur *einmal,* sondern Tausende von Malen, genau wie sie dich jeden Tag tausendmal verschlingt. Denn immer und ewig gibt es nur ein *Jetzt,* ein und dasselbe Jetzt; die Gegenwart ist das einzige, was kein Ende hat.

5 Der Augenblick ohne Grenze

»Mich dünkt, es ist nötig, den Sinn zu verstehen, in dem die Schrift von Zeit und Ewigkeit spricht.« Mit diesen Worten hat der heilige Dionysius den Finger auf das ganze Problem der mystischen Einsicht gelegt, denn die erleuchteten Weisen aller Zeiten und Länder sind sich darin einig, daß das Bewußtsein der All-Einheit nicht zeitlich, sondern ewig, zeitlos ist. Es kennt keinen Anfang, keine Geburt und kein Ende, keinen Tod. So wird uns also der Sinn des Realen entgehen, bis wir das Wesen der Ewigkeit gründlich erfaßt haben.

»Wer«, fragt der heilige Augustinus, »wird das Herz des Menschen halten, so daß es stillstehen kann und sehen, wie die Ewigkeit, die immer stillsteht, weder vergangen noch zukünftig ist, die vergangenen und die zukünftigen Zeiten hervorbringt?« Ja, wer? Denn das zu begreifen, was ewig ist – wenn denn tatsächlich ein Solches existiert –, erscheint so gewichtig, folgenschwer und beinah unmöglich als Aufgabe, daß wir wahrscheinlich davor zurückschrecken. Der moderne Mensch scheint so allgemein bar auch nur der mindesten mystischen Einsicht zu sein, daß er die Vorstellung von der Ewigkeit ganz abstreift oder sie mit positivistischer Wut wegerklärt oder fragt, was sie mit der »praktischen Realität« zu tun habe.

Aber der Mystiker behauptet, die Ewigkeit sei keine philosophische Ansicht, auch kein religiöses Dogma und auch kein unerreichbares Ideal. Die Ewigkeit ist vielmehr so einfach, so offensichtlich, so gegenwärtig und so offen, daß wir nur die Augen auf radikal empirische Weise aufzumachen und zu *schauen* brauchen. Wie der Zenmeister Huang Po wiederholt zu betonen pflegte: »Sie ist unmittelbar vor dir!«

Zum Teil erscheint uns das »mit-der-Ewigkeit-in-Kontakt-Treten« so erschreckend, weil wir im allgemeinen den wahren Sinn des Wortes »Ewigkeit« selbst mißverstehen. Wir stellen uns gewöhnlich die Ewigkeit als eine sehr, sehr lange Zeit vor, eine endlose Strecke von Jahren, eine Million mal eine Million – immer weiter. Der Mystiker versteht jedoch die Ewigkeit überhaupt nicht auf diese Weise. Denn Ewigkeit ist kein Gewahrsein *ewigdauernder Zeit,* sondern ein Gewahrsein, das selbst *total ohne Zeit* ist. Der ewige Augenblick ist ein zeitloser Augenblick, ein Moment, der weder Vergangenheit noch Zukunft, weder vorher noch nachher, weder gestern noch morgen, weder Geburt noch Tod kennt. Im Bewußtsein der All-Einheit zu leben, bedeutet, im zeitlosen Augenblick und wie dieser zu leben, denn nichts verfinstert das göttliche Licht gründlicher als der Makel der Zeit. Meister Eckehart sagt das so: »Die Zeit ist das, was das Licht hindert, zu uns zu dringen. Es gibt kein größeres Hindernis für Gott [Bewußtsein der All-Einheit] als die Zeit, und nicht nur die Zeit, sondern Zeitliches, nicht nur zeitliche Dinge, sondern zeitliche Bestrebungen; nicht nur zeitliche Bestrebungen, sondern gerade den Makel und den Geruch der Zeit«.

Und doch müssen wir fragen, was ist ein zeitloser Moment? Welcher Augenblick ist ohne Datum und Dauer? Welcher Moment ist nicht nur rasch vorbei und kurzlebig, sondern absolut zeitlos?

So merkwürdig uns diese Fragen am Anfang vorkommen, die meisten von uns müßten zugeben, daß sie Augenblicke, Gipfelpunkte erlebt haben, die tatsächlich so weit jenseits der Zeit zu liegen schienen, daß Vergangenheit und Zukunft im Dunkeln verschwammen. In einen Sonnenuntergang versunken; gebannt vom Spiel des Mondlichts auf einem unergründlichen dunkelkristallenen Teich; in der verzückten Umarmung mit einem geliebten Menschen aus Selbst und Zeit herausgetreten; gefangen und gefesselt vom Donnerschlag, der durch Regenschleier sein Echo zurückwirft. Wer hat das Zeitlose nie berührt?

Was haben all diese Erlebnisse gemeinsam? Es scheint, und der Mystiker stimmt zu, als wirke die Zeit bei all diesen Erlebnissen wie aufgehoben, weil wir vom *gegenwärtigen Moment* völlig absorbiert werden. In diesem gegenwärtigen Augenblick gibt es, wenn wir ihn nur untersuchen würden, natürlich keine Zeit. Der gegenwärtige Moment ist ein zeitloser Moment, und ein zeitloser Moment ist ein ewiger – ein Moment, der weder Vergangenheit noch Zukunft kennt, kein davor oder danach, kein gestern oder morgen. In diesen gegenwärtigen Moment tief eintauchen heißt also, sich in die Ewigkeit stürzen, durch den Spiegel schreiten und in die Welt des Ungeborenen und Nichtsterbenden eingehen. Denn *dieser* gegenwärtige Augenblick hat *keinen Anfang,* und das, was keinen Anfang hat, ist das Ungeborene. Das heißt, so sehr Sie auch suchen mögen, Sie können für Ihr Erleben des gegenwärtigen Augenblicks keinen *Anfang* finden, sehen oder spüren. Wann hat diese Gegenwart begonnen? Hat sie je begonnen? Oder wäre es möglich, daß diese Gegenwart so über der Zeit schwebt, daß sie in den Zeitenstrom an *keinem* Beginn eingetreten ist? Gleichermaßen hat *dieser* gegenwärtige Augenblick kein *Ende,* und das, was kein Ende hat, ist das Nichtsterbende. Auch hier wieder werden Sie, so sehr Sie auch suchen mögen, kein Ende für Ihr Erleben dieses gegenwärtigen Augenblicks finden, sehen oder fühlen. Sie erleben niemals ein Ende der Gegenwart (auch nicht, wenn Sie sterben – da Sie nicht da sein würden, um irgend etwas enden zu fühlen). Darum hat Schrödinger gesagt, »die Gegenwart ist das einzige, was kein Ende hat«. Zugegeben, die äußeren Formen des gegenwärtigen Augenblicks flattern in verwirrender Folge vorbei, aber die Gegenwart selbst bleibt unzerstörbar, unberührt von dem, was man uns als »Zeit« zu deuten gelehrt hat. In diesem Augenblick gibt es weder Vergangenheit noch Zukunft – es gibt keine Zeit. Und was zeitlos ist, ist ewig. Der Zenmeister Seppo sagt: »Wenn du wissen willst, was Ewigkeit bedeutet – sie ist nichts weiter als eben dieser Moment. Wenn du sie nicht in diesem gegenwärtigen Moment erfassen kannst, wirst du sie nie erhaschen, sooft du auch in Hunderttausenden von Jahren wiedergeboren werden magst.« Die Vorstellung von ewigdauernder Zeit ist daher eine Ungeheuerlichkeit – unmöglich vorstellbar, begreifbar oder erlebbar. Aber das ewige Jetzt, *dieser* zeitlose Augenblick, ist so einfach und so zugänglich wie Ihr eigenes gegenwärtiges Erleben – denn beide sind ein und dasselbe. Daher, sagte Wittgenstein, gehört das ewige Leben jenen, die in der Gegenwart leben.

Da das Wesen dieses gegenwärtigen und zeitlosen Augenblicks Ewigkeit ist, sagt uns der Mystiker, die große Befreiung, der Eingang zum Himmelreich, das Tor, das »über die Paare Vergangenheit und Zukunft« hinausführt, sei nirgends und niemals außer jetzt. Mit den Worten des christlichen Weisen de Caussade: »Oh, all Ihr, die Ihr dürstet! Wisset, daß Ihr nicht weit zu suchen habt nach der Quelle des lebenden Wassers; es entspringt in Eurer Nähe in eben diesem Augenblick . . . Der gegenwärtige Augenblick ist die Manifestation des Namens Gottes und der Ankunft seines Reiches.« Daher sagt der moslemische Mystiker Rumi: »Der Sufi ist ein Sohn des Augenblicks.« Solche Zitate ließen sich ohne Ende fortsetzen, den Worten der großen Weisen jeder größeren religiösen und philosophischen Überzeugung entnommen, aber sie würden alle dasselbe zeigen. Ewigkeit ist nicht morgen zu finden – sie kann nicht in fünf Minuten gefunden werden, nicht in zwei Sekunden. Sie ist immer schon jetzt. Die Gegenwart ist die einzige Realität. Eine andere gibt es nicht.

Und dennoch scheint es – und aus Gründen, die bald deutlich werden, betone ich das Wort »scheint« –, als lebten nur wenige von uns allein und völlig im Jetzt. Wir verweilen im Gestern und träumen immer vom Morgen und fesseln uns so mit den quälenden Ketten der Zeit und den Gespenstern von etwas, das nicht wirklich gegenwärtig ist. Wir verausgaben unsere Kräfte in Phantasienebeln von Erinnerungen und Erwartungen und berauben so die lebendige Gegenwart ihrer grundlegenden Realität und reduzieren sie auf eine »Scheingegenwart«, eine dürftige Gegenwart, die bloß eine oder zwei Sekunden dauert, auf einen blassen Schatten der ewigen Gegenwart. Unfähig, in der zeitlosen Gegenwart zu leben und im Entzücken der Ewigkeit zu baden, suchen wir als blutarmen Ersatz die bloßen Versprechen der Zeit, immer in der Hoffnung, die Zukunft werde bringen, was der dürftigen Gegenwart so jämmerlich fehlt. Und dieses Leben in der Zeit ist, dem Mystiker zufolge, ein Leben im Elend. Denn der Mystiker behauptet, all unsere Probleme seien Probleme der Zeit und Probleme in der Zeit. Sie werden es vielleicht nie so angesehen haben, aber ein Augenblick der Überlegung offenbart, wie äußerst offensichtlich dies ist. All unsere Probleme betreffen die Zeit – unsere Sorgen bewegen sich immer um Vergangenheit oder Zukunft. Wir beklagen viele unserer früheren Handlungen und fürchten ihre zukünftigen Folgen. Unsere Schuldgefühle sind untrennbar mit der Vergangenheit verbunden und bringen Qualen der Depression, der Bitterkeit und Bedauern mit sich. Wenn dies nicht klar ist, dann stellen Sie sich einfach vor, wie es wäre, ohne alle Narben Ihrer Vergangenheit zu leben. Ebenso ist alle Angst mit Gedanken an die Zukunft verbunden und bringt Wolken der Angst und Katastrophenerwartung mit sich. Vergangenheit und Zukunft! Sie sind gewiß die Glieder in der Kette unseres Elends. Die Bhagavad Gita warnt:

> Ich bin gekommen als Zeit, Verheererin der Völker,
> Bereit für die Stunde, die ihrem Untergang reift.

Und dennoch gibt es, streng genommen, in der Gegenwart keine fundamentalen Probleme – denn Zeit gibt es nicht. Ein solches Tier wie ein gegenwärtiges Problem existiert nicht – und wenn es so scheint, wird eine nähere Nachprüfung unweigerlich aufdekken, daß es in Wirklichkeit mit irgendeiner früheren Schuld oder einer die Zukunft betreffenden Angst verbunden ist. Denn alle Schuldgefühle sind ein Zustand des Verlorenseins in der Vergangenheit; jede Angst ist ein Zustand des Verlorenseins in der Zukunft. In diesem Sinn behauptet der Mystiker, unsere Probleme würden alle durch unser lebhaftes Zeitempfinden und unsere Zeitsklaverei erzeugt. Wie Stephen im *Ulysses* klagt: »Die Geschichte ist ein Alptraum, aus dem ich zu erwachen versuche.« Und dieses Erwachen tritt erst ein, wie Emerson so schön erklärt hat, wenn wir der Gegenwart gewärtig werden:

> Diese Rosen unter meinem Fenster spielen nicht auf frühere Rosen oder bessere Rosen an; sie sind, was sie sind; sie existieren bei Gott heute. Sie kennen keine Zeit. Da ist einfach die Rose; sie ist in jedem Augenblick ihres Daseins vollkommen. ... Aber der Mensch schiebt auf oder erinnert sich; er lebt nicht in der Gegenwart, sondern beklagt mit nach

rückwärts gerichtetem Blick die Vergangenheit oder stellt sich, ungeachtet des Reichtums, der ihn umgibt, auf die Zehenspitzen, um die Zukunft vorherzusehen. Er kann nicht glücklich und stark sein, bis er auch mit der Natur in der Gegenwart lebt – über der Zeit.

»In der Gegenwart zu leben, über der Zeit« und ein »Sohn des Augenblicks« zu sein, scheint also die Schwierigkeit in der ganzen Sache der Ewigkeit und des Bewußtsein der All-Einheit zu sein, denn die zeitlose Gegenwart ist nichts anderes als der gerade und schmale Pfad, von dem es heißt, er führe »von der Zeit zur Ewigkeit, vom Tod zur Unsterblichkeit«.

Wir müssen aber bei unserem Verstehen in diesem Punkt sehr vorsichtig sein. Denn dieses »Leben in der zeitlosen Gegenwart«, dieses »Nur-auf-den-gegenwärtigen-Moment-Achten«, hat nichts mit dem weitverbreiteten psychologischen Trick zu tun, gestern und morgen einfach zu vergessen. Der Mystiker sagt nicht, wir sollten dadurch in der Gegenwart leben, daß wir Vergangenheit und Zukunft vergessen oder versuchen, sie zu ignorieren. Er sagt – und zunächst wird dies noch schlimmer klingen –, *Vergangenheit und Zukunft gibt es nicht*. Denn Vergangenheit und Zukunft sind einfach nur illusorische Produkte einer symbolischen Grenze, die dem ewigen Jetzt auferlegt wird, einer symbolischen Grenze, die die Ewigkeit in die Gegensatzpaare gestern-morgen, vorher-nachher, vergangene Zeit-zukünftige Zeit zu spalten scheint. Die Zeit ist also als Grenze, die der Ewigkeit auferlegt wird, kein Problem, von dem man sich befreien muß, sondern ein Illusion, die von vornherein nicht existiert.

Wir müssen hier also sehr vorsichtig vorgehen, um dieses ewige Gewahrsein richtig zu verstehen. Viele Menschen versuchen, nachdem sie theoretisch begriffen haben, daß die Ewigkeit nicht ewig andauernde Zeit, sondern die zeitlose Gegenwart ist, mit dieser zeitlosen Gegenwart in Fühlung zu kommen, indem sie ihre Aufmerksamkeit auf den jetzigen Moment konzentrieren, auf das, was sie gerade erleben. Sie praktizieren »bloße Aufmerksamkeit« auf die unmittelbare Gegenwart, in dem Versuch, mit dem zeitlosen Augenblick in Kontakt zu kommen.

Aber so vernünftig das auch klingt, es ist abwegig. Denn der *Versuch,* mit *diesem* Moment in Kontakt zu kommen, erfordert *einen weiteren* Moment, in dem dieser Kontakt zustandekommen kann. Anders ausgedrückt, *der Versuch,* in der zeitlosen Gegenwart zu leben, erfordert Zeit. Wenn man versucht, auf die Gegenwart zu achten, ist eine Zukunft nötig, in der dies geschieht. Und doch sprechen wir nicht von irgendeiner Zukunft, in der *dieser* Moment erfaßt wird: Wir sprechen von genau diesem Moment. Kurzum, man kann nicht die Zeit benützen, um aus der Zeit herauszukommen. Wenn wir das täten, würden wir genau das verstärken, was wir ausrotten wollen.
Das ist nur deswegen ärgerlich, weil wir ständig annehmen, wir lebten nicht bereits im ewigen Jetzt, und müßten dater Schritte tun, die in irgendeiner Zukunft sicherstellen, daß wir dann im ewigen Jetzt leben. Anders gesagt, wir nehmen an, Zeit sei real, und versuchen dann, sie zu zerstören. Schlimmer noch, wir versuchen, die Zeit durch Zeit zu zerstören, und das wird nie gelingen. Der Mystiker fordert uns also nicht auf, zu versuchen, Illusionen zu zerstören – er fordert uns nur auf, sorgfältig nach ihnen zu suchen. Denn wenn es die Zeit wirklich nicht gibt, brauchen wir uns nicht mit dem Versuch aufzuhalten, sie zu zerstören. Also wollen wir, bevor wir versuchen, die Zeit loszuwerden, probieren, ob wir sie zunächst finden können. Aber wenn wir die Zeit suchen und sie nicht finden können, werden wir schon einen Blick auf die Zeitlosigkeit erhascht haben.
Wir haben schon gesehen, daß uns das direkte Erleben zeigt: Es gibt kein abgetrenntes Selbst, das von der Welt des Erlebens abgetrennt existiert. Ebenso wollen wir nun im direkten Erleben nach Beweisen dafür suchen, ob die Zeit, das Fließen von der Vergangenheit zur Zukunft, tatsächlich existiert.
Beginnen wir mit unseren Sinnen. Spüren wir jemals die Zeit? Das heißt, spüren wir jemals unmittelbar eine Vergangenheit oder eine Zukunft? Fangen Sie wieder mit dem Hören an. Konzentrieren Sie zunächst Ihre Aufmerksamkeit auf das, was Sie hören, und beachten Sie das Fließen von Geräuschen durch Ihr Bewußtsein. Sie können vielleicht Menschen reden hören,

Hunde bellen, Kinder spielen, vielleicht hören Sie den Wind, den Regen, einen tropfenden Wasserhahn, vielleicht hören Sie knisternde Geräusche im Haus, das Hupen von Autos oder Gelächter. Aber beachten Sie: *All* diese Geräusche sind *gegenwärtige* Geräusche. Sie können keine vergangenen oder zukünftigen Geräusche hören. *Das einzige, was Sie jemals hören, ist die Gegenwart*. Sie hören keine Vergangenheit und keine Zukunft, und Sie können es auch nicht.

Genauso wie alle Laute nur gegenwärtige Laute sind, so ist jeder Geschmack nur ein gegenwärtiger Geschmack, jeder Geruch ist ein gegenwärtiger Geruch, und jeder Anblick ist ein gegenwärtiger Anblick. Sie können nichts berühren, sehen oder fühlen, was einer Vergangenheit oder einer Zukunft gleicht. Anders ausgedrückt, in Ihrem unmittelbaren Gewahrsein gibt es keine Zeit – keine Vergangenheit, keine Zukunft, nur eine sich endlos verändernde Gegenwart, kürzer als eine Minisekunde, aber niemals endend. Jedes direkte Gewahrsein ist zeitloses Gewahrsein.

Und doch – was gibt mir den überwältigenden Eindruck, daß ich mir der Zeit bewußt bin, besonders der Zeit, die vergangen ist, meiner ganzen persönlichen Geschichte, all der Dinge, die einmal waren? Denn obwohl ich gewiß verstehe, daß es in meinem direkten Erleben keine Vergangenheit gibt, nur eine endlose Gegenwart, bin ich fest überzeugt, daß ich etwas von der Vergangenheit weiß. Und kein verbaler Taschenspielertrick kann mich vom Gegenteil überzeugen, denn da ist etwas, das deutlich und kräftig von Dingen zu mir spricht, die vor ein paar Minuten, vor Tagen, ja sogar vor Jahren geschehen sind. Was ist das? Und wie kann man es leugnen?

Die Antwort auf die erste Frage scheint offensichtlich zu sein: Es ist das Gedächtnis. Denn wenn ich auch die Vergangenheit nicht unmittelbar sehe, fühle, berühre, kann ich mich an sie erinnern. Die Erinnerung allein versichert mir, daß eine Vergangenheit da war, und tatsächlich, wenn es kein Gedächtnis gäbe, hätte ich überhaupt keine Vorstellung von Zeit. Außerdem bemerke ich, daß auch andere Leute ein Gedächtnis zu haben scheinen, und sie berichten im wesentlichen alle von derselben Art von Vergangenheit, an die ich mich erinnere.

So nehme ich an, *daß mir das Gedächtnis ein Wissen von der wirklichen Vergangenheit verschafft,* selbst wenn ich diese nicht unmittelbar erleben kann. Aber genau hier, behauptet der Mystiker, habe ich einen verhängnisvollen Fehler gemacht. Der Mystiker stimmt mir darin zu, daß ich, wenn ich an die Vergangenheit denke, in Wirklichkeit nur eine gewisse Erinnerung habe – aber er fügt hinzu, *diese Erinnerung selbst ist ein gegenwärtiges Erlebnis*. Alan Watts führt aus:

Aber was ist mit den Erinnerungen? Gewiß kann ich, indem ich mich erinnere, auch wissen, was vergangen ist. Gut, erinnern Sie sich an etwas. Erinnern Sie sich daran, daß Sie einen Freund haben die Straße hinuntergehen sehen. Was nehmen Sie wahr? Sie beobachten nicht wirklich das wahre Ereignis, daß Ihr Freund die Straße hinuntergeht. Sie können nicht hingehen und ihm die Hand schütteln oder eine Frage beantwortet bekommen, die Sie zu der Zeit, an die Sie sich erinnern, zu stellen vergaßen. Anders ausgedrückt, Sie blicken gar nicht in die wirkliche Vergangenheit. Sie schauen eine gegenwärtige Spur der Vergangenheit an. ... Aus Erinnerungen folgern Sie, daß es frühere Ereignisse gegeben hat. Aber Sie nehmen keine vergangenen Ereignisse wahr. Sie kennen die Vergangenheit nur in der Gegenwart und als Teil der Gegenwart.

Ich kenne also überhaupt nie die wirkliche Vergangenheit, ich kenne nur Erinnerungen an die Vergangenheit, und diese Erinnerungen existieren nur als gegenwärtiges Erleben. Außerdem war das, was wir »Vergangenheit« nennen, als es sich wirklich ereignete, ein gegenwärtiges Ereignis. Deshalb nehme ich zu keiner Zeit unmittelbar eine wirkliche Vergangenheit wahr. Desgleichen kenne ich niemals die Zukunft, ich kenne nur Vorgefühle oder Erwartungen – die trotzdem selber Teil des gegenwärtigen Erlebens sind. Die Erwartung ist, wie das Sich-Erinnern, eine gegenwärtige Tatsache.

Wenn man die Vergangenheit als Erinnerung und die Zukunft als Erwartung, beide als gegenwärtige Tatsachen erkennt, sieht man auch, daß alle Zeit nur Jetzt existiert. Wenn wir dies verstanden haben, werden die Aussagen der Mystiker über Zeit und Ewigkeit viel klarer. Man lese z. B. Meister Eckeharts berühmte Äußerung über die zwei Arten von biblischen Tagen:

> Es gibt mehr Tage als einen. Es gibt den Tag der Seele und den Tag Gottes. Ein Tag vor sechs oder sieben Tagen oder vor mehr als sechstausend Jahren ist der Gegenwart ebenso nah wie der gestrige Tag. Warum? Weil alle Zeit im Nu des gegenwärtigen Augenblicks enthalten ist. Der Tag der Seele fällt in diese Zeit und besteht aus dem natürlichen Licht, in dem Dinge gesehen werden. Der Tag Gottes ist jedoch der vollständige Tag, der Tag und Nacht umfaßt. Er ist der wirkliche jetzige Augenblick. Vergangenheit und Zukunft sind beide weit von Gott entfernt und seinem Wege fremd.

Oder Nikolaus von Kues: »Alle zeitliche Aufeinanderfolge fällt in ein und demselben Ewigen Jetzt zusammen. Es gibt also nichts Vergangenes oder Zukünftiges.« Und wir können verstehen, warum Dante von jenem »unglaublichen Moment« sprechen konnte, »in dem alle Zeiten gegenwärtig sind«.

Daher ist unsere Zeit-Knechtschaft und sind all ihre Probleme eine große Täuschung. Es gibt keine Zeit außer dem Jetzt, und das einzige, was Sie je erleben, ist die ewige Gegenwart – welche äußeren Formen sie auch haben mag. Aber die meisten von uns haben gewöhnlich das Gefühl, *ihr* gegenwärtiger Moment sei kaum ein ewiger. Wir meinen statt dessen, unser gegenwärtiger Moment sei eine dürftige Gegenwart, ein flüchtiger Augenblick, der eine, vielleicht zwei Sekunden dauert. Dies nennen die christlichen Mystiker das *nunc fluens*, d. h. die »vorübergehende Gegenwart«. Eine andere Art, dies auszudrücken, besagt: Wir haben das Gefühl, unser gegenwärtiger Augenblick ist *beschränkt* und *begrenzt*. Er scheint zwischen Vergangenheit und Zukunft eingeklemmt zu sein. Denn durch die Verwechslung von Erinnerungssymbolen mit Tatsachen erlegen wir der zeitlosen Gegenwart eine *Grenze* auf, spalten sie in die Gegensätze Vergangenheit und Zukunft auf und begreifen Zeit dann als eine Bewegung von der Vergangenheit her durch unsere »flüchtige Gegenwart« hin zur Zukunft. Wir führen in das Territorium der Ewigkeit eine Grenze ein und zäunen uns dadurch selber ein.

Unsere verstreichende Gegenwart erscheint dann an der einen

Seite begrenzt durch die Vergangenheit, an der anderen durch die Zukunft. Die Vergangenheit scheint etwas Wirkliches und Wesentliches *hinter* mir zu sein, etwas Reales, auf das ich zurückblicke. Viele Menschen haben das Gefühl, die Vergangenheit liege nicht nur hinter ihnen, sondern zu ihrer ›Linken‹, wahrscheinlich, weil wir von links nach rechts lesen. Auf jeden Fall scheint die »Vergangenheit«, weil wir uns einbilden, die Erinnerung weise auf eine reale Vergangenheit hin, hinter unserer Gegenwart zu liegen. Sie *bezeugt* daher unsere Gegenwart und scheint ihr von hinten, von links, von außen entgegenzutreten.

An der anderen Seite unserer verstreichenden Gegenwart liegt die Zukunft. Auch sie erscheint als sehr real und wesentlich – natürlich etwas ungewisser als die Vergangenheit, denn wir können nur raten, wie sie sein wird. Aber *daß* sie da ist, scheint sicher. Die Zukunft begrenzt unsere Gegenwart nach vorn, vor uns, rechts von uns. Weil wir uns einbilden, die Erwartung weise auf eine reale Zukunft hin, scheint diese Zukunft vor unserer Gegenwart zu liegen. Daher begrenzt sie unsere Gegenwart.

Unsere Gegenwart ist also von allen Seiten her begrenzt, eingeklemmt zwischen Vergangenheit und Zukunft. Sie ist begrenzt, eingezäunt, eingeschränkt. Sie ist kein offener Moment; sie ist ein eingeklemmter, zusammengepreßter und darum flüchtiger Moment. Sie geht einfach vorbei. Da Vergangenheit und Zukunft so wirklich erscheinen, wird unser Gegenwartsmoment, das Fleisch in unserem »Sandwich«, zu einem dünnen Blättchen zusammengedrückt, so daß unsere Realität bald zu bloßen Brotkrusten ohne Füllung wird.

Aber wenn man erkennt, daß die Vergangenheit als Erinnerung immer ein Gegenwartserlebnis ist, bricht die Grenze *hinter* diesem Augenblick zusammen. Es wird offensichtlich, daß vor dieser Gegenwart nichts war. Ebenso explodiert die Grenze *nach vorn* vor diesem Augenblick, wenn man erkennt, daß die Zukunft der Erwartung immer ein gegenwärtiges Erlebnis ist. Das ganze Gewicht dessen, daß etwas hinter oder vor uns ist, verschwindet rasch, plötzlich und vollständig. Diese Gegenwart ist nicht mehr umzingelt, sondern dehnt sich aus und erfüllt alle Zeit, und so entfaltet sich die »verstreichende Gegenwart« zur ewigen Gegenwart, die die christlichen Mystiker als *nunc stans* bezeichnen. Das *nunc fluens,* die verstreichende Gegenwart, kehrt in das *nunc stans,* die ewige Gegenwart, zurück. Und *diese* Gegenwart ist keine bloße Scheibe von der Realität. Im Gegenteil, hier wohnt nun der Kosmos, mit aller Zeit und allem Raum in der Welt. Dieses Jetzt, das *nunc stans,* ist ein Moment ohne Grenzen. Es hat keine Grenzen, weil die Vergangenheit als Erinnerung und die Zukunft als Erwartung *in* ihm sind, nicht um es herum. Weil es keine Vergangenheit und keine Zukunft *außerhalb* dieses jetzigen Moments gibt, hat dieser Moment keine Grenzen – nichts war vor ihm, nichts kommt nach ihm. Man erlebt nie einen Beginn dieses Moments, nie ein Ende. Im *»Podium«-Sutra* (Ausführung des 6. Patriarchen) heißt es:

In diesem Augenblick ist nichts, das sein wird. In diesem Augenblick ist nichts, was zu sein aufhört. Es gibt also nicht Geburt und Tod, die vollendet werden müssen. Also der absolute Friede in diesem gegenwärtigen Augenblick. Obwohl er in diesem Augenblick ist, gibt es keine Grenze oder Beschränkung für diesen Augenblick, und hierin ist ewiges Entzücken.

Es ist also nicht wahr, daß der Mystiker der Zeit entflieht, indem er mit der Nase an der unmittelbaren Gegenwart kleben bleibt und sich dadurch seiner Verantwortung in der drängenden Welt der Geschichte entzieht. Wenn diese Anschuldigung wahr wäre, würde sich der Mystiker nur für die verstreichende Gegenwart interessieren, das *nunc fluens* von ein oder zwei Sekunden Dauer. Aber so ist es nicht. Sein Gewahrsein schwebt vielmehr in der ewigen Gegenwart, *im nunc stans*. Er entflieht nicht der Zeit, sondern umfängt alle Zeit; es steht ihm völlig frei, Vergangenheit und Zukunft zu bedenken, aber durch die Erkenntnis, daß auch dieses Bedenken nur ein gegenwärtiges Erleben ist, wird er nie durch Vergangenheit und Zukunft gefesselt. Die Vergangenheit als Erinnerung treibt ihn nicht an, und die Zukunft als Erwartung zieht nicht an ihm. Denn seine Gegenwart schließt Vergangenheit und Zukunft ein; es existiert also nichts außerhalb der

Gegenwart, was Druck oder Zug ausüben kann. Er ist überhaupt nicht in der Zeit, denn alle Zeit ist in ihm.

Schließlich könnten wir noch fragen, was hat das ewige Jetzt, das *nunc stans,* mit dem Bewußtsein der All-Einheit zu tun? Gibt es eine Beziehung zwischen ihnen? Die Antwort ist, es gibt keine Beziehung zwischen ihnen, denn sie sind ein und dasselbe. Aldous Huxley hat das so ausgedrückt: »Das ewige Jetzt *ist* ein Bewußtsein« – wie wir es nennen, ein Bewußtsein der All-Einheit.

Das Bewußtsein der All-Einheit lebt als die Erkenntnis, daß das eigene wahre Selbst grenzenlos ist und den Kosmos als Spiegel seiner Objekte umfaßt. Wie wir im letzten Kapitel gesehen haben, ist das größte augenscheinliche Hindernis, das einem Bewußtsein der All-Einheit im Wege steht, die Urgrenze, die uns veranlaßt, uns irrtümlich nur mit dem »kleinen Selbst« hier drinnen zu identifizieren, das, wie wir uns einbilden, Erfahrungen der Welt dort draußen *hat*. Jedoch das abgetrennte Selbst, der »kleine Mensch im Inneren«, ist, wie Krishnamurti so oft erklärt hat, *ganz und gar aus Erinnerungen zusammengesetzt*. Das heißt, was Sie jetzt als den inneren Beobachter empfinden, der diese Seite liest, ist nichts weiter als ein Komplex vergangener Erinnerungen. Ihre Vorlieben und Abneigungen, Ihre Hoffnungen und Befürchtungen, Ihre Vorstellungen und Grundsätze – alles beruht auf Erinnerungen. Sobald jemand fragt, »Wer sind Sie? Erzählen Sie mir etwas von sich!«, werden Sie anfangen, in Ihrer Erinnerung nach einschlägigem Material für das zu suchen, was Sie in der Vergangenheit getan, erkannt, gefühlt oder geleistet haben. Krishnamurti behauptet, selbst das Gefühl, Sie existierten heute als abgetrennte Wesenheit, beruhe ganz und gar auf der Erinnerung. Wenn Sie sich »fest in der Hand haben«, halten Sie nichts weiter als eine Erinnerung.

Natürlich, fügt Krishnamurti hinzu, ist es überhaupt nicht verkehrt, sich an die Vergangenheit zu erinnern, denn das ist in dieser Welt wesentlich. Problematisch aber ist die Tatsache, daß wir uns mit diesen Erinnerungen identifizieren, als existierten sie außerhalb des Augenblicks oder getrennt von ihm; d. h. als ob sie eine Kenntnis von einer tatsächlichen äußeren Vergangenheit verkörperten.

Aber bedenken Sie, was das bedeutet. Weil wir glauben, die Erinnerung stehe *außerhalb* der Gegenwartserfahrung, scheint das Gedächtnis-Selbst ebenso *außerhalb* des gegenwärtigen Erlebens zu stehen. Das Selbst scheint also gegenwärtige Erlebnisse zu *haben,* anstatt gegenwärtige Erlebnisse zu *sein*. Das Gefühl, Erinnerung sei ein vergangenes Erlebnis *hinter* dem Gegenwartsmoment, ist dasselbe, als empfinde man das Selbst als abgetrennte Wesenheit *hinter* dem gegenwärtigen Erleben. Der Beobachter scheint nur deshalb außerhalb des Jetzt zu stehen, weil die Erinnerung in Wirklichkeit ein vergangenes Erleben zu sein scheint. Der Beobachter *ist* Erinnerung; wenn die Erinnerung sich vom Jetzt zu unterscheiden scheint, dann fühlt sich der Beobachter verschieden vom Jetzt.

Aber die Basis eines Selbst, das von der Gegenwart abgesetzt ist, bricht ganz und gar zusammen, wenn jegliche Erinnerung als gegenwärtiges Erleben begriffen und erkannt wird. Ihr »Selbst«, das einfach nur Erinnerung ist, wird so nur zu einem weiteren Gegenwartserlebnis – es ist nichts, das eine gegenwärtige Erfahrung *hätte*. Wenn die Vergangenheit mit der Gegenwart verschmilzt, verschmelzen auch Sie selber als Beobachter mit der Gegenwart. Sie können nicht länger abseits dieses Augenblicks stehen, denn außerhalb dieses Augenblicks ist kein Raum.

Alle Erinnerung als gegenwärtiges Erleben anzusehen bedeutet also, daß man die Grenzen dieses gegenwärtigen Moments niederreißt, ihn von trügerischen Grenzen befreit, ihn vom Gegensatz Vergangenheit-Zukunft befreit. Es wird offenbar, daß hinter Ihnen in der Zeit nichts liegt, ebensowenig vor Ihnen. Sie können also nirgendwo stehen als in der zeitlosen Gegenwart, also keinen anderen Standort als die Ewigkeit haben.

6 Die Entwicklung von Grenzen

Wir haben ziemlich viel Zeit mit dem Wesen des zeitlosen Bewußtseins der All-Einheit zugebracht, denn wenn erst einmal dieses von Grenzen freie Bewußtsein begriffen worden ist, und sei es nur in der allerallgemeinsten Form, dann wird das Wesen des übrigen Bewußtseinsspektrums viel klarer. Die traditionelle Psychologie definiert das wirkliche Selbst des Menschen als sein Ich und muß daher das Bewußtsein der All-Einheit als einen Zusammenbruch der Normalität, als eine Bewußtseinsverirrung oder als veränderten Bewußtseinszustand bezeichnen. Aber sobald man das Bewußtsein der All-Einheit als das natürliche Selbst des Menschen ansieht, als sein einziges reales Selbst, kann man das Ich als unnatürliche Einschränkung und Beengung des Bewußtsein der All-Einheit begreifen. Tatsächlich kann jede Ebene des Spektrums als fortschreitende Einschränkung oder Begrenzung oder Einschnürung des eigenen wirklichen Selbst, des Bewußtsein der All-Einheit und des Gewahrseins ohne Grenzen verstanden werden.

In diesem Kapitel wollen wir uns die bemerkenswerte Geschichte der Entwicklung von Grenzen ansehen. Die Natur weiß, wie wir gesehen haben, nichts von dieser verrückten Welt der Grenzen – in der Natur gibt es keine Mauern oder Zäune. Aber wir scheinen fast völlig in einer Welt der Grenzen, der Mauern und Einschränkungen, der Schranken und Kämpfe zu leben. Da nun unser einziges wirkliches Selbst immer das Bewußtsein der All-Einheit ist – wie kommt es dann, daß die anderen Bewußtseinsebenen zu existieren scheinen? Was geschieht, das all diese verschiedenen Ebenen der Identität entstehen läßt?

Da jede Ebene des Spektrums nur eine fortschreitende Einschränkung und Begrenzung des Bewußtsein der All-Einheit ist, brauchen wir unsere Untersuchung der Entwicklung von Grenzen nur ganz am Anfang, bei der ersten Ursache, bei der ersten Grenze selbst, zu beginnen. Die erste Grenze haben wir schon gesehen. Wir haben sie die Urgrenze genannt: diese Spaltung zwischen dem Sehenden und dem Gesehenen, dem Wissenden und dem Gewußten, Subjekt und Objekt. Sobald diese Urgrenze erscheint, folgt eine Kette von unvermeidlichen Konsequenzen. Eine Unzahl von anderen Grenzen ergibt sich, von denen jede auf ihrer Vorgängerin aufgebaut ist; die verschiedenen Ebenen des Spektrums entfalten sich; die Welt, wie wir sie insgesamt kennen, schießt hervor, und der Mensch wird verwirrt, erstaunt und bezaubert, zerstreut und verwickelt, und er liebt und haßt sein Universum der Gegensätze.

Religion, Philosophie, Mythologie und sogar die Naturwissenschaften haben Erklärungen dieses Anfangs, dieser ersten Ursache, dieses Schöpfungsimpulses selbst, angeboten. Die Astronomen sagen, etwa vor 15 Milliarden Jahren sei nichts, absolut nichts dagewesen, und dann . . . Peng! Aus dem Nichts heraus eine fabelhafte Explosion, die den Kosmos ins Dasein schleuderte. Die christliche Mythologie berichtet, vor Tausenden von Jahren habe es nur Gott gegeben, und dann sei in einer Folge von sieben Tagen in siebenmaligem Kleinknall die Welt entstanden, wie wir sie kennen. Von der Naturwissenschaft mit ihrem Urknall bis hin zur Religion mit ihrem Urvater haben alle versucht, diese Initialbewegung der Schöpfung und Manifestation festzulegen. Aber so sehr sie auch in der Vergangenheit suchen mögen, sie werden nie eine befriedigende Erklärung für diese erste Ursache finden – aus dem zureichenden Grund, daß die Vergangenheit nicht existiert. Diese erste Ursache war nicht gestern, sie ist vielmehr ein gegenwärtiges Geschehen, ein gegenwärtiges Faktum, eine gegenwärtige Tätigkeit. Außerdem ist diese erste Ursache nicht Gott, abgelöst von unserem Sein, zuzuschreiben, denn Gott ist das reale Selbst alles dessen, was ist. Die Urgrenze, diese andauernd aktive erste Ursache, ist *unser* Tun in *diesem* Augenblick.

Der rätselhafte Aspekt von alledem ist, *warum* die Urgrenze überhaupt entsteht. Warum, um es anders auszudrücken, fand der Sündenfall statt? Warum eine Welt von Samsara, Maya, warum das Elend von Grenzen? Das ist die natürliche Frage, die man stellt, aber es ist ein minenverseuchtes Rätsel. Denn wenn wir fragen »Warum ist die Urgrenze entstanden?«, fragen wir in Wirklichkeit, was vor der Urgrenze war. Aber nichts geht der Urgrenze voran. Das heißt, nichts verursacht sie, nichts bringt sie hervor, nichts läßt sie entstehen. Wenn die Urgrenze eine Ursache hätte, dann wäre diese Ursache selbst die neue Urgrenze. Theologisch ausgedrückt, wenn der erste Ursprung eine Ursache hätte, wäre er nicht der *erste* Ursprung. Und daher ist die einzige mögliche Antwort, so unbefriedigend sie anfänglich auch erscheint, auf die Frage »Warum ist die Urgrenze entstanden?« die, daß es kein Warum gibt. Vielmehr entsteht die Urgrenze von selbst, als die eigene gegenwärtige Aktivität, aber als Aktivität, die selbst unverursacht ist. Sie ist eine Bewegung im eigenen »All-Einheitsbewußtsein« und durch dasselbe, eine Bewegung, die viele Ergebnisse hat, selbst aber kein Ergebnis ist.

Wir wollen im letzten Kapitel zu dieser Initialbewegung zurückkehren und sehen, ob wir in ihre geheime Aktivität eindringen können, aber alles, was wir zu diesem Zeitpunkt sagen können, ist, daß plötzlich in diesem Augenblick, und in diesem Augenblick und in diesem Augenblick wieder, die Urgrenze entsteht. Wir haben gesehen – wie in dem Beispiel mit konkav und konvex –, daß jedesmal, wenn der Realität eine Grenze auferlegt wird, diese Grenze zwei scheinbar widersprüchliche Gegensätze erzeugt. Und dasselbe geschieht bei der Urgrenze. Denn die Urgrenze trennt das Bewußtsein der All-Einheit selbst, spaltet es gerade mitten durch und liefert es ab als Subjekt-Objekt, als Wissenden und Gewußtes, als Sehenden und Gesehenes oder, irdischer ausgedrückt, als Organismus im Gegensatz zur Umwelt. Die natürliche *Linie* – die Linie der Haut, die man nicht leugnen kann – zwischen dem Organismus und der Umgebung wird zu einer illusorischen Grenze, zum Zaun, zur Trennung dessen, was in Wirklichkeit untrennbar ist. Krishnamurti sagt: »Und in dieser Distanz, der Teilung zwischen dem Sehenden und dem Gesehenen, in dieser Teilung besteht der ganze Konflikt des Menschen.«

Man beachte, daß der Mensch, wenn diese Urgrenze entsteht (und sie entsteht jetzt, von Moment zu Moment), nicht mehr mit seinem Organismus *und* seiner Umwelt identifiziert ist; er ist nicht länger eins mit der Welt, die er wahrnimmt, denn diese beiden »Gegensätze« erscheinen nun als unvereinbar. Er ist statt dessen *nur* mit seinem Organismus identifiziert, als etwas, das *gegen* seine Umgebung steht. Der Organismus ist »Selbst«, aber die ganze Umwelt ist »Nicht-Selbst«. Er nimmt seinen Wohnsitz *diesseits* der Hautgrenze und starrt hinaus und hinüber zu der fremden Welt um ihn her. »Ich, ein Fremder, allein, voll Furcht in einer Welt, die ich niemals gemacht habe.« Mit der Urgrenze vergißt der Mensch seine vorherige Identität mit dem All und konzentriert sie ausschließlich auf Körper, Geist und Seele.
So kommt es, daß der Mensch vorgibt, sein reales Selbst hinter sich zu lassen, daß er vorgibt, die Ebene des Bewußtsein der All-Einheit zu verlassen, und sich einbildet, nur als getrennter und vereinzelter Organismus zu leben. Aber dies ist genau die *Erschaffung* der nächsthöheren Ebene des Spektrums – nämlich der Ebene des totalen Organismus. Die Urgrenze trennt also die Einheit von Organismus und Umwelt und erschafft die scheinbar widerstreitenden Gegensätze von Organismus und Umwelt, von »ich hier drinnen« und der »Welt dort draußen«. Alle folgenden Grenzen beruhen auf diesem Anfangsfundament, denn, wie Chuang Tzu erklärte: »Wenn es keinen anderen gibt, gibt es kein Selbst. Wenn es kein Selbst gibt, gibt es niemanden, der Unterscheidungen trifft.«
Mit der Urgrenze erscheint es so, als sei unser jetzt abgetrenntes Selbst durch einen Abgrund abgesetzt, auf immer getrennt von der Welt »um es her«. Wir sind nicht mehr die Welt, wir stehen ihr gegenüber. Das Bewußtsein der All-Einheit wird zum individuellen Bewußtsein, unsere Höchste Identität wird zur persönlichen Identität, das Selbst wird zum selbst. So werden die beiden ersten Hauptgegensätze, das sehende Subjekt und das gesehene Objekt, aus ihrer ewigen Umarmung gerissen und stehen sich nun als Todfeinde gegenüber. So beginnt der Kampf zwischen mir

und meiner Welt. Die Umgebung dort draußen ist zur potentiellen Bedrohung geworden, da sie die Macht hat, das, was ich jetzt als mein »wirkliches« Selbst empfinde, nämlich meinen Organismus, mein Leibseelisches, auszulöschen. So erscheint zum allerersten Mal ein ganz neuer Faktor, ein Faktor, der zu überwältigender Bedeutung bestimmt ist: Es erscheint nun die bewußte Angst vor dem Tod.

Ein alter taoistischer Weiser sagte: »Die wahren Menschen von früher wußten nichts von der Liebe zum Leben oder dem Haß auf den Tod. Der Eintritt ins Leben machte ihnen keine Freude; das Scheiden vom Leben weckte keinen Widerstand. Gelassen kamen und gingen sie. So fehlte ihnen jeder Wunsch, dem Tao zu widerstreben, und es fehlte jeder Versuch, mit Hilfe des Menschlichen dem Himmlischen zu widerstehen.« Aber was für ein Mensch ist ein wahrer Mensch? An anderer Stelle spricht derselbe Weise so von einem wahren Menschen: »Ich hänge nicht am Körper und ich gebe jede Vorstellung vom Wissen auf. Indem ich mich von Leib und Seele befreie [d. h. von dem abgetrennten Organismus des Leibseelischen], werde ich eins mit dem Unendlichen.« Mit anderen Worten, der Tod des Organismus ist nur ein Problem für ein Selbst, das sich ausschließlich mit diesem Organismus identifiziert.

Denn in dem Moment, in dem der Mensch sein »Selbst« von der Umwelt trennt, und nur in diesem Moment, entsteht diese bewußte Furcht vor dem Tod. Die wahren Menschen von früher fürchteten den Tod nicht, und zwar nicht deshalb, weil sie zu dumm waren, um es besser zu wissen, sondern weil sie »Leib und Seele überschreitend« ewig mit dem Unendlichen eins waren. Und der wahre Mensch ist, wie Rinzai zu erklären pflegte, in Wirklichkeit das eigene wahre Selbst, das eigene Bewußtsein der All-Einheit. Wenn ein Mensch erkennt, daß sein fundamentales Selbst das Selbst des Kosmos ist, dann ist der augenscheinliche Tod individueller Formen nicht nur annehmbar, sondern gewollt.

Und ich legte mich mit Willen nieder.

Nur Teile fallen dem Tod anheim, nicht das Ganze. Aber sobald jemand sich vorstellt, sein wahres Selbst sei ausschließlich auf einen bestimmten Organismus begrenzt, wird die Sorge um den Tod *dieses* Organismus allumfassend. Das Problem des Todes, die Angst vor dem Nichts, wird zum Kern des Selbst, das meint, es sei nur ein Teil.

Diese Urverfassung der Furcht macht es dem abgetrennten Selbst auch nahezu unmöglich, das Einssein von Leben und Tod zu verstehen und zu akzeptieren. Wie *alle* Gegensätze, die wir untersucht haben, bilden auch Sein und Nichtsein eine untrennbare Einheit. Hinter ihrer scheinbaren Verschiedenheit sind sie dasselbe. Leben und Sterben, Geburt und Tod, sind einfach nur zwei verschiedene Arten, *diesen* zeitlosen Moment zu betrachten.

Sehen Sie es einmal so an: Alles, was gerade geboren, gerade ins Dasein getreten ist, hat keine Vergangenheit hinter sich. Die Geburt ist, anders ausgedrückt, der Zustand, *keine Vergangenheit zu haben*. Und gleichermaßen hat alles, was jetzt stirbt, zu sein aufgehört hat, keine Zukunft mehr vor sich. Tod ist der Zustand, *keine Zukunft zu haben*. Aber wir haben schon gesehen, daß dieser gegenwärtige Moment zugleich *weder* Vergangenheit *noch* Zukunft hat. Das heißt, Geburt und Tod sind in diesem gegenwärtigen Moment *eins*. Dieser Augenblick wird eben jetzt geboren – Sie können niemals eine Vergangenheit des gegenwärtigen Augenblicks finden, Sie können nichts finden, das vor ihm liegt. Aber ebenso stirbt dieser Augenblick eben jetzt – Sie können keine Zukunft dieses Augenblicks finden, nichts, das nach ihm kommt. Er entsteht und vergeht zu ein und demselben Zeitpunkt. Diese Gegenwart ist also ein Zusammenfallen von Gegensätzen, eine Einheit von Geburt und Tod, Sein und Nichtsein, Leben und Sterben. Wie Ippen es formulierte: »Jeder Moment ist der letzte Moment, und jeder Moment ist eine Wiedergeburt.«

Aber der Mensch akzeptiert, indem er sich ausschließlich mit seinem Organismus (der Urgrenze) identifiziert, nur die *Hälfte* von Geburt-und-Tod. Die Todeshälfte wird abgelehnt. Der Tod ist in der Tat genau das, was er nun mehr als alles andere fürchtet. Und da der Tod der Zustand ist, keine Zukunft zu haben, bedeutet es, wenn der Mensch den Tod ablehnt, in Wirklichkeit, daß er *sich weigert, ohne Zukunft zu leben*. Tatsächlich fordert der Mensch eine Zukunft als Versprechen, er werde den Tod in diesem gegenwärtigen Augenblick nicht einmal riechen. Seine Furcht vor dem Tod, ob sie nun offen oder geheim am Werk ist, treibt ihn ständig an, für morgen zu denken, zu planen, sich zu sehnen oder zumindest Absichten zu haben. Seine Furcht vor dem Tod veranlaßt ihn, nach einer Zukunft zu suchen, nach einer Zukunft zu greifen und sich auf eine Zukunft zuzubewegen. Kurzum, seine Angst vor dem Tod erzeugt in ihm eine starke Empfindung der *Zeit*. Ironischerweise ist der tatsächliche Tod des getrennten Selbst, da dieses eine Illusion ist, auch eine Illusion. Der Sufi-Mystiker Hazrat Khan drückte es so aus: »Etwas wie Sterblichkeit existiert nicht, nur die Illusion und der Eindruck dieser Illusion, die der Mensch sein Leben lang als Furcht vor Augen behält.« Auf dieser Ebene schafft der Mensch die Illusion der Zeit, um seine Furcht vor einem illusorischen Tod zu lindern.

In diesem Sinn ist die Zeit eine Illusion, die gegen eine Illusion stößt. Es gibt eine Geschichte von einem Mann, der auf einer Busfahrt einen alten und ziemlich schwach aussehenden Mann kennenlernte. Dieser hatte eine braune Papiertüte in einer Hand und warf immer wieder Bissen von Eßbarem hinein. Schließlich konnte es der andere Fahrgast nicht länger aushalten und fragte, was er denn in der Papiertüte habe und füttere? »Es ist ein Mungo. Wissen Sie, so ein Tier, das Schlangen töten kann.« »Aber warum tragen Sie den mit sich herum?« »Na ja«, antwortete der alte Mann, »Ich bin Alkoholiker, und ich brauche den Mungo, um die Schlangen abzuschrecken, wenn ich ins Delirium tremens komme«. »Aber wissen Sie denn nicht, daß die Schlangen nur Einbildung sind?« »O, sicher«, antwortete der alte Mann, »aber der Mungo ist auch Einbildung«. Ebenso benützen wir die Illusion der Zeit, um die Illusion des Todes abzuschrecken.

Das ewige und zeitlose Jetzt ist ein Gewahrsein, das weder

Vergangenheit noch Zukunft kennt. Das ewige Jetzt hat keine Zukunft, keine Grenze, kein Morgen – nichts, das vor ihm liegt, nichts, was nach ihm kommt. Aber das ist auch genau der *Zustand* des Todes, denn Tod ist der Zustand, keine Zukunft, kein Morgen, keine Zeit, die kommen wird, zu haben. Den Tod akzeptieren heißt also, völlig behaglich ohne eine Zukunft zu leben, d. h. in der Gegenwart über der Zeit zu leben, wie Emerson sagte.

Aber mit der Entstehung der Urgrenze lehnt der Mensch den Tod ab und weigert sich daher, ohne Zukunft zu leben. Der Mensch weigert sich, kurz gesagt, ohne Zeit zu leben. Er fordert Zeit, erschafft Zeit, lebt in der Zeit. Das Überleben wird ihm zur Hoffnung, die Zeit sein kostbarster Besitz, die Zukunft wird sein einziges Ziel. Die Zeit, letzten Endes die Quelle all seiner Probleme, wird so zur eingebildeten Quelle seiner Erlösung. Er stürzt sich in die Zeit ... bis seine Zeit gekommen ist, und nun steht er, wie am Anfang, dem Kern dieses eigenen abgetrennten Selbst gegenüber, und es ist der Tod.

> Morgen und morgen und morgen
> kriecht im Schneckengang von Tag zu Tag
> bis zur letzten Silbe aufgezeichneter Zeit,
> und all unsere vergangenen Tage haben Narren
> den Weg zum staubigen Tod gewiesen.

Weil wir eine Zukunft fordern, leben wir jeden Augenblick in Erwartung und Unerfülltheit. Wir leben jeden Augenblick *im Vorübergehen*. Gerade auf diese Weise wird das wirkliche *nunc stans,* die zeitlose Gegenwart, auf das *nunc fluens,* die flüchtige Gegenwart, die vorübergehende Gegenwart von bloß ein oder zwei Sekunden, reduziert. Wir erwarten von jedem Augenblick, daß er in einen zukünftigen Augenblick *übergeht,* denn auf diese Weise geben wir vor, den Tod zu vermeiden, indem wir immer auf eine eingebildete Zukunft zueilen. Wir wollen uns selbst in der Zukunft begegnen. Wir wollen nicht das Jetzt – wir wollen ein weiteres Jetzt, und noch eins und noch eins, morgen und morgen und morgen. Und so verstreicht unsere verarmte Gegenwart genau deswegen, weil wir fordern, sie solle aufhören! Wir wollen, daß sie endet, so daß sie dadurch zu einem anderen Moment weitergehen kann, einem zukünftigen Moment, der seinerseits nur leben wird, um zu verstreichen.

Aber dies ist nur die halbe Geschichte von der Zeit. Weil der Mensch nun allein mit seinem Organismus identifiziert ist, nehmen die Erinnerungsspuren, die natürlicherweise in diesem Organismus vorhanden sind, eine Bedeutung an, die jedes Maß überschreitet, und werden zu seiner alles verzehrenden Sorge. Er klammert sich an seine Erinnerung, als sei sie real – d. h. als berichte sie von einer realen Vergangenheit eines realen Selbst. In aller Stille wird er von seiner »Vergangenheit« besessen; er identifiziert sich bedingungslos mit ihr. Weil er eine reale Zukunft *vor* sich fordert, will er gern eine reale Vergangenheit *hinter* sich sehen, und dies bringt er zustande, indem er vorgibt, die Erinnerung gebe ihm ein Wissen von wirklicher Vergangenheit, anstatt ein Teil seiner gegenwärtigen Erfahrung zu sein. Er klammert sich an die Erinnerung als ein Versprechen, daß er gestern einmal existiert hat und darum wahrscheinlich morgen auch existieren wird. Er lebt so nur in Erinnerung und Erwartung, begrenzt und beschränkt seine Gegenwart mit bittersüßen Klagen über vergangene Zeit und brennenden Hoffnungen auf kommende Zeiten. Er will etwas um seine Gegenwart herum, das ihn vor dem Tod schützen soll, und daher begrenzt er sie mit Vergangenheit und Zukunft.

Man beachte, daß der Mensch jetzt mit seinem Gesamtorganismus, wie er in Zeit und Raum existiert, identifiziert ist (siehe Abb. 1, S. 22. – Ich sollte dazu erklären, daß die breite Diagonallinie die Grenze zwischen Selbst und Nicht-Selbst darstellt, deren Veränderungen wir folgen. Wir haben gerade gesehen, wie sie sich vom Universum auf den Einzelorganismus verschoben hat). Bisher haben wir jedoch jede Erörterung der Zwischenstufen der transpersonalen Schichten ausgelassen. Diese Bindungen sind so subtil und kompliziert, daß wir sie hier nicht besprechen können. Wir werden im 9. Kapitel auf sie zurückkommen, denn bis dahin werden wir das nötige Hintergrundwissen haben, um sie einigermaßen zu verstehen. Für den Augenblick brauchen wir nur anzumerken, daß dies die Schichten nur desjenigen Spektrums sind, wo die Identität des Individuums, wie in Abbildung 1 angedeutet, nicht ganz mit dem All übereinstimmt (was die Stufe des Bewußtsein der All-Einheit wäre) aber auch nicht auf das isolierte leibseelische Gefüge beschränkt ist (was die Stufe des Gesamtorganismus wäre). In diesen Schichten erweitert sich die Grenze zwischen Selbst und Nicht-Selbst in sehr positivem Sinn, so daß hier eine Stufe des Gewahrseins vorzufinden ist, die den vereinzelten Organismus deutlich übersteigt.

Kehren wir zur Stufe des Gesamtorganismus zurück und fahren wir mit der Geschichte von der Entwicklung des Spektrums fort. Auf dieser Stufe ist der Mensch nur mit seinem Organismus identifiziert, existiert in der Zeit und auf der Flucht vor dem Tod. Trotzdem ist er zumindest noch in Fühlung mit seinem ganzen psychophysischen Wesen. Darum bezeichnen wir die Stufe des Gesamtorganismus gewöhnlich mit einem einfacheren Begriff, als Kentauren. Ein Kentaur ist ein Fabeltier, halb Mensch, halb Pferd; er stellt also eine vollkommene Vereinigung und Harmonie des Geistig-Seelischen und des Körperlichen sehr gut dar. Ein Kentaur ist kein Reiter, der sein Pferd völlig in der Hand hat, sondern ein Reiter, der mit seinem Pferd eins ist. Er ist keine Psyche, die von einem Soma geschieden ist und es beherrscht, sondern eine sich selbst beherrschende, sich selbst bestimmende psychosomatische Einheit.

Aber jetzt kommen wir zu einem wichtigen Ereignis. Mit dem Aufstieg zur nächsten Stufe des Spektrums – der Ich-Ebene – wird der Kentaur buchstäblich zerbrochen, denn der Mensch weigert sich, in Fühlung mit seinem gesamten Organismus zu bleiben; er weigert sich, seine Identität auf all seine Organtätigkeiten auszudehnen; er weigert sich global, sich selbst zu fühlen. Statt dessen verengt er seine Identität auf nur eine Facette seines Gesamtorganismus. Er identifiziert sich ausschließlich mit seinem Ich, seinem Selbstbild, seiner rein geistig-seelischen Persönlichkeit, mit dem abstrakten Teil des Kentauren. Das bedeutet, daß er den Körper verleugnet und ihn auf einer fundamenta-

len Ebene ablehnt, indem er ihn in Besitz verwandelt. Er ist der Reiter, der Beherrscher – und der Körper wird reduziert auf die Rolle des dummen Tiers, das geritten wird, das beherrscht wird, auf die Rolle des Pferdes.
Warum geschieht dies? Warum diese neuerliche Hinzufügung noch einer weiteren Grenze? Was drängt den Menschen weg von seinem Kentauren, seinem Gesamtorganismus? Wie zu erwarten war, gibt es mehrere Gründe für diese neue Grenze zwischen Leib und Seele, aber ein wesentlicher ist, daß der Mensch noch auf der Flucht vor dem Tod ist. Er meidet alles, was ihn an den Tod erinnern, den Tod verkörpern oder auch nur auf den Tod hinweisen könnte. Und während er auf der Flucht vor dem Tod seine Realität konstruiert, ist das erste und problematischste Ding, dem er begegnet, sein Körper. Der Körper scheint die letzte Heimat des Todes zu sein. Der Mensch weiß, daß sein Körper sterblich ist; er weiß, daß der Leib verfällt und unter ihm wegfault. Der Körper ist auf unerbittliche Weise nicht von Dauer, und der Mensch sucht, auf der Flucht vor dem Tod, nur das, was ihm ein Morgen verspricht – in Wahrheit eine Unsterblichkeit von zukünftigen Tagen. Und dabei wird der Körper ausgelassen.
So kommt der Mensch dazu, den heimlichen Wunsch zu nähren, sein Selbst sollte von Dauer, statisch, unveränderlich, unerschütterlich, unverwüstlich sein. Aber das ist ein Merkmal von Symbolen, Begriffen und Ideen; sie sind statisch, unbewegt, unveränderlich und festgelegt. Das Wort »Baum« z. B. bleibt dasselbe Wort, obwohl jeder wirkliche Baum sich verändert, wächst, sich wandelt und stirbt. Da der Mensch diese statische Unsterblichkeit anstrebt, beginnt er, seine Identität um eine *Vorstellung* von sich selbst herum aufzubauen – und dies ist die geistige Abstraktion, die man als »Ich« bezeichnet. Der Mensch will nicht mit seinem Körper leben, denn der ist vergänglich, und daher lebt er nur als sein Ich, ein Bild seiner selbst für sich selbst, und ein Bild, das jeden wahren Bezug zum Tod wegläßt.
So kommt die Ich-Stufe zustande (siehe Abb. 1). Die natürliche Linie zwischen Leib und Seele wird zu einer trügerischen

Grenze, einem befestigten Zaun und einer befestigten Mauer, die das trennt, was in Wirklichkeit untrennbar ist. Und da jede Grenze einen neuen Kampf mit sich bringt, bricht ein neuer Krieg der Gegensätze aus. Die Begierden des Fleisches stehen den Wünschen der Seele feindlich gegenüber, und allzuoft »ist der Geist willig, aber das Fleisch ist schwach«. Der Organismus wird mit sich selbst entzweit und verliert dadurch seine tiefere Integrität. Der Mensch ist nicht mehr in Fühlung mit seinem Gesamtorganismus, und er läßt höchstens eine geistige Vorstellung, ein Selbstbild, dieses Gesamtorganismus zu. Der Mensch verliert zwar nicht ganz den Kontakt zu seinem Körper, er verliert vielmehr den Kontakt zur *Einheit* von Leib und Seele, der Einheit von Gefühl und Aufmerksamkeit, die kennzeichnend ist für den Kentauren. Die ganze Klarheit von Gefühl *und* Aufmerksamkeit wird zerbrochen und verzerrt; an ihrer Stelle bleibt einerseits zwanghaftes Denken, andererseits der abgesonderte Körper zurück.
Wir befinden uns also auf der Ich-Ebene: auf der des Menschen, der sich mit einem geistigen Spiegelbild seines Gesamtorganismus, mit einem Selbstbild, identifiziert. Ein mehr oder weniger richtiges Selbstbild ist aber ein ungenaues Selbstbild. Es läßt Platz für die ganze konventionelle Geschichte des Organismus. Es schließt die kindlichen, die emotionalen, die rationalen wie auch die irrationalen Aspekte des Organismus ein. Es kennt die Stärken und Schwächen des ganzen Organismus. Es besitzt ein Gewissen (oder »Über-Ich«), ein bittersüßes Geschenk von den Eltern, und eine Weltanschauung, die eine persönliche Matrix von Grenzen ist. Ein gesundes Ich integriert und harmonisiert all diese verschiedenen Aspekte.
Gelegentlich ist aber innerhalb des Ichs nicht alles zum Besten bestellt. Aus ungewissen Gründen kann sich ein Individuum weigern, Aspekte seines eigenen Ichs einzubeziehen. Einige Wünsche und Begierden des Ichs wirken so seltsam, bedrohlich oder tabu, daß ein Mensch sich vielleicht weigert, sie zuzugeben. Er fürchtet, einen Wunsch zu *haben,* sei dasselbe, wie nach einem Wunsch zu *handeln,* und das würde so schreckliche

Folgen nach sich ziehen, daß er einfach leugnet, so einen Wunsch jemals gehabt zu haben.
Zum Beispiel hat ein Mensch vielleicht den flüchtigen Wunsch, als einen unwesentlichen Aspekt seiner ichhaften Tendenzen, jemanden tätlich anzugreifen. Nur wenige Menschen haben diese vorübergehenden Wünsche niemals. Aber vor Angst, er könnte diesem Wunsch gemäß handeln, leugnet er einfach, daß es sein Wunsch ist – und vergißt dann, daß er ihn verleugnet hat. »Was, ich? Ich würde an sowas nicht mal denken. Und da das so ist, brauche ich ja den Wunsch auch überhaupt nicht zu leugnen.« Aber ach, der Wunsch bleibt sein Eigentum, und er kann nur so tun, als ob er ihn nicht als seinen anerkenne. In bezug auf die Grenze zwischen Selbst und Nicht-Selbst gehört der tabuierte Wunsch auf die *andere* Seite, oder zumindest scheint es so. Ähnlich werden alle unbeliebten, unverstandenen oder unannehmbaren Ich-Facetten still und leise auf die andere Seite des Zauns geschoben. Und dort verbinden sie sich mit den feindlichen Streitkräften.
Um diese Spaltung im Ich zu veranschaulichen, nehmen wir den eben erwähnten Menschen, der jemanden (sagen wir, seinen Chef) tätlich angreifen möchte, statt dessen aber leugnet, von einem solchen Wunsch auch nur zu wissen. Der Wunsch löst sich dadurch nicht in nichts auf. Er besteht immer noch, aber scheinbar *außerhalb* des Ichs. In der Fachsprache sagt man, der Wunsch wird projiziert. Der Betreffende weiß, jemand ist wütend bis zur Weißglut, aber da es ja offensichtlich nicht er selber ist, muß er sich jemanden suchen. Anders ausgedrückt, der wütende Impuls ist noch da und lebendig, aber da der Betreffende leugnet, daß es seiner ist, kann er ihn nur an der anderen einzig möglichen Stelle finden: bei anderen. Plötzlich scheinen die Leute in seiner Umgebung wütend zu sein, aus unerklärlichen Gründen! Seine Kampflust scheint nun *von* anderen zu kommen und *auf* ihn gerichtet zu sein, anstatt umgekehrt. Aus »Ich hab' eine Wut auf die Welt« wird, wenn man es projiziert, »Die Welt hat eine Wut auf mich«. Begreiflicherweise bekommt der Betreffende Symptome der Niedergeschlagenheit.

Aber noch etwas anderes Wichtiges ist passiert, denn der Mensch ist nun nicht mehr in Fühlung mit all seinen Ich-Tendenzen. Er kann nicht nur seinen Gesamtorganismus nicht *fühlen* (per definitionem das Schicksal aller Iche), er kann nicht einmal an alle Potentiale seines Organismus *denken,* weil einige Gedanken nun geächtet sind. Er kann, anders ausgedrückt, kein richtiges und annehmbares Selbstbild finden. In dem Versuch, es annehmbarer zu machen, hat er sein Selbstbild verzerrt und ist so dahin gelangt, Facetten seiner selbst zu verleugnen. Er entwickelt ein betrügerisches Bild von sich selber, ein falsches Selbstbild. Er entwickelt, kurz gesagt, eine *Persona,* und alle unannehmbaren Aspekte seines Ichs erscheinen ihm als äußerlich, fremd und nicht zu seinem Selbst gehörig. Sie werden als der *Schatten* projiziert. Innerhalb des Ichs wird eine Grenze errichtet, und das Selbstgefühl des Individuums verengt sich infolgedessen – während sein Gefühl von einem bedrohlichen Nicht-Selbst wächst. So entsteht die Persona-Ebene (siehe Schemazeichnung 1 in Kapitel 1.)
Wir sehen also, daß sich das Spektrum des Bewußtseins durch aufeinanderfolgende Grenzen entfaltet. Jedesmal, wenn eine neue Grenze gezogen wird, nimmt das Selbstgefühl des Menschen ab, schrumpft, wird weniger geräumig, eingeengter und beschränkter. Zuerst erscheint die Umwelt, dann der Körper, dann der Schatten als Nicht-Selbst, als etwas, das »da draußen existiert«, als fremdes Objekt und dazu noch als feindliches Objekt, denn jede Grenze ist eine Kampflinie.
Aber all diese »Objekte da draußen« sind einfach nur *Projektionen* des eigenen Seins eines Menschen, und sie können alle als Aspekte des eigenen Selbst wiederentdeckt werden. Der Rest dieses Buches soll diesem Entdeckungsvorgang gewidmet sein. Und jede Entdeckung, obwohl manchmal schmerzlich, ist schließlich eine Freude, denn durch jede Entdeckung, daß ein Objekt da draußen in Wirklichkeit ein Aspekt des eigenen Selbst ist, werden Feinde in Freunde, Kriege in Tänze, Kämpfe in Spiele verwandelt. Der Schatten, der Körper und die ganze Umgebung sind zu einem Teil unseres Unbewußten geworden, – eine Folge unserer phantastischen Träume in einer Welt der

Landkarten und Grenzen, der Gabe Adams an seine schlummernden Söhne und Töchter. Heben wir also die Grenzen auf, damit wir unseren Schatten, unseren Körper und unsere Welt wieder berühren können und auch wissen, daß alles, was wir berühren, im Grunde das ursprüngliche Gesicht unseres eigenen wahren Selbst ist.

7 Die Persona-Ebene: Beginn der Entdeckung

Die Bewegung des Hinabsteigens und der Entdeckung beginnt in dem Augenblick, in dem ein Mesnch bewußt unzufrieden mit dem Leben wird. Im Gegensatz zur Meinung der meisten Fachleute ist diese nagende Unzufriedenheit mit dem Leben kein Zeichen von »seelisch-geistiger« Erkrankung und auch kein Anhaltspunkt für unzureichende soziale Anpassung, auch keine Charakterstörung. Denn versteckt in dieser grundlegenden Unzufriedenheit mit dem Leben und dem Dasein liegt der Keim einer sich entwickelnden Intelligenz, einer besonderen Intelligenz, die gewöhnlich unter dem unermeßlichen Gewicht sozialer Heuchelei begraben liegt. Jemand, der das Leiden des Lebens zu spüren beginnt, fängt gleichzeitig an, sich tieferer, wahrerer Realitäten *bewußt zu werden*. Denn Leiden schlägt das Behagen unserer normalen Erfindungen über die Realität in Stücke und zwingt uns, in einem besonderen Sinn lebendig zu werden – sorgfältig zu schauen, tief zu empfinden, mit uns selber und mit der Welt auf eine Weise in Berührung zu kommen, die wir bisher vermieden haben. Man sagt, und ich glaube, zu Recht, Leiden sei die erste Gnade. In bestimmtem Sinn ist Leiden fast eine Zeit der Freude, denn es ist ein Zeichen für den Beginn schöpferischer Einsicht. Aber es ist nur so in einem bestimmten Sinn. Manche Leute klammern sich an ihr Leiden wie die Mutter an ihr Kind und tragen es wie eine Last, die sie nicht abzusetzen wagen. Sie stellen sich dem Leiden nicht bewußt, sondern krallen sich an es, insgeheim erstarrt in den Krämpfen des Märtyrertums. Man sollte dem Leiden weder die Bewußtwerdung versagen, noch es vermeiden, verachten, glorifizieren, sich an es klammern oder es dramatisieren. Das Auftauchen des Leidens ist nicht so sehr gut als vielmehr ein gutes Zeichen, ein Hinweis darauf, daß man beginnt zu erkennen, daß das Leben außerhalb des Bewußtsein der All-Einheit letzten Endes schmerzlich, quälend und voller Sorgen ist. Das Leben mit Grenzen ist ein Leben der Kämpfe – der Angst, der Furcht, des Schmerzes und schließlich des Todes. Nur durch alle Arten von betäubenden Kompensationen, Zerstreuungen und Beschwörungen bringen wir uns dazu, unsere illusorischen Grenzen, die Wurzel und Ursache des endlosen Kreises der Pein, nicht in Frage zu stellen. Aber früher oder später, wenn wir nicht ganz und gar gefühllos geworden sind, können unsere abwehrenden Kompensationshandlungen ihren Beschwichtigungs- und Verhehlungszweck nicht mehr erfüllen. Infolgedessen beginnen wir, auf die eine oder andere Weise zu leiden, weil unser Bewußtsein schließlich auf das konfliktbringende Wesen unserer falschen Grenzen und auf das von ihnen gehaltene bruchstückhafte Leben gelenkt wird.

Leiden ist also der Anstoß zum Erkennen falscher Grenzen. Richtig verstanden, ist es daher befreiend, denn es weist über alle Grenzen hinaus. Wir leiden also nicht, weil wir krank sind, sondern weil kluge Einsicht aufsteigt. Damit die Geburt der Einsicht nicht fehlschlägt, ist jedoch das richtige Verstehen des Leidens notwendig. Wir müssen es richtig deuten, um in es hineinzugehen, es zu leben und schließlich über es hinaus zu leben. Wenn wir das Leiden nicht richtig verstehen, bleiben wir einfach mittendrin stecken – wir suhlen uns darin, weil wir nicht wissen, was wir sonst tun sollen.

Während der ganzen Menschheitsgeschichte haben Schamanen, Priester, Weise, Mystiker, Heilige, Psychologen und Psychiater versucht zu erklären, auf welche Weise man das Leiden am besten richtig lebt, um über es hinaus zu leben. Sie haben Männer und Frauen mit Einsichten in ihr Leiden konfrontiert, damit sie, mit dem richtigen Verständnis für ihr Leiden, in Freiheit über es hinausgehen können. Aber die von den verschiedenen Seelenärzten angebotenen Einsichten waren nicht immer von derselben Art, tatsächlich widersprechen sie einander oft auf drastische Weise. Die älteren Seelenärzte rieten uns, mit Gott in Fühlung zu kommen; die modernen raten uns, den Kontakt zu unserem Unbewußten herzustellen. Die fortschrittlichen Seelenärzte raten uns, mit unserem Körper leibhaft umzugehen. Die hellsichtigen Seelenärzte raten uns, über den Körper hinauszugehen. Heute stehen unsere Seelenärzte in schreienderem Gegensatz zueinander als jemals vorher, und infolgedessen sind wir im allgemeinen mitten in unserem Leiden gelähmt, verwirrt über seinen Sinn, ratlos sogar, wen wir nach diesem Sinn fragen sollen. Da wir in unserem Leiden erstarrt sind, kommen unsere tieferen Einsichten in die Realität nicht zum Vorschein und können es auch nicht. Wir können nicht bewußt in unser Leiden hineingehen, um die in ihm verborgenen Einsichten freizusetzen.

Wir können unser Leiden nicht mit furchtbarem Ergebnis aushalten, wenn wir nicht wissen, was es *bedeutet, warum* es geschieht. Und wir wissen nicht, was es bedeutet, weil wir keinen Seelenarzt haben, dem wir wahrhaft und vollständig vertrauen können. Es gab Zeiten, in denen wir mit arglosem Vertrauen auf einen Priester oder Weisen oder Schamanen als Seelenarzt bauten, und er lenkte unser Bewußtsein auf Gott. Im letzten Jahrhundert wurde der Priester jedoch weitgehend durch den Psychiater verdrängt; dieser war nun die Autorität, der man vertrauen mußte, wenn man wirklich in Schwierigkeiten war, und dieser neue Priester lenkte die Aufmerksamkeit auf Aspekte der eigenen Seele des Ratsuchenden. Heute jedoch nimmt das Vertrauen zum Psychiater als dem allgemein geachteten Seelenarzt allmählich ab. Modernere, wirksamere und befreiendere Therapien entwikkeln sich. Unsere neuen Seelenärzte kommen aus *Esalen* und *Oasis* und ähnlichen Therapie-Zentren im ganzen Land, und sie revolutionieren das Therapieverständnis, indem sie unsere Aufmerksamkeit auf den ganzen Organismus lenken und nicht nur auf die entkörperlichte Seele. Wir sehen jetzt sogar, wie sich der transpersonale Seelenarzt entwickelt, der unsere Aufmerksamkeit direkt auf das überindividuelle Bewußtsein lenkt. Aber da diese Seelenärzte leider alle verschiedener Meinung sind – wem soll man glauben?

Eine der größten Schwierigkeiten mit dieser allgemeinen Kontroverse darüber, wer Recht hat, ist die, daß Laien und Fachleute gleichermaßen beharrlich zu der Ansicht neigen, diese verschiedenen Seelenärzte gingen von verschiedenen Seiten an den Menschen heran. Aber das ist nicht so. Sie nähern sich vielmehr *verschiedenen Ebenen* des menschlichen Bewußtseins unter verschiedenen Blickwinkeln. Wir haben heute keine Seelenärzte, denen wir aus vollem Herzen trauen können, weil wir meinen, sie alle sprächen von *derselben Ebene* unseres Bewußtseins. Sie scheinen einander daher eindeutig zu widersprechen, zumindest in wesentlichen Punkten, und wir bleiben in dem Widerspruch stecken.

Aber sobald wir die vielschichtige Natur des menschlichen Bewußtseins erkennen, sobald wir verstehen, daß unser Wesen viele Ebenen hat, können wir anfangen zu begreifen, daß die verschiedenen Arten von Therapie tatsächlich deshalb verschieden sind, weil sie sich an diese verschiedenen Schichten der Seele wenden. Wenn wir verstehen, daß die verschiedenen Seelenärzte sich wohlbegründet an verschiedene Ebenen des Bewußtseins wenden, können wir vielleicht aufgeschlossener dem zuhören, was jeder einzelne zu seiner besonderen Ebene zu sagen hat. Und wenn wir auf der betreffenden Ebene leiden, können wir aufmerksam auf das hören, was er uns sagen kann. Er wird uns dann wahrscheinlich helfen, die Bedeutung unserer besonderen Art des Leidens zu erkennen, es bewußt und mit Verständnis und Einsicht zu ertragen, und uns so helfen, über das Leiden hinaus zu leben.

Sobald wir mit dem Bewußtseinsspektrum, mit den verschiedenen Schichten unseres Wesens einigermaßen vertraut werden, erfassen wir vielleicht leichter, auf welcher Ebene wir gegenwärtig leben, ebenso aus welcher Schicht unser Leiden, wenn wir gerade eins haben, stammt. Wir können dann einen Seelenarzt der passenden Art auswählen, einen geeigneten Ansatz zur Beseitigung unseres gegenwärtigen Leidens, und so nicht mehr inmitten dieses Leidens erstarrt verharren.

Zu diesem Zweck wollen wir in den folgenden Kapiteln einige der Hauptschichten des Bewußtseinsspektrums untersuchen. Wir wollen sehen, welche verschiedenen Potentiale und Freuden und Werte jeder Ebene innewohnen, insbesondere wollen wir die verschiedenen Krankheiten, Schmerzen und Symptome betrachten, die aus jeder Schicht entstehen. Wir wollen auch die Haupt-»Therapien« untersuchen, die sich zur Bewältigung der besonderen Leiden entwickelt haben, die den verschiedenen Schichten entstammen. Insgesamt wird dies, wie ich hoffe, dem Leser einen einfachen Maßstab für die Tiefen des Bewußtseins an die Hand geben, der vielleicht dazu beiträgt, ihm einen Weg durch die Erstaunlichkeit seiner eigenen Grenzen zu weisen.

Wir wollen uns durch das Bewußtseinsspektrum von oben nach unten hindurcharbeiten. Dieses Hinabsteigen kann man auf allerlei Arten sinnvoll beschreiben, vom Harmonisieren von Gegensätzen über »Erweiterung« des Bewußtseins bis hin zum Überschreiten von Komplexen, aber im Grunde ist es ein einfaches Auflösen von Grenzen. Wir haben gesehen, daß wir jedesmal, wenn wir eine neue Grenze errichten, unser Selbstgefühl begrenzen, beschränken und einengen, so daß sich unsere frühere Identität zunehmend vom Universum zum Organismus, zum Ich und zur Persona hin verschiebt. Bildlich gesprochen, wird das Selbst immer kleiner, während das Nicht-Selbst immer größer wird. Mit jeder Grenze wird eine weitere Facette des Selbst *projiziert* und erscheint daher als etwas etwas Äußeres, Fremdes, als etwas, das dort draußen, jenseits des Zauns liegt. Eine bestimmte Grenze errichten heißt daher, eine bestimmte Projektion schaffen – eine Facette des Selbst, die nun als Nicht-Selbst erscheint. Ebenso bedeutet aber das Zurücknehmen einer Projektion das Auflösen einer Grenze. Wenn Ihnen klar wird, daß eine Projektion, die »dort draußen« zu existieren schien, in Wirklichkeit eine Spiegelung von Ihnen, ein Teil Ihrer selbst ist, haben Sie diese eine Grenze zwischen Selbst und Nicht-Selbst niedergerissen. Das Feld Ihres Gewahrseins wird also um so viel ausgedehnter, offener, freier und unverteidigt. Sich wirklich mit einem früheren »Feind« zu befreunden und schließlich mit ihm eins zu werden, ist dasselbe wie ein Abschaffen der Kampffront und eine Erweiterung des Territoriums, in dem man sich frei bewegen kann. Diese projizierten Facetten werden Sie nicht mehr bedrohen, weil sie *Sie selbst* sind. Im Spektrum abwärtsgehen bedeutet

also, 1. eine Grenze auflösen, indem man 2. eine Projektion zurücknimmt. Dies geschieht auf jeder Stufe des Abstiegs.
Die meisten Gedanken über Grenzen, Projektion und den Konflikt der Gegensätze werden klarer werden, wenn wir zu konkreten Beispielen übergehen. Dieses Kapitel wird dem Verstehen von Persona und Schatten wie auch den Disziplinen gewidmet sein, die Menschen geholfen haben, von der Persona-Ebene zur Ich-Ebene hinunterzusteigen. Im nächsten Kapitel werden wir uns das Hinuntersteigen von der Ich-Ebene zur Kentauren-Ebene ansehen; im übernächsten Kapitel den Abstieg von der Kentauren-Ebene zur transpersonalen, und schließlich das Hinuntersteigen zum Bewußtsein der All-Einheit. Jedes Kapitel ist im Grunde pragmatisch und dazu bestimmt, dem Leser 1. eine allgemeine Vorstellung von der jeweiligen Ebene, 2. einen erfahrbaren Vorgeschmack von dieser Ebene und 3. eine Einführung in die Arten von »Therapie« zu geben, die heute zur Verfügung stehen und einen Zugang zu dieser Ebene bieten. Diese Kapitel sind nicht dazu bestimmt, jemanden wirklich auf einer bestimmten Ebene heimisch zu machen, sondern lediglich dazu, ihm einen vorläufigen Blick darauf zu gewähren, wie die Therapien auf der betreffenden Ebene aussehen. Um ständig auf einer der tieferen Bewußtseinsebenen zu leben, muß man ziemlich viel arbeiten und lernen. Ich habe deshalb ans Ende dieser Kapitel eine Liste empfehlenswerter Bücher und Therapien gestellt, die sich mit der jeweils besprochenen Ebene befassen.

Beginnen wir dort, wo sich die meisten Menschen in der Falle befinden – auf der *Ebene der Persona*. Die Persona ist ein mehr oder weniger unrichtiges oder verarmtes Selbstbild. Es entsteht, wenn das Individuum versucht, vor sich selbst die Existenz bestimmter eigener Tendenzen wie Wut, Geltungsbedürfnis, erotische Impulse, Freude, Feindseligkeit, Mut, Aggression, Energie, Interesse usw. zu leugnen. Aber so sehr der Mensch auch versuchen mag, diese Tendenzen zu leugnen, sie verschwinden dadurch nicht. Da diese Tendenzen dem einzelnen *gehören,* kann er nur so tun, als gehörten sie jemand anderem, tatsächlich irgendeinem beliebigen Menschen, nur gerade ihm selber nicht. Es gelingt ihm also nicht wirklich, diese Tendenzen zu leugnen, sondern er kann nur leugnen, daß sie sein eigen sind. Es kommt so zustande, daß er wirklich glaubt, diese Tendenzen seien Nicht-Selbst, fremd, draußen. Er hat seine Grenzen *verengt,* um die unerwünschten Tendenzen auszuschließen. Diese entfremdeten Tendenzen werden deshalb als *Schatten* projiziert, und das Individuum identifiziert sich nur noch mit dem, was übriggeblieben ist: mit einem verengten, verarmten und unrichtigen Selbstbild, der Persona. Eine neue Grenze wird errichtet, und ein weiterer Krieg der Gegensätze ist ausgebrochen: zwischen der Persona und ihrem eigenen Schatten.

Das Wesen der Schattenprojektion ist einfach zu verstehen, aber schwer nachzuvollziehen, denn es würgt einige unserer liebsten Illusionen ab. Trotzdem können wir an dem folgenden Beispiel sehen, wie unkompliziert der Vorgang selbst ist.

Jack möchte sehr gern seine Garage aufräumen, die ganz und gar in Unordnung ist; außerdem will und möchte er sie schon seit einiger Zeit saubermachen. Schließlich entscheidet er, nun sei der richtige Zeitpunkt, diese Arbeit hinter sich zu bringen, und nachdem er sich in sein altes Arbeitsgewand geworfen hat, strebt er mit gemäßigter Begeisterung der Garage zu, um ans Werk zu gehen. Jack ist sehr in Fühlung mit seinen eigenen *Antrieben,* weil er weiß, daß dies, trotz der damit verbundenen Arbeit, eindeutig etwas ist, das er tun *will.* Gewiß, ein Teil von ihm will den Saustall nicht beseitigen, aber das wichtige ist, daß *sein Wunsch, die Garage aufzuräumen, größer ist als sein Wunsch, es nicht zu tun* – denn sonst würde er es ja gar nicht tun.

Aber als Jack auf dem Schauplatz ankommt und den unglaublichen Saustall in Augenschein nimmt, der da herrscht, wo seine Garage sein sollte, beginnen seltsame Dinge zu geschehen. Er fängt an, sich das ganze noch einmal zu überlegen. Aber er geht nicht weg. Statt dessen kramt er herum, liest in all den alten Zeitschriften, spielt mit seinem alten Baseballhandschuh, gibt sich Tagträumen hin und tut unruhig herum. Zu dieser Zeit verliert Jack den Kontakt zu seinem Antrieb. Aber wieder ist das Wichtige, daß sein Wunsch, die Garage aufzuräumen, noch vorhanden ist, denn wenn dem nicht so wäre, würde er einfach alles liegenlassen und etwas anderes tun. Er läßt die Arbeit nicht liegen, weil sein Wunsch, sie zu tun, immer noch größer ist als sein Wunsch, sie nicht zu tun. Aber er fängt an, seinen eigenen Antrieb zu vergessen, und darum beginnt er, ihn sich zu entfremden und ihn zu projizieren.

Die Projektion seines Antriebs geht so vonstatten: Jacks Wunsch, die Garage aufzuräumen, ist, wie wir gesehen haben, immer noch vorhanden. Er ist deshalb noch aktiv und verlangt also ständig nach Beachtung, genau wie z. B. Hunger ständig fordert, man solle nach diesem Trieb handeln, indem man etwas ißt. Weil der Wunsch, die Garage aufzuräumen, noch vorhanden und aktiv ist, weiß Jack im Hinterkopf, daß *jemand* will, er solle die Garage aufräumen. Und genau das ist der Grund, warum er dort immer noch herumkramt. Jack weiß, daß jemand möchte, er solle die Garage aufräumen, aber sein Problem ist, daß er zu diesem Zeitpunkt vergessen hat, *wer* es ist. Er wird also allmählich wütend und ärgerlich über das ganze Vorhaben, und während die Stunden sich hinziehen, wird er immer aufgeregter über seine Qualen. Alles, was er nun noch braucht, um die Projektion zu vollenden – d. h. ganz zu vergessen, daß es sein eigener Antrieb war, die Garage aufzuräumen –, ist ein brauchbarer Kandidat, dem er seinen eigenen projizierten Antrieb »aufhängen« kann. Da er weiß, daß ihn jemand drängt, aufzuräumen, und da ihm darüber vor Ärger fast der Kragen platzt, würde er wirklich gern den »anderen« finden, der ihn drängt.

Herein tritt das ahnungslose Opfer: Jacks Frau kommt zufällig an der Garage vorbei, steckt den Kopf herein und fragt arglos, ob er mit dem Aufräumen fertig ist. In einem leichten Wutanfall fährt Jack sie an, sie solle ihn in Ruhe lassen. Denn jetzt glaubt er, nicht *er,* sondern seine *Frau* wolle, daß er die Garage aufräumt. Die Projektion ist vollzogen, denn Jacks eigener Antrieb scheint nun von außen zu kommen. Er hat ihn projiziert, ihn auf die andere Seite des Zauns geschoben, und von dort scheint er ihn anzugreifen.

Jack bekommt daher das Gefühl, seine Frau *setze ihn unter Druck.* Aber das einzige, was er in Wirklichkeit fühlt, ist sein eigener projizierter Antrieb, sein eigener, an die falsche Stelle verlagerter Wunsch, die Garage aufzuräumen. Jack könnte seine Frau anschreien und sagen, er wolle die blöde Garage überhaupt nicht aufräumen, und sie nörgle nur an ihm herum und setze ihn unter Druck. Aber wenn Jack wirklich die Garage nicht aufräumen wollte, wenn er wirklich frei von diesem Antrieb wäre, hätte er einfach geantwortet, er habe es sich anders überlegt, und er werde sie ein andermal aufräumen. Aber das tat er nicht, denn im Hinterkopf wußte er, »jemand« wolle wirklich, daß diese Garage aufgeräumt werde, aber da er es »nicht war«, mußte es jemand anders sein. Die Ehefrau ist natürlich ein geeigneter Kandidat, und als sie den Schauplatz betritt, wirft er seinen projizierten Antrieb auf sie.

Kurzum, Jack hat seinen eigenen Antrieb projiziert und hat ihn daher als *äußeren Antrieb* erlebt, als etwas, das von außen kommt. Eine andere Bezeichnung für den äußeren Antrieb ist *Druck.* Tatsächlich wird jeder Mensch, wenn er irgendeine Art von Trieb oder Antrieb projiziert, Druck empfinden, er fühlt, wie sein eigener Antrieb von außen auf ihn eindringt. Außerdem – und hier blinzeln die meisten Leute in äußerster Ungläubigkeit – ist *jeder* Druck das Ergebnis projizierter Antriebe. Beachten Sie, daß bei unserem Beispiel Jack, wenn er nicht den Antrieb gehabt hätte, die Garage aufzuräumen, keinen Druck von seiten seiner Frau hätte empfinden können. Er wäre in bezug auf die Situation völlig ruhig gewesen und hätte gesagt, er habe heute keine Lust dazu oder er habe es sich anders überlegt. Statt dessen fühlte er sich unter Druck gesetzt! Aber er fühlte nicht wirklich einen Druck, den seine Frau auf ihn ausübte – er fühlte den Druck, den sein eigener Antrieb bewirkte. Kein Antrieb, kein Druck. Jeder Druck ist im Grunde der verschobene eigene Antrieb eines Menschen.

Aber was wäre, wenn die Frau in die Garage gekommen wäre und tatsächlich verlangt hätte, Jack solle sie aufräumen? Das hätte doch gewiß die ganze Sachlage verändert? Wenn Jack sich dann unter Druck gesetzt gefühlt hätte, wäre es dann nicht gewesen, weil seine Frau ihn drängte? Würde Jack dann nicht den von ihr ausgehenden Druck und nicht seinen eigenen empfinden? In Wirklichkeit ändert dies die Sachlage überhaupt nicht. Es würde Jack lediglich dadurch erleichtert, ihr seine Projektion anzuhängen. Wir sagen, sie ist ein guter »Haken«, weil sie *dieselbe* Tendenz zeigt, die Jack gerade auf sie projizieren will. Das machte es für Jack ach so einladend, seinen Antrieb auf seine Frau zu projizieren, aber es ist immer noch *sein* Antrieb. Er muß diesen Antrieb haben und er muß ihn projizieren, sonst ist einfach kein *Gefühl* des Druckes da. Seine Frau könnte ihn tatsächlich unter Druck setzen, irgendwas zu tun, aber er fühlt sich nicht wirklich unter Druck, falls er es nicht *auch* tun will und es *dann* projiziert. Seine Gefühle sind einfach das – *seine* Gefühle.

Auf dieser Ebene werden also Therapeuten darauf hinweisen, daß der Mensch, der sich ständig unter Druck fühlt, einfach mehr Schwung und Energie hat, als er weiß. Wenn er diese Antriebe nicht hätte, wäre es ihm gleichgültiger. Der Kluge lernt also, immer wenn er sich einem Wunsch ausgesetzt fühlt – sei es vom Chef, vom Partner, von der Schule, von Freunden, Mitarbeitern oder Kindern –, diese Gefühle des Drucks als *Signal* dafür zu benützen, daß er Energien und Antriebe hat, deren er sich nicht bewußt ist. Er lernt »ich fühle mich unter Druck« zu übersetzen in »ich habe mehr Energie, als ich weiß«. Sobald er erkennt, daß alle Druckgefühle seine eigenen unbeachteten Antriebe sind, kann er von neuem beschließen, ob er seinen Antrieben gemäß handeln soll, ober ob er es aufschieben soll. Aber was er auch beschließt, er weiß am Ende, daß es sich um *seinen* Antrieb handelt.

Der Grundmechanismus der Projektion selbst ist also ziemlich einfach. Ein Impuls (wie z. B. ein Trieb, Wut oder Verlangen), der *in Ihnen* aufsteigt und natürlicherweise auf die Umwelt *gerichtet* ist, erscheint, *wenn er projiziert wird,* als Impuls, der seinen Ursprung *in der Umwelt* hat und *auf Sie* gerichtet ist. Es ist eine Bumerang-Wirkung, und Sie prügeln sich schließlich selber mit ihrer eigenen Energie. Sie drängen nicht mehr zum Handeln, sondern Sie fühlen sich zum Handeln gedrängt. Sie haben den Impuls auf die andere Seite der Grenze zwischen Selbst und Nicht-Selbst geschoben, und so greift er Sie natürlich von außen an, anstatt Ihnen zu helfen, die Umwelt anzugreifen.

Wir sehen also, daß die Schattenprojektion zwei Hauptfolgen hat. Erstens meinen Sie, Ihnen selbst fehle der projizierte Impuls, die projizierte Eigenschaft oder Tendenz völlig, und zweitens scheint er (sie) »dort draußen«, in der Umwelt, gewöhnlich in anderen Menschen, zu existieren. Das Selbst wird verringert, das Nicht-Selbst wird vermehrt. Aber so unbehaglich dies auch sein kann – der Projizierende pflegt seine irrige Ansicht von der Realität nachdrücklich zu verteidigen. Wenn Sie sich Jack näherten, während er gerade seine arglose Frau anschreit, und versuchten ihm zu erklären, sein Gefühl, unter Druck gesetzt und benörgelt zu werden, sei in Wirklichkeit sein eigener Antrieb, würden Sie wahrscheinlich geschlagen werden. Denn es ist für das Individuum höchst wichtig, zu *beweisen,* daß seine Projektionen wirklich dort draußen sind und es bedrohen.

Jedenfalls haben die meisten Menschen einen sehr starken *Widerstand* dagegen, zuzugeben, daß ihre projizierten Impulse und Eigenschaften *ihre eigenen* sind. Widerstand ist tatsächich eine Hauptursache der Projektion. Ein Mensch hat Widerstände gegen seinen Schatten, gegen die ungeliebten Aspekte seiner selbst, und deshalb projiziert er sie. Wo immer eine Projektion ist, lauert also immer ganz in der Nähe auch irgendein Widerstand. Manchmal ist dieser Widerstand gering, manchmal heftig, aber nirgends ist sein Wirken offenkundiger als bei der verbreitetsten Form der Projektion, der Hexenjagd.

Fast jeder hat das eine oder andere Mal eine Hexenjagd irgendeiner Art gesehen, von ihr gehört oder an ihr teilgenommen. So grotesk diese Dinge auch sein können, so veranschaulichen sie doch die Katastrophen der Projektion und die hartnäckige Blindheit von Menschen gegen ihre eigenen Schwächen. Zugleich bietet die Hexenjagd das deutlichste Beispiel der Wahrheit der

Projektion, der Wahrheit, daß wir an anderen jene Dinge und nur jene Dinge verabscheuen, die wir insgeheim an uns selber verabscheuen.

Die Hexenjagd beginnt, wenn jemand einen Zug oder eine Tendenz in sich aus den Augen verliert, die er als übel, satanisch, dämonisch oder zumindest als verächtlich beurteilt. In Wirklichkeit kann diese Tendenz oder dieser Zug das Unwichtigste von der Welt sein – ein wenig menschliche Perversität, Streitsucht oder Schuftigkeit. Wir haben alle eine dunkle Seite. Aber »dunkle Seite« bedeutet nicht »schlechte Seite«; es bedeutet nur, daß wir alle einen kleinen schwarzen Kern haben (»Es ist ein klein wenig Diebstahl in jedermanns Herz«), der, wenn wir ihn ziemlich gut kennen und annehmen, in Wirklichkeit sehr zur Würze des Lebens beiträgt. Nach hebräischer Überlieferung hat Gott selbst von Anfang an diese unberechenbare, launische oder perverse Tendenz in alle Menschen hineingelegt, vermutlich, um die Menschheit daran zu hindern, an Langeweile zugrunde zu gehen.

Der Hexenjäger glaubt jedoch, er habe keinen kleinen schwarzen Kern. Er legt sich in gewissem Maß einen eigenartigen Anstrich von Rechtschaffenheit zu. Es ist nicht so, daß ihm der kleine schwarze Kern fehlt, wie er gern glauben und andere glauben machen möchte, sondern sein kleiner schwarzer Kern ist ihm höchst unbehaglich. Er leistet ihm im eigenen Inneren *Widerstand,* versucht, ihn zu leugnen und ihn hinauszuwerfen. Aber er bleibt, wie er muß; er bleibt *sein* und schreit hartnäckig nach Beachtung. Je mehr sein kleiner schwarzer Kern nach Aufmerksamkeit verlangt, desto mehr wächst sein Widerstand gegen ihn. Je mehr Widerstand er leistet, desto mehr Kraft wächst ihm zu, und um so mehr fordert der schwarze Kern seine Beachtung. Schließlich beginnt der Betroffene, weil er ihn nicht mehr leugnen kann, ihn zu sehen. Aber er sieht ihn auf die einzige Weise, die ihm möglich ist – als etwas, das anderen Menschen innewohnt. Er weiß, daß *irgend jemand* einen kleinen schwarzen Kern hat, aber da er es einfach nicht sein kann, muß es jemand anders sein. Nun muß er nur noch diesen anderen finden, und das wird zu einer höchst wichtigen Aufgabe, denn wenn er niemanden finden kann, auf den er seinen Schatten projizieren kann, bleibt ihm nichts übrig, als ihn selbst zu behalten. Hier sehen wir, wie der Widerstand seine entscheidende Rolle spielt. Denn genauso, wie der Mensch einst seinen eigenen Schatten mit ungezügelter Leidenschaft gehaßt und ihm Widerstand geleistet hat und ihn mit jedem Mittel auszulöschen suchte, verachtet er nun, mit derselben Leidenschaft, jene, auf die er seinen eigenen Schatten projiziert.

Manchmal nehmen diese Hexenjagden entsetzliche Dimensionen an – so die Judenverfolgung bei den Nazis, die Hexenprozesse von Salem, die Verfolgung Schwarzer als Sündenböcke durch den Ku Klux Klan. Man beachte jedoch, daß in all solchen Fällen der Verfolger die Verfolgten gerade wegen jener Eigenschaften haßt, die er selber mit offenkundig unzivilisierter Heftigkeit an den Tag legt. Zu anderen Zeiten erscheint die Hexenjagd in weniger erschreckendem Ausmaß – z. B. in Form der während des Kalten Krieges verbreiteten Furcht, unter jedem Bett könnte sich ein Kommunist verborgen halten. Und oft äußert sie sich auch in komischer Form – als unaufhörlicher Klatsch über alle anderen Leute, der einem viel mehr über den Klatschsüchtigen sagt als über das Objekt des Klatsches. Aber all diese Beispiele zeigen Individuen, die sich verzweifelt bemühen, zu beweisen, daß ihr eigener Schatten anderen gehört.

Viele Männer und Frauen ergehen sich in Tiraden darüber, wie abstoßend Homosexuelle sind. Ungeachtet dessen, wie anständig und vernünftig sie sich sonst zu benehmen versuchen, werden sie bei jedem Homosexuellen ganz unversehens von Abscheu ergriffen, und in einem emotionalen Exzeß empfehlen sie etwa, man solle den Homos die Bürgerrechte absprechen (oder Schlimmeres). Aber warum haßt ein solcher Mensch Homosexuelle so leidenschaftlich? Seltsamerweise haßt er den Homosexuellen nicht, weil er homosexuell ist; er haßt ihn, weil er in dem Homosexuellen etwas sieht, was er, wie er insgeheim fürchtet, selber werden könnte. Seine eigenen natürlichen, unvermeidlichen oder geringfügigen homosexuellen Tendenzen sind ihm

höchst unbehaglich; daher projiziert er sie. So beginnt er allmählich, die homosexuellen Neigungen anderer zu hassen – aber nur deswegen, weil er sie zuerst in sich selbst haßt.
Und so geht in der einen oder anderen Form die Hexenjagd vor sich. Wir hassen andere, »weil« sie, wie wir sagen, schmutzig, dumm, pervers, unmoralisch sind . . . Sie sind vielleicht genauso, wie wir sagen – oder auch nicht. Das ist jedoch völlig unerheblich, denn wir *hassen* sie nur, wenn wir selbst, ohne es zu wissen, die verachteten Eigenschaften besitzen, die wir ihnen zuschreiben. Wir hassen sie, weil sie uns ständig an Aspekte unserer selbst erinnern, die wir nur äußerst ungern zugeben würden.
Wir fangen an, ein wichtiges Anzeichen für Projektion zu erkennen. Jene Objekte in der Umwelt (Menschen oder Dinge), die uns stark *berühren,* anstatt uns einfach nur *zur Kenntnis zu gelangen,* sind gewöhnlich unsere eigenen Projektionen. Objekte, die uns lästig sind, uns aufregen, uns abstoßen oder, am anderen Extrem, uns anziehen, einen Zwang auf uns ausüben, von denen wir besessen sind – sind gewöhnlich Spiegelungen des Schattens. Wie ein alter Spruch besagt:

> Ich schaute und schaute, und was nahm ich wahr?
> Was ich für dich, für dich hielt,
> war in Wirklichkeit ich und ich.

Mit diesem grundlegenden Verständnis des Schattens können wir nun auch einige andere weit verbreitete Projektionen auflösen. Genau wie Druck projizierter Antrieb ist, so ist Verpflichtung projizierter Wunsch. Das heißt, hartnäckige Gefühle des Verpflichtetseins sind ein Signal dafür, daß man etwas tut, von dem man nicht zugeben will, daß man es tun *möchte*. Gefühle der Verpflichtung, Gefühle des »ich muß, um *deinetwillen*«, entstehen meist in der Familiensituation. Die Eltern fühlen sich verpflichtet, für die Kinder zu sorgen, der Ehemann fühlt sich verpflichtet, die Ehefrau zu ernähren, die Ehefrau fühlt sich verpflichtet, es dem Ehemann bequem zu machen usw. Die Menschen bekommen am Ende jedoch Ressentiments gegen Verpflichtungen, gleichgültig, wie vergnüglich sie einem

Außenstehenden erscheinen mögen. Wenn diese Ressentiments wachsen, wird das Individuum wahrscheinlich seine Zuflucht bei der Hexenjagd suchen, und so gelangen Mann und Frau schließlich zum Medizinmann, den man allgemein als Eheberater bezeichnet.

Wer das Gefühl hat, schrecklich verpflichtet zu sein, dies und das zu tun, projiziert einfach nur seinen eigentlichen Wunsch, dies oder das zu tun. Aber gerade dies will er nicht zugeben (in seinem Widerstand gegen den Schatten). Tatsächlich erzählt er einem genau das Gegenteil: er behauptet, er fühle sich verpflichtet, weil er in Wirklichkeit dies und das *nicht* tun möchte. Aber das kann nicht ganz wahr sein, denn wenn er wirklich gar nicht den Wunsch hätte, zu helfen, würde er sich überhaupt nicht verpflichtet fühlen. Es wäre ihm ganz und gar gleichgültig! Es ist nicht so, daß er nicht helfen will, es ist so, daß er es möchte, dies aber nicht eingestehen will. Er will anderen helfen, aber da er diesen Wunsch projiziert, hat er nun das Gefühl, *andere* hätten den Wunsch, er solle helfen. Verpflichtung ist also nicht die Last der Forderungen anderer, sondern die Last der eigenen uneingestandenen Freundlichkeit.

Untersuchen wir noch eine weit verbreitete Projektion. Vielleicht ist nichts peinlicher als das Gefühl akuter Befangenheit, das Gefühl, alle starrten einen an. Vielleicht müssen wir eine Rede halten oder in einem Theaterstück mitspielen oder einen Preis entgegennehmen, und wir erstarren, weil wir das Gefühl haben, alle sähen uns an. Aber viele Menschen werden in der Öffentlichkeit nicht befangen. Also muß das Problem nicht in der Situation selbst, sondern in etwas liegen, das wir in der Situation tun. Und wie viele Therapeuten sagen, projizieren wir nun unser eigenes Interesse in andere hinein, so daß *jedermann* an uns interessiert zu sein scheint. Anstatt aktiv zu schauen, fühlen wir uns angeschaut. Wir geben den Zuschauern unsere Augen, so daß ihre natürliche Anteilnahme an uns übermäßig zu einer Unmenge von Interesse aufgeblasen wird, die auf uns persönlich gerichtet ist und jede Bewegung, jede Einzelheit, jede Handlung beobachtet. Und natürlich erstarren wir dann, und wir bleiben in dieser

Erstarrung, bis wir es wagen, die Projektion zurückzunehmen – hinzuschauen, anstatt uns angeschaut zu fühlen, Beachtung zu schenken, anstatt von ihr traktiert zu werden.
Stellen Sie sich in derselben Richtung einmal vor, was geschehen könnte, wenn jemand ein wenig Feindseligkeit, ein wenig von seinem Verlangen projizierte, die Umwelt aggressiv anzugreifen. Er hätte das Gefühl, die Leute seien ihm gegenüber unnötig feindselig und provozierend, und er würde infolgedessen allmählich eingeschüchtert, ängstlich, vielleicht sogar entsetzt von der Menge aggressiver Energien, die sich auf ihn konzentrieren. Aber diese Angst wäre das Ergebnis nicht der Umgebung, sondern seiner Projektion von Feindseligkeit in die Umgebung. So ist in den meisten Fällen die unrealistische Angst eines Menschen vor anderen oder vor bestimmten Orten nur ein Signal, ein Hinweis, daß er wütend und feindselig ist, aber nichts davon weiß.
In ähnlicher Weise ist eine der häufigsten Klagen von Menschen, die psychologische Beratung suchen, sie fühlten sich abgelehnt. Sie meinen, niemand habe sie wirklich gern, niemandem liege etwas an ihnen oder jeder sei ihnen gegenüber höchst kritisch. Oft haben sie das Gefühl, dies sei doppelt ungerecht, denn im Grunde hätten sie jedermann gern. Sie meinen, ihnen selbst fehle so gut wie jede Tendenz, andere abzulehnen. Sie tun, was sie können, um anderen gegenüber freundlich und unkritisch zu sein. Aber dies sind genau die beiden Kennzeichen der Projektion: Einem selbst fehlt die (kritisierte, unerwünschte) Eigenschaft, und alle anderen haben sie in Mengen. Aber, wie jedes Kind weiß: »Seine eigenen Artgenossen erkennt man am besten.« Der Mench, der das Gefühl hat, alle lehnten ihn ab, ist in Wirklichkeit jemand, der sich seiner eigenen Neigungen, andere abzulehnen und zu kritisieren, total unbewußt ist. Diese Neigungen können ein unwesentlicher Aspekt seiner Gesamtpersönlichkeit sein, aber wenn er sich ihrer nicht bewußt ist, pflegt er sie auf *jeden* zu projizieren, den er sieht und kennt. Das vervielfältigt den ursprünglichen Impuls, und daher beginnt die Welt so auszusehen, als sei sie ihm gegenüber unheilvoll kritisch, und zwar in einem Maß, das einfach nicht gegeben ist.

Das Wesentliche ist – und das gilt für alle Projektionen –, daß vielleicht wirklich manche Leute Ihnen gegenüber sehr kritisch sind. Aber das wird Sie nicht überwältigen, wenn Sie nicht zu ihrer realen Kritik Ihre eigene *projizierte* Kritik hinzufügen. Also wäre es klug, wenn Sie jedesmal, wenn Sie starke Minderwertigkeitsgefühle und Gefühle des Abgelehntwerdens haben, *zuerst* nach einer Projektion fahnden und zugeben würden, daß Sie der Welt gegenüber ein klein wenig kritischer sein können, als Ihnen bewußt ist.

Es sollte mittlerweile klar sein, daß die Schattenprojektion nicht nur unser Bild von der Realität »dort draußen« verzerrt, sondern auch unser Selbstgefühl »hier drinnen« stark verändert. Wenn ich ein Gefühl oder eine Eigenschaft als Schatten projiziere, nehme ich sie immer noch wahr, aber nur auf verzerrte und trügerische Weise – sie erscheinen als »Objekt dort draußen«. Ebenso *fühle* ich den Schatten immer noch, aber nur verzerrt und verkleidet – sobald der Schatten projiziert wird, *fühle* ich ihn nur als ein *Symptom*.

Wenn ich also, wie wir gerade gesehen haben, meine eigene Feindseligkeit gegen andere projiziere, bilde ich mir ein, andere hegten feindselige Gefühle gegen mich; ich fange also an, eine schleichende Angst vor Menschen im allgemeinen zu empfinden. Meine ursprüngliche Feindseligkeit ist mein projizierter Schatten geworden. Ich »sehe« sie nur bei anderen, und in mir nehme ich sie nur als das Symptom der Angst wahr. Mein Schatten ist mein Symptom geworden. Wenn ich also versuche, meinen Schatten hinauszuwerfen, werde ich nicht frei von ihm. Ich bleibe nicht mit einer freien Stelle, einer Lücke oder einer Leere in meiner Persönlichkeit zurück. Mir bleibt ein Symptom, eine schmerzliche Mahnung daran, daß ich mir einer Facette meiner selbst nicht bewußt bin. Zudem werde ich, wenn mein Schatten erst einmal zu meinem Symptom geworden ist, *mein Symptom so bekämpfen, wie ich einst meinen Schatten bekämpft habe*. Wenn ich versuche, irgendeine meiner eigenen Tendenzen (Schatten) zu leugnen, treten diese Tendenzen als Symptome zutage, und dann verabscheue ich die Symptome mit derselben Kraft, wie ich einst

den Schatten verabscheut habe. Ich werde wahrscheinlich sogar versuchen, meine Symptome (Zittern, Minderwertigkeitsgefühle, Depression, Angst usw.) vor anderen zu verbergen, genauso, wie ich früher versucht habe, meinen Schatten vor mir selbst zu verstecken.
Also enthält jedes Symptom – eine Depression, Angst, Langeweile oder Furcht – irgendeine Facette des Schattens, eine projizierte Emotion oder einen Zug oder eine Eigenschaft. Wir müssen verstehen, daß unsere Symptome, so unangenehm sie sein mögen, nicht mit Widerstand belegt, gering geschätzt oder vermieden werden dürfen, denn sie enthalten den Schlüssel zu ihrer eigenen Auflösung. Ein Symptom bekämpfen heißt lediglich, den in dem Symptom enthaltenen Schatten bekämpfen, und das ist es ja gerade, was am Anfang das Problem verursacht hat.
Als ersten Schritt in der Therapie auf dieser Ebene müssen wir Platz schaffen für unsere Symptome, ihnen Raum geben, tatsächlich beginnen, uns mit den unangenehmen Gefühlen, Symptome genannt, zu befreunden, die wir bisher verachtet haben. Wir müssen bewußt mit unseren Symptomen Fühlung aufnehmen und sie, so gut wir können, offen annehmen. Das bedeutet, daß wir uns *gestatten,* uns deprimiert, ängstlich, abgelehnt, gelangweilt, gekränkt oder verwirrt zu fühlen. Es bedeutet, daß wir dort, wo wir früher diesen Gefühlen auf alle Arten Widerstand geleistet haben, ihnen nun einfach erlauben, sich zu zeigen. Ja, wir ermutigen sie aktiv. Wir laden das Symptom zu uns nach Hause ein, wir lassen es sich frei bewegen und frei atmen, während wir einfach versuchen, seiner in der ihm eigenen Form gewahr zu bleiben. Das ist, ganz einfach, der erste Schritt in der Therapie, und in vielen Fällen ist nichts weiter nötig, denn in dem Moment, in dem wir ein Symptom wirklich annehmen, nehmen wir auch einen großen Teil des im Symptom verborgenen Schattens an. Meist verschwindet dann das Problem.
Wenn das Symptom andauert, gehen wir zum zweiten Schritt der Therapie auf der Persona-Ebene über. Die Anweisungen für den zweiten Schritt sind einfach, aber seine Ausführung verlangt Zeit und Ausdauer. Wir *übersetzen* lediglich bewußt jedes Symptom

zurück in seine ursprüngliche Form. Als »Wörterbuch« für diese Übersetzung könnten Sie die in diesem Kapitel (siehe Tabelle 1) und in den empfohlenen Büchern angegebenen allgemeinen Richtlinien benützen. Der Kern dieses zweiten Schrittes besteht in der Erkenntnis, daß jedes Symptom einfach ein *Signal* (oder Symbol) für eine unbewußte Schattentendenz ist. So empfinden Sie vielleicht, daß Sie bei der Arbeit sehr stark unter Druck stehen. Nun ist, wie wir gesehen haben, das *Symptom* des Druckes immer ein Hinweis, ein einfaches *Signal* dafür, daß Sie in der Arbeit mehr Schwung haben, als Sie wissen oder zugeben mögen. Vielleicht wollen Sie sich Ihr wirkliches Interesse und Verlangen nicht offen eingestehen, so daß Sie in anderen für all die undankbaren Arbeitsstunden, die Sie »zu ihren Gunsten« leisten »müssen«, Schuldgefühle erzeugen können. Oder Sie haben vielleicht den Wunsch, sich mit Ihrer »selbstlosen« Hingabe einen »höheren Lohn« einzuhandeln. Oder Sie haben ganz arglos Ihre Antriebe aus den Augen verloren. Was auch der Grund sein mag, das Symptom des Drucks ist ein sicheres Zeichen dafür, daß Sie eifriger, begieriger sind, als Sie wissen. So können Sie das Symptom in seine ursprüngliche und richtige Form zurückübersetzen: »Ich muß« wird zu »ich will«.

Übersetzung ist der Schlüssel zur Therapie. Um z. B. Druck loszuwerden, brauchen Sie keinen Antrieb zu erfinden oder zu versuchen, einen Antrieb zu fühlen, der gar nicht da ist, oder Antriebe heraufzubeschwören, an denen es Ihnen im Augenblick zu fehlen scheint. Ich sage nicht, daß Sie keinen Druck empfinden werden, wenn Sie sich zwingen können, Eifer für eine Aufgabe und Interesse an ihr zu fühlen. Ich sage, daß – *wenn* Sie Druck empfinden – der notwendige Antrieb *schon vorhanden,* aber als Symptom des Drucks verkleidet ist. Sie brauchen keine Antriebe heraufzubeschwören und sie neben die Druckgefühle zu stellen. Diese sind schon der Antrieb, den Sie brauchen. Sie müssen einfach nur diese Druckgefühle beim ursprünglichen und richtigen Namen nennen: Antrieb. Es ist eine einfache Übersetzung, keine Neuschöpfung.

TABELLE I

DIE ALLGEMEINE BEDEUTUNG VERSCHIEDENER SCHATTENSYMPTOME

Ein Wörterbuch für die Rückübersetzung von Symptomen in ihre ursprünglichen Schattenformen

Das Symptom, rückübersetzt in:	*Seine ursprüngliche Schatten-Form:*
Druck	Antrieb, Eifer, Verlangen
Ablehnung (»niemand mag mich«)	»Ich würde sie nicht mal grüßen!«
Schuldgefühle (»Du machst mir Schuldgefühle«)	»Ich bin wütend wegen deiner Forderungen«
Angst	Erregung
Verlegenheit (»Alle sehen mich an«)	»Ich habe mehr Interesse an Leuten, als ich weiß«
Impotenz/Frigidität	»Ich gönne ihm/ihr die Befriedigung nicht«.
Furcht (»Sie wollen mir was tun«)	Feindseligkeit (»Ich bin wütend und aggressiv, ohne es zu wissen«)
Traurigkeit	Wut!
Rückzug	»Ich stoße alle weg!«
»Ich kann nicht!«	»Ich will nicht, verdammt nochmal!«
Verpflichtung (»Ich muß«)	Verlangen (»Ich möchte gern«)
Haß (»Ich verabscheue dich wegen . . .«)	Autobiographisches Geschwätz (»Ich kann mich selber wegen . . . nicht leiden«)
Neid (»Du bist so großartig«)	»Ich bin ein bißchen besser, als ich selber weiß«

Also sind Symptome, genau auf diese Weise – weit davon entfernt, unerwünscht zu sein – Gelegenheiten zu persönlichem Wachstum. Symptome zeigen sehr genau auf Ihren unbewußten Schatten; sie sind unfehlbare Signale einer projizierten Tendenz. Durch Ihre Symptome finden Sie Ihren Schatten, und durch Ihren Schatten finden Sie zur Weiterentwicklung und zur Erweiterung von Grenzen, einen Weg zu einem richtigen und annehmbaren Selbstbild. Sie sind, kurz gesagt, von der Persona-Ebene zur Ich-Ebene hinuntergestiegen. Es ist fast so einfach wie dies: Persona + Schatten = Ich.

Es wäre nachlässig von mir, wollte ich dieses Kapitel abschließen, ohne einen einfachen Schlüssel zum Verständnis des Wesens der therapeutischen Arbeit anzubieten, die auf dieser Ebene zu tun ist. Wenn Sie den Fachjargon eines Schattentherapeuten außer acht lassen und nur der allgemeinen Richtung seiner Aussagen lauschen, werden Sie feststellen, daß das, was er sagt, einem bestimmten Muster folgt. Wenn Sie sagen, Sie liebten Ihre Mutter, wird er sagen, daß Sie sie unbewußt hassen. Wenn Sie sagen, Sie haßten Sie, wird er sagen, daß Sie sie unbewußt lieben. Wenn Sie sagen, Sie könnten das Depressivsein nicht ausstehen, wird er sagen, in Wirklichkeit strebten Sie danach. Wenn Sie sagen, Sie haßten es, gedemütigt zu werden, wird er sagen, insgeheim liebten Sie es. Wenn Sie sich leidenschaftlich für einen religiösen, politischen oder ideologischen Feldzug engagieren, um andere zu Ihren Anschauungen zu bekehren, wird er Ihnen zu verstehen geben, daß Sie in Wirklichkeit gar nicht an das alles glauben, und daß Ihr Feldzug lediglich ein Versuch ist, Ihr eigenes ungläubiges Selbst zu bekehren. Wenn Sie ja sagen, sagt er nein. Wenn Sie auf sagen, sagt er ab. Wenn Sie Miau sagen, sagt er Wauwau. Und wenn Sie dann sagen, Sie hätten schon immer vermutet, daß Sie Psychologen haßten, und nun seien Sie ganz sicher, wird er sagen, in Wirklichkeit seien Sie ein frustrierter Psychologe, und insgeheim beneideten Sie alle Therapeuten.

Das fängt an, albern zu klingen, aber unter all der scheinbar gewundenen Logik *konfrontiert Sie* der Therapeut, ob er es merkt oder nicht, *mit Ihren eigenen Gegensätzen.* Wir können alle Beispiele in diesem Kapitel unter diesem Blickwinkel betrachten, und tatsächlich war sich in jeder der angeführten Situationen der Betroffene jeweils nur einer Seite der Gegensätze bewußt. Er weigerte sich, *beide* Seiten des Gegensatzpaares zu sehen, die Einheit dieser Polaritäten zu erkennen. Da die Gegensätze nur als Paar existieren können, schickt man, wenn man sich nicht beider Pole bewußt ist, den abgelehnten in den Untergrund. Man macht ihn unbewußt und projiziert ihn daher. Man schafft, eine Grenze zwischen den beiden Seiten eines Gegensatzpaares und ruft so einen Kampf hervor. Aber dieser Kampf kann nie gewonnen werden, nur ständig auf die eine oder andere schmerzliche Weise verloren, weil jede der beiden Seiten in Wirklichkeit jeweils ein Aspekt der anderen ist.

Der Schatten besteht also einfach aus den unbewußten Gegenteilen dessen, was man an sich selber bewußt akzeptiert. Eine einfache Art und Weise, mit dem eigenen Schatten Kontakt aufzunehmen, ist die, gerade das Gegenteil von dem anzunehmen, was man im Moment bewußt beabsichtigt, wünscht oder begehrt. Das zeigt einem genau, wie der eigene Schatten die Welt ansieht, und mit dieser Anschauung sollte man sich befreunden. Das bedeutet nicht, daß man gemäß dem Gegensätzlichen *handeln,* sondern nur, daß man sich seiner bewußt sein sollte. Wenn Sie das Gefühl haben, jemanden stark zu verabscheuen, seien Sie sich der Seite Ihrer selbst bewußt, die den Betreffenden gern hat. Wenn Sie bis über beide Ohren verliebt sind, machen Sie sich den Teil Ihrer selbst bewußt, der höchst gleichgültig ist. Wenn Ihnen ein bestimmtes Gefühl oder Symptom verhaßt ist, nehmen Sie bewußt jenen Aspekt Ihrer selbst wahr, der dies insgeheim genießt. In dem Augenblick, in dem Sie sich Ihrer Gegensätzlichkeiten wirklich bewußt sind, sowohl der positiven als auch der negativen Gefühle gegenüber irgendeiner Situaton, fallen viele mit dieser Situation verbundene Spannungen weg, weil der Kampf der Gegensätze, der die Spannungen erzeugt hat, sich auflöst. Andererseits spalten Sie in dem Augenblick, in dem Sie die Einheit der Gegensätze aus den Augen verlieren, das Bewußtsein von den beiden Seiten in Ihnen selbst, die Pole, auseinander, errichten eine Grenze zwischen ihnen und machen so den abgelehnten Teil unbewußt, von wo er zurückkehrt, um Sie als Symptom zu quälen. Da die Gegensätze immer eine Einheit sind, können sie nur durch Unbewußtheit – durch selektive Nichtbeachtung – getrennt werden.

Wenn Sie beginnen, Ihre Gegensätze, Ihren Schatten, Ihre Projektionen zu erforschen, werden Sie mit der Zeit feststellen, daß Sie Verantwortung für Ihre eigenen Gefühle und Ihre Geistesverfassung übernehmen. Sie werden allmählich erkennen, daß die Kämpfe zwischen Ihnen und anderen Menschen in Wirklichkeit Kämpfe zwischen Ihnen selbst und Ihren projizierten Gegensätzen sind. Sie werden sehen, daß Ihre Symptome nicht etwas sind, was die Umwelt Ihnen antut, sondern etwas, was Sie sich selbst antun – als übertriebenen Ersatz für das, was Sie in Wirklichkeit anderen antun würden. Sie werden finden, daß Menschen und Ereignisse Sie nicht aufregen, sondern für Sie nur Anlässe sind, sich selber aufzuregen. Es ist eine großartige Erleichterung, wenn Sie zum ersten Mal begreifen, daß Sie selbst Ihre eigenen Symptome hervorbringen, weil das zugleich bedeutet, daß Sie *aufhören* können, diese Symptome zu erzeugen, indem Sie sie in ihre ursprüngliche Form zurückübersetzen. Sie werden zur Ursache Ihrer eigenen Gefühle, und nicht zur Wirkung.

In diesem Kapitel haben wir gesehen, wie wir, indem wir versuchen, bestimmte Facetten unseres Ichs zu leugnen, zu einem falschen und verzerrten Selbstbild gelangen, das als Persona bezeichnet wird. Im allgemeinen wird eine Grenze zwischen dem gezogen, was man gern hat (der Persona) und dem, was man nicht mag (dem Schatten). Wir haben auch gesehen, daß diese verleugneten Facetten unseres Ichs (der Schatten) schließlich projiziert werden, so daß sie »dort draußen« in der Umwelt zu existieren scheinen. Uns bleibt dann nichts übrig, als schattenboxend durchs Leben zu gehen. Die Grenze zwischen Persona und Schatten wird zu einem Kampf zwischen Persona und Schatten, und der Krieg im Inneren wird als Symptom fühlbar.

Dann hassen wir unsere Symptome mit derselben Leidenschaft, mit der wir ursprünglich unseren Schatten gehaßt haben, und da der Schatten auf andere Menschen projiziert wird, hassen wir diese ebenso wie früher den Schatten. Wir behandeln dann andere wie ein Symptom: wie etwas, das man bekämpfen muß. So gehen die vielfältigen Kämpfe an der Grenze dieser Ebene weiter.
Ein mehr oder weniger richtiges Selbstbild entwickeln – d. h. von der Persona zum Ich hinuntersteigen – heißt einfach, ein umfassendes Bewußtsein jener Facetten seiner selbst gewinnen, von deren Existenz man nichts wußte. Diese Facetten sind leicht aufzuspüren, weil sie sich als die eigenen Symptome, inneren Gegensätze, Projektionen zeigen. Die eigenen Projektionen zurücknehmen bedeutet einfach, eine Grenze beseitigen, Dinge als Eigentum aufnehmen, von denen man dachte, sie seien etwas Fremdes, in sich selber Platz machen für ein Verstehen und Annehmen der eigenen vielfältigen Möglichkeiten, der negativen wie der positiven, der guten und schlechten, der liebenswürdigen und der verächtlichen, und so ein relativ genaues Bild von dem zu entwickeln, was der eigene psycho-physische Organismus ist. Es bedeutet, die eigenen Grenzen zu verschieben, die eigene Seele neu zu kartographieren, so daß alte Feinde zu Verbündeten werden und insgeheim sich befehdende Gegensätze zu offenen Freunden werden. Am Ende werden Sie zwar vielleicht nicht alles an sich wünschenswert finden, aber vielleicht doch alles liebenswürdig.

Empfehlungen

Obwohl die Psychoanalyse der klassische Zugang zur Ich-Ebene bleibt (d. h. um einem als Persona lebenden Individuum dazu zu verhelfen, zur Ich-Ebene hinabzusteigen), kann ich dieses Verfahren nicht mehr als die Therapie der Wahl empfehlen, selbst wenn Sie es sich finanziell und zeitlich leisten könnten. Erstens gibt es raschere Methoden, die mindestens ebenso wirksam sind. Zweitens verdreht die Analyse selbst so oft die Einsichten, die spontan aus den tieferen Schichten des Spektrums aufsteigen, daß sie dazu tendiert, die Tiefen der Seele auf milde Einförmigkeit zu reduzieren. Die Theorie der Psychoanalyse jedoch bleibt wesentlich für ein Verständnis der Dynamik von Ich, Persona und Schatten.

Als erste Einführung: Freuds Schriften *Drei Abhandlungen zur Sexualtherapie/Abriss der Psychoanalyse* und *Das Unbehagen in der Kultur* (Frankfurt: Fischer Tb. d. Wiss. 6044 u. 6043). Der Fortgeschrittene mag es mit Freuds eigenen *Vorlesungen zur Einführung in die Psychoanalyse* (Ges. Werke Bd. XI, Frankfurt: Fischer, 1969; Studienausg. Bd. 1, Fischer Wiss. 7301) versuchen. Ernsthafter interessierte Leser seien hingewiesen auf Otto Fenichel: *Psychoanalytische Neurosenlehre* (Olten/Freiburg: Walter, 1974). Neuere Zugänge zu Persona/Ich behandeln Werke wie William Glasser: *Realitätstherapie* (Weinheim/Basel: Beltz, 1972; Albert Ellis: *Die rational-emotive Therapie* (München: Pfeiffer, 1978); *Selbstanalyse* von Karen Horney (Frankfurt: Fischer Tb, Geist u. Psyche 2119); Karen Horney hatte einige entschieden kentaurisch/ganzheitliche Trends in ihrem Ansatz, was ihre Werke sowohl auf der Ich- als auch auf der Kentauren-Ebene brauchbar macht.

The Adjusted American von Putney und Putney (New York, 1966) ist ein wunderbares Buch; ich habe viele der Beispiele in diesem Kapitel aus diesem Werk entnommen, ich bin ihnen dafür Dank schuldig. Auch die Gestalttherapie befaßt sich mit dem Schatten sehr wirksam, aber da sie auch mit der Kentaurenschicht arbeitet, habe ich das relevante Material bei dem entsprechenden Kapitel angeführt.

Die Methode der Wahl scheint, zumindest für mich, die Transaktionsanalyse zu sein. Sie behält das Wesentliche von Freud bei, setzt es aber in einen Zusammenhang, der einfach, klar und knapp ist. Außerdem erkennt sie allgemein die Möglichkeit tieferer Ebenen des Menschen an und sabotiert daher tiefere Einsichten nicht offenkundig.

Siehe *Ich bin o.k., du bist o.k.* Wie man über seinen Schatten springen lernt, von T. A. Harris (Reinbek: Rowohlt, 1975, rororo sachb. 6916) und von Eric Berne *Spiele der Erwachsenen* (Reinbek: Rowohlt, rororo sachb. 6735) und *Was sagen Sie, nachdem Sie guten Tag gesagt haben?,* Psychologie des menschlichen Verhaltens (Frankfurt: Fischer Tb, 1978, Geist und Psyche 2192).

8 Die Kentauren-Ebene

Wir haben im letzten Kapitel gesehen, daß wir durch Fühlungnahme mit unserem projizierten Schatten und schließlich durch dessen Reintegration unsere Identität »erweitern« und von einer verarmten Persona zum gesunden Ich machen können. Wir können die Kluft überbrücken, die Grenze zwischen Persona und Schatten aufheben und so zu einem erweiterten und stabileren Gefühl der Selbst-Identität gelangen. Es ist fast wie der Umzug aus einem engen Apartment in eine behagliche Wohnung. In diesem Kapitel gehen wir aus der behaglichen Wohnung in ein geräumiges Haus. Wir setzen den Grundprozeß der Aufhebung von Grenzen fort, gehen aber auf eine tiefere Ebene über, wenn wir einige der Methoden erforschen, die Identität vom Ich (und seiner Weltsicht) bis hin zum Kentauren zu erweitern, indem wir den Kontakt zu unserem projizierten Körper aufnehmen und ihn uns wieder zu eigen machen.

Es mag einem am Anfang eigenartig vorkommen, sich den Körper wieder zu eigen machen zu sollen. Die Grenze zwischen Ich und Fleisch ist im Unbewußten des Durchschnittsmenschen so tief verankert, daß er auf die vorgeschlagene Aufgabe, diese Spaltung zu heilen, mit einer seltsamen Mischung aus Verwirrung und Langeweile reagiert. Er ist zu der Überzeugung gelangt, die Grenze zwischen Leib und Seele sei unveränderbar real, und daher kann er sich nicht vorstellen, warum jemand die Absicht haben sollte, an ihr herumzupfuschen, geschweige denn sie aufzulösen.

Wie sich herausstellt, haben nur wenige von uns »den Verstand verloren«, aber die meisten haben schon lange ihren Körper verloren, und ich fürchte, wir müssen das wörtlich nehmen. Es scheint tatsächlich so, als säße »ich« fast auf meinem Körper, wie ein Reiter auf einem Pferd. Ich schlage ihn oder lobe ihn, ich füttere und putze und pflege ihn, wenn es nötig ist. Ich treibe ihn vorwärts, ohne ihn zu fragen, und ich halte ihn gegen seinen Willen zurück. Wenn mein Körper/Pferd brav ist, beachte ich es im allgemeinen nicht, wird es aber widerspenstig – was allzuoft geschieht –, ziehe ich die Peitsche, um es mit Schlägen wieder zu vernünftiger Unterwerfung zu veranlassen.

Tatsächlich scheint mein Körper einfach nur unter mir dahinzutrotten. Ich nähere mich der Welt nicht mehr *mit* meinem Körper, sondern *auf* meinem Körper. Ich bin hier oben, er ist dort unten, und im Grunde ist es mir unbehaglich, was da unten eigentlich *ist*. Mein Bewußtsein ist fast *ausschließlich* Kopfbewußtsein – ich *bin* mein Kopf, aber ich *habe* meinen Körper. Der Körper ist vom Selbst zum Besitz reduziert, er ist »mein«, aber nicht »ich«. Der Körper wird, kurz gesagt, ein Objekt oder eine Projektion, genau auf dieselbe Weise wie der Schatten. Auf dem Gesamtorganismus wird eine Grenze gezogen, so daß der Körper als Nicht-Selbst projiziert wird. Diese Grenze ist eine Spaltung, ein Riß, oder, mit Lowens Worten, eine *Blockierung:*

Die Blockierung bewirkt auch eine Trennung und Isolierung des psychischen Bereichs vom somatischen Bereich. Unser Bewußtsein sagt uns, daß jeder Bereich auf den anderen einwirkt, aber wegen der Blockierung reicht es nicht tief genug hinunter, um die darunterliegende Einheit zu spüren. Tatsächlich erzeugt die Blockierung eine Spaltung in der Einheit der Persönlichkeit. Sie trennt nicht nur die Psyche vom Soma, sondern auch Oberflächenphänomene von ihren Wurzeln in den Tiefen des Organismus.

Womit wir es hier grundlegend zu tun haben, das ist die *Aufspaltung des Gesamtorganismus,* des Kentauren, von der der Verlust des Körpers nur das sichtbarste und fühlbarste Zeichen ist. Der Verlust des Körpers ist nicht genau gleichbedeutend mit der Aufspaltung des Kentauren, der »darunterliegenden Einheit«, sondern nur eine der Erscheinungsformen, die diese Aufspaltung annehmen kann. Trotzdem wollen wir in diesem Kapitel unsere Aufmerksamkeit nur dieser Erscheinung widmen, und zwar, weil sie am leichtesten zu erfassen und am einfachsten mitzuteilen ist. Behalten Sie jedoch bitte im Sinn, daß ich nicht sage, der

Körper an sich – das, was wir den »physischen Körper« nennen – sei eine tiefere Realität als das seelisch-geistige Ich. Tatsächlich ist der einfache Körper selbst die niedrigste aller Formen des Bewußtseins, so einfach, daß wir sie als solche gar nicht in dieses Buch einbezogen haben. Der Körper ist keine »tiefere Realität« als das Ich, wie viele Somatologen meinen, aber die *Integration* von Körper *und* Ich ist tatsächlich eine tiefere Realität als jedes für sich, und diese Integration wollen wir in diesem Kapitel hervorheben, selbst wenn wir aus praktischen Gründen das Gewicht auf den physischen Körper und Übungen dieses Körpers legen.

Es gibt, wie zu erwarten war, allerlei Gründe, warum wir unseren Körper im Stich lassen und warum wir nun fürchten, ihn wieder zurückzufordern; wir haben in der Besprechung der Entfaltung des Spektrums schon einige dieser Gründe umrissen. Oberflächlich gesehen, weigern wir uns, uns den Körper wieder zu eigen zu machen, weil wir einfach nicht glauben, es gäbe Gründe dafür – es erscheint als viel Lärm um nichts. Auf einer tieferen Ebene fürchten wir die Wiedereroberung des Körpers, weil in ihm in besonders lebendiger Form starke Emotionen und Gefühle wohnen, die einem gesellschaftlichen Tabu unterliegen. Und letztlich wird der Körper gemieden, weil er der Sitz des Todes ist.

Aus all diesen und noch mehr Gründen hat der allgemein »angepaßte« Mensch schon längst seinen Körper als »Objekt dort draußen« projiziert oder, wie wir sagen könnten, als Objekt »dort unten«. Der Kentaur wird aufgegeben, und der Mensch identifiziert sich mit dem Ich als etwas, das dem Körper entgegengesetzt ist. Aber wie alle Projektionen führt diese Entfremdung des Körpers nur dazu, daß der projizierte Körper zurückkehrt, um das Individuum heimzusuchen und es auf die quälendste Weise mit seiner eigenen Energie zu plagen. Da der Körper praktisch auf die andere Seite der Grenze zwischen Selbst und Nicht-Selbst geschoben wird, da man nicht mit ihm Freundschaft schließt, da er kein Verbündeter mehr ist, wird er natürlich zum Feind. Ich und Körper gehen in Kampfstellung, und ein heftiger, wenn auch manchmal subtiler Kampf der Gegensätze beginnt.

Da jede Grenze, wie wir gesehen haben, zwei einander bekämpfende Gegenteile schafft, gilt natürlich für die Grenze zwischen dem Ich und dem Körper dasselbe. Es gibt eine Reihe wichtiger Gegensätze, die mit dieser Grenze in Verbindung gebracht werden, aber eine der bedeutsamsten ist die zwischen dem *Willkürlichen* und dem *Unwillkürlichen.* Das Ich ist der Sitz der Beherrschung, der Manipulation, der willkürlichen und gewollten Aktivität. Tatsächlich identifiziert sich das Ich in der Regel nur mit willentlichen Vorgängen. Der Körper ist jedoch im Grunde eine wohlgeordnete Ansammlung von unwillkürlichen Prozessen, des Blutkreislaufs, der Verdauung, des Wachstums und der Differenzierung, des Stoffwechsels usw. Wenn Ihnen dies seltsam vorkommt, achten Sie nur einmal auf die Redeweise des Durchschnittsmenschen und horchen Sie sorgfältig darauf, welche Vorgänge er mit sich selbst identifiziert. Er sagt, »*ich* bewege meinen Arm«, aber er sagt *nicht,* »ich schlage mein Herz«. Er sagt, »*ich* esse mein Brot«, aber er sagt *nicht,* »ich mache meine Verdauung«. Er sagt, »ich mache die Augen zu«, aber er sagt nicht, »ich wachse mein Haar«. Er sagt, »ich bewege meine Zehen«, aber er sagt nicht, »ich kreise mein Blut«.

Anders ausgedrückt, der Mensch als Ich identifiziert sich nur mit den Handlungen, die willkürlich und beherrschbar sind, und *alles übrige,* alle spontanen und unwillkürlichen Vorgänge empfindet er irgendwie als Nicht-Selbst und nicht vertrauenswürdig. Trotz der dem gesunden Menschenverstand entsprechenden gegenteiligen Vorstellung – kommt es Ihnen nicht seltsam vor, daß Sie sich nur mit einem Bruchteil Ihres gesamten Wesens identifizieren? Ist es nicht merkwürdig, daß Sie bestenfalls eine Hälfte des Organismus als »ich« bezeichnen? Wem gehört die andere Hälfte?

In gewissem Sinn fühlt sich das Ich gefangen, als Opfer der widerspenstigen Launenhaftigkeit seines eigenen Körpers. Es ist daher nicht ungewöhnlich, daß es Menschen gibt, die sich vom Fleisch gefesselt fühlen und nach einem Zustand verlangen, jetzt oder nach dem Tod, in dem die Seele die oberste Herrschaft hat, unbehindert von der Gebrechlichkeit und Verletzlichkeit des

Fleisches, entkörperlicht und in der Luft schwebend, von nichts Stofflicherem bedeckt als von einem weißen Satinnachthemd. Es ist leicht zu begreifen, warum in den Augen vieler Fleisch und Sünde so schrecklich gleichbedeutend sind.

Besonders beklemmt fühlt sich das Ich durch die Anfechtbarkeit des Körpers durch den Schmerz. Schmerz, Leiden und die starke Empfindlichkeit des lebenden Gewebes und wunder Nerven erschrecken das Ich verständlicherweise, und es versucht, sich vom Ursprung des Schmerzes zurückzuziehen, den Körper zu betäuben und erstarren zu lassen, um seine Anfälligkeit für schmerzhafte Schwingungen herabzusetzen. Zwar kann das Ich die unwillkürlichen Empfindungen des Körpers nicht beherrschen, aber es kann lernen, das Bewußtsein vom Körper abzuziehen, ihn ganz und gar abzustumpfen und unempfindlich zu machen, und tut es auch. Dies hat Aurobindo als »Vitalschock« bezeichnet – den Schock und Rückzug des Bewußtseins von der Verletzlichkeit und Sterblichkeit des Fleisches, ein Zurückweichen, das das Fleisch betäubt und das Gewahrsein verzerrt.

Aber diese Abstumpfung kommt nur um einen hohen Preis zustande. Denn wenn der Körper auch der Ursprung von Schmerzen ist, so ist er doch auch der Ursprung der Lust. Wenn das Ich den Ursprung des Schmerzes abtötet, tötet es zugleich den Ursprung der Lust. Kein Leiden mehr ... und auch keine Wonne.

Normalerweise läßt der Mensch den Körper erstarren, ohne das Wesen dieser Erstarrung zu begreifen. Er weiß nicht einmal, daß er erstarrt ist. Es ist fast wie eine umfassende Erfrierung. Das Erfrierungsopfer erkennt nicht, daß es davon befallen ist, denn die betroffene Stelle ist gefühllos, und der Betreffende kann das Fehlen des Gefühls nicht fühlen. Er fühlt nichts, und das ist ihm ganz recht.

Dieses umfassende Fehlen von Gefühl ist das allgemeine Ergebnis des Vitalschocks, unseres Zurückweichens vom Körper und unserer Zersprengung des Kentauren. Diese begleitet in gewissem Maß sogar das Entstehen des gesunden Ichs. Denn solange man ausschließlich mit dem Ich identifiziert ist, schließt das eigene Selbst per definitionem die spontanen organismischen Vorgänge nicht mit ein und integriert sie auch nicht. So können wir, selbst wenn wir uns vielleicht schon von der Persona zum Ich hin ausgedehnt haben, vielleicht spüren, daß es uns irgendwie an Tiefe fehlt, an einer Basis *sinnvollen* Gefühls, an einer Quelle inneren Gewahrseins und an Gefühlsaufmerksamkeit. Daher können wir uns angeregt fühlen, den Prozeß des Hinuntersteigens fortzusetzen, unsere verengte Identität nur mit dem Ich loszulassen und eine gefühlte Identität mit dem ganzen psychophysischen Organismus zu entdecken. Für die auf dieser Ebene arbeitenden Therapeuten bedeutet dies die Entdeckung eines authentischen, existentiellen Selbst.

Wir wollen Möglichkeiten untersuchen, die Grenze zwischen Seele und Leib aufzuheben, um diese Einheit der Gegensätze, die in den Tiefen unseres Wesens schlummert, wiederzuentdecken. »Diese Spaltung«, sagt Lowen, »läßt sich nicht durch eine Kenntnis der energetischen Prozesse im Körper überwinden. Erkenntnis ist selbst ein Oberflächenphänomen und gehört zum Bereich des Ichs. Man muß das Fließen spüren und die Fortpflanzung der Erregung im Körper empfinden. Um dies zu ermöglichen, muß man jedoch die Starrheit der eigenen Ich-Herrschaft aufgeben, so daß die Empfindungen in der Tiefe des Körpers bis an die Oberfläche gelangen können.«

So einfach dies klingt, ist es doch gerade die Schwierigkeit, der sich fast jeder Mensch gegenüber sieht, wenn er versucht, mit seinem Körper Fühlung aufzunehmen. Er *fühlt* gewöhnlich seine Beine, seinen Bauch oder seine Schultern nicht wirklich, sondern aus Gewohnheit *denkt* er an sie. Er stellt sie sich vor und vermeidet so, ihnen direkt Gefühlsaufmerksamkeit zu schenken. Das ist natürlich von vornherein gerade einer der Mechanismen, die für die Abspaltung des Körpers verantwortlich sind. Man sollte diese Tendenz, die eigenen Gefühle begrifflich zu fassen, besonders beachten, und sich, wenigstens zeitweise, besonders bemühen, diese gewohnheitsmäßige Übersetzung von Gefühlsaufmerksamkeit in Gedanken und Bilder zu unterlassen.

Eine Möglichkeit, mit der Fühlungsnahme mit dem Körper

anzufangen, besteht darin, daß Sie sich ausgestreckt auf dem Rücken auf einen Teppich oder eine Matte legen. Machen Sie einfach die Augen zu, atmen Sie tief, aber leicht, und fangen Sie an, Ihre Körperempfindungen zu erforschen. *Versuchen* Sie nicht, irgendwas zu fühlen, erzwingen Sie keine Empfindungen, lassen Sie einfach Ihre Aufmerksamkeit durch Ihren Körper strömen und achten Sie darauf, ob irgendeine positive oder negative Empfindung in den verschiedenen Teilen Ihres Körpers vorhanden ist. Können Sie z. B. Ihre Beine fühlen? Ihren Bauch, Ihr Herz, Ihre Augen, Ihre Genitalien, Ihr Gesäß, Ihre Kopfhaut, Ihr Zwerchfell, Ihre Füße? Achten Sie darauf, welche Teile des Körpers lebendig und voll Gefühl zu sein scheinen, stark und vital, und welche Teile stumpf, schwer, leblos, matt, angespannt scheinen oder wehtun. Probieren Sie dies mindestens drei Minuten lang aus und achten Sie darauf, wie oft Sie mit Ihrer Aufmerksamkeit den Körper verlassen und in Tagträume abwandern. Kommt es Ihnen merkwürdig vor, daß es sehr schwierig sein kann, drei Minuten lang in Ihrem Körper zu bleiben? Wenn Sie nicht in Ihrem Körper sind, wo sind Sie dann?

Nach dieser Vorbereitung können wir zur nächsten Stufe übergehen. Liegen Sie still auf dem Rücken, die Arme neben dem Körper ausgestreckt, die Beine leicht auseinander, die Augen geschlossen, atmen Sie sehr tief, aber langsam und *ziehen Sie die Einatmung von der Kehle zum Bauch herunter,* so daß schließlich Ihre ganze Mittelpartie gefüllt ist. Stellen Sie sich vor, wenn Sie mögen, Ihr ganzer Brustkorb und Bauch sei mit einem großen Ballon ausgekleidet, und mit jedem Einatmen pumpten Sie den Ballon ganz voll. Der »Ballon« sollte sich sanft in den Brustkorb hinein ausdehnen und sich im Bauch voll und stark aufblähen. Wenn Sie in keinem dieser Bereiche die sanfte Kraft des aufgeblähten Ballons fühlen können, lassen Sie einfach den Ballon sich noch ein wenig mehr füllen, so daß er sich in den betreffenden Bereich hinein ausdehnt. Dann atmen Sie langam und gleichmäßig aus und lassen den Ballon sich ganz entleeren. Wiederholen Sie dies sieben- oder achtmal und erhalten Sie den sanften, aber festen Druck im Ballon aufrecht, so daß er den

Bauch aufbläht und das Becken erreicht. Achten Sie besonders darauf, welche Bereiche sich hart, angespannt oder taub anfühlen oder wehtun.
Fühlen Sie den ganzen aufgeblasenen Bereich als ein Stück oder scheint er Ihnen unterteilt in Brust, Bauch und Beckenboden, wobei jedes Segment vom anderen durch Bereiche oder Bänder der Verhärtung, Anspannung oder des Schmerzes getrennt ist? Trotz dieser unwesentlichen Schmerzen und Mißgefühle werden Sie vielleicht zu spüren beginnen, daß das Gefühl, das sich in dem ganzen Ballon ausbreitet, ein Gefühl subtiler Lust und Wonne ist. Sie atmen buchstäblich in Lust und strahlen sie durch Ihr ganzes leibseelisches Gefüge aus. Bei der Ausatmung lassen Sie den Atem nicht verlorengehen oder sich erschöpfen, sondern lassen Sie ihn als Lust ausströmen und den ganzen Körper durchdringen. Auf diese Weise strömt Ihnen subtile Lust durch Körper, Geist und Seele und wird mit jedem Zyklus voller. Wenn Sie sich dessen nicht sicher sind, machen Sie noch drei oder vier Atemzüge der vollen Ausdehnung und geben Sie sich dem damit verbundenen Vergnügen hin.
Vielleicht können Sie verstehen, warum die Yogis den Atem eine *Lebenskraft* nennen – nicht im philosophischen Sinn, sondern im Sinn des Gefühls. Bei der Einatmung ziehen Sie eine Lebenskraft von der Kehle bis in den Bauch hinein und laden den Körper mit Energie und Leben auf. Bei der Ausatmung lassen Sie diese Kraft los und strahlen sie als subtile Lust und Wonne durch Körper, Geist und Seele aus.
Sie können die »Ballonatmung bis zur vollen Ausdehnung« fortsetzen und Lebenskraft von der Kehle bis ins »Hara« (den Bereich des Bauches, drei Finger breit unter dem Nabel) einatmen, dabei aber beginnen, die Ausatmung als eine Lebenskraft zu fühlen, die vom Bauch aus in alle Teile des Körpers ausstrahlt. Laden Sie mit jeder Einatmung von der Kehle aus das Hara mit Vitalität auf. Bei der Ausatmung achten Sie dann darauf, wie weit in jedes Bein hinein Sie die Lebenskraft oder Lust ausstrahlen fühlen (oder verfolgen) können – bis in die Oberschenkel? die Knie? die Füße? Sie sollte schließlich buchstäblich bis in die

Zehenspitzen gehen. Setzen Sie dies mehrere Atemzüge lang fort, dann versuchen Sie dasselbe mit den oberen Extremitäten. Können Sie spüren, wie die Vitalität in Ihre Arme, Finger, Ihren Kopf, Ihr Gehirn und in Ihre Kopfhaut hineingeschickt wird? Bei der Ausatmung lassen Sie dann diese subtile Lust durch Ihren Körper hindurch und *in die Welt allgemein* hinausgehen. Entlassen Sie Ihren Atem durch den Körper hindurch in die Unendlichkeit.

Wenn wir all diese Komponenten zusammennehmen, gelangen wir zu einem vollständigen Atemzyklus: Beim Einatmen ziehen Sie den Atem *von* der Kehle *ins* Hara, und Sie laden es mit Lebenskraft auf. Beim Ausatmen lassen Sie diese subtile Lust ganz *durch* Körper, Geist und Seele hindurch *in* die Welt, den Kosmos, die Unendlichkeit hinausgehen. Sobald sich dieser Zyklus vollendet, beginnen Sie, allem Denken zu erlauben, sich in der Ausatmung aufzulösen und ins Unendliche zu gehen. Machen Sie dasselbe mit allen quälenden Gefühlen, mit Krankheit, Leiden und Schmerz. Lassen Sie es zu, daß Ihre Gefühlsaufmerksamkeit durch alle gegenwärtigen Zustände und dann durch sie hindurch ins Unendliche geht, von einem Augenblick zum nächsten und immer so weiter.

Wir kommen nun zu den Besonderheiten dieser Art von Übung. Höchstwahrscheinlich haben Sie fühlen können, wie Lebenslust und Gefühlsaufmerksamkeit leicht durch Ihr leibseelisches Gefüge kreisen. Aber bei fast jedem Aspekt dieser Übung haben Sie vielleicht auch irgendwo eine Taubheit, einen Mangel an Empfindung oder ein Abgestorbensein einerseit oder Verfestigung, Angespanntheit, Steifheit oder Schmerz andererseits gefühlt. Sie haben, anders ausgedrückt, Blockierungen (Mini-Grenzen) des ungehinderten Fließens der Gefühlsaufmerksamkeit gespürt. Die meisten Menschen fühlen beständig Angespanntheit im Hals, in den Augen, im After, im Zwerchfell, in den Schultern oder im Kreuz. Taubheit wird oft im Beckenbereich, in den Genitalien, in der Herzgegend, im Unterbauch oder in den Extremitäten gespürt. Es ist wichtig, daß Sie, so gut Sie können, genau herausfinden, wo Ihre besonderen Blockierungen liegen. Zunächst einmal *versuchen Sie nicht, sie loszuwerden.* Bestenfalls funktioniert es nicht und schlimmstenfalls wird es noch schlimmer. Bekommen Sie nur heraus, wo sie zu sein scheinen, und merken Sie sich die Stellen.

Sobald Sie diese Blockierungen genau lokalisiert haben, können Sie mit ihrer Auflösung beginnen. Aber zunächst sollten wir uns ansehen, was diese Blockierungen und Widerstände bedeuten – diese Bereiche von Verfestigung, Druck und Verspannung, die im ganzen Körper verankert sind. Wir haben gesehen, daß ein Mensch auf der Ich-Ebene einem Impuls oder einem Gefühl widerstehen oder sie vermeiden konnte, indem er leugnete, daß sie zu ihm gehörten. Durch den Mechanismus der Ich-Projektion konnte jemand es verhindern, einer bestimmten Schattentendenz in sich selbst gewahr zu werden. Wenn ihm in Wirklichkeit sehr feindselig zumute war, er aber seine Feindseligkeit leugnete, pflegte er sie zu projizieren und daher das Gefühl zu haben, die Welt greife ihn an. Anders ausgedrückt, er pflegte Angst und Furcht zu empfinden, die Folgen projizierter Feindseligkeit.

Was geschieht im Körper, wenn diese Feindseligkeit projiziert wird? Geistig-seelisch hat eine Projektion stattgefunden, aber physisch muß zugleich etwas anderes geschehen, da Leib und Seele nicht zweierlei sind. Was geschieht im Körper, wenn Sie Feindseligkeit verdrängen? Wie unterdrücken Sie auf der Körperebene ein starkes Gefühl, das nach Abfuhr in irgendeiner Aktivität verlangt?

Wenn Sie sehr aggressiv und wütend werden, werden Sie vielleicht dieses Gefühl in Schreien, Brüllen und Schlagen mit Armen und Fäusten entladen. Diese Muskelaktivitäten sind der wesentliche Teil der Feindseligkeit selbst. Wenn Sie also Aggression unterdrücken sollen, können Sie es nur, indem Sie diese *muskulären* Entladungstätigkeiten physisch unterdrücken. Mit anderen Worten, Sie müssen Ihre Muskeln benützen, um diese Entladungen zurückzuhalten. Vielmehr müssen Sie *einige* Ihrer Muskeln benützen, um die Bewegung *einiger* Ihrer anderen Muskeln zurückzuhalten. Dadurch kommt es zu einem Kampf der Muskeln. Die Hälfte Ihrer Muskeln bemüht sich, die Aggression durch Zuschlagen zu entladen, während die andere Hälfte sich anstrengt, genau das zu verhindern. Es ist, als wollte man mit dem einen Fuß aufs Gaspedal treten und mit dem anderen auf die Bremse. Der Konflikt endet mit einem Patt, aber mit einem sehr angespannten, bei dem große Mengen an Energie verbraucht werden, ohne daß irgendeine Bewegung zustandekommt.

Bei der Unterdrückung von Aggression werden Sie wahrscheinlich die Kiefermuskeln, die Muskeln von Kehle, Hals, Schultern und Oberarmen anspannen, denn dies ist die einzige Art und Weise, wie Sie physisch Aggression »drinnen behalten« können. Verleugnete Feindseligkeit strömt gewöhnlich, wie wir gesehen haben, als Furcht in ihr Bewußtsein. Wenn Sie das nächste Mal in den Fängen irrationaler Angst stecken, achten Sie deshalb darauf, daß Ihr ganzer Schultergürtel nach innen und oben gezogen ist, ein Zeichen dafür, daß Sie Aggression festhalten und daher Angst haben. Aber in den Schultern selbst werden Sie die Tendenz zum Ausholen und Angreifen *nicht mehr spüren;* Sie werden nur eine starke Spannung, Verfestigung und starken Druck spüren. Sie haben eine Blockierung.

Dies ist genau das Wesen der Blockierungen, die Sie in Ihrem ganzen Körper während der Atemübungen festgestellt haben. Jede Blockierung, jede Anspannung oder jeder Druck im Körper ist im Grunde ein *muskuläres* Festhalten irgendeines tabuierten Impulses oder Gefühls. Daß diese Blockierungen muskulärer Art sind, ist ein äußerst wichtiger Punkt, auf den wir bald zurückkommen werden. Für den Moment müssen wir nur beachten, daß diese Blockierungen und Bereiche von Anspannung die Folge davon sind, daß zwei Gruppen von Muskeln einander (über eine Mini-Grenze hinweg) bekämpfen, wobei die eine Gruppe den Impuls entladen, die andere versuchen will, ihn zurückzuhalten. Und es ist ein aktives Zurückhalten und Hemmen. Sie zerquetschen sich buchstäblich in bestimmten Bereichen, anstatt den Impuls herauszulassen, der mit diesem Bereich verbunden ist. Wenn Sie also eine Anspannung in der Augenumgebung finden, halten Sie vielleicht das Verlangen zu weinen zurück. Wenn Sie einen Spannungsschmerz in den Schläfen spüren, beißen Sie vielleicht die Zähne zusammen, ohne es zu wissen, vielleicht, um sich am Schreien, Brüllen oder sogar am Lachen zu hindern. Verspannung in Schulter und Nacken weist auf unterdrückten oder aufgestauten Ärger, Wut oder Feindseligkeit hin, während eine Verspannung im Zwerchfell anzeigt, daß Sie chronisch Ihre Atmung einschränken und zurückhalten, und damit versuchen, das Auftauchen von unberechenbaren Emotionen oder Gefühlsaufmerksamkeit im allgemeinen zu beherrschen. (Während jeder Bemühung zur Selbstbeherrschung pflegen die meisten Menschen die Luft anzuhalten). Verspannung im Unterbauch und im Beckenboden bedeutet gewöhnlich, daß man jegliches Gewahrsein seiner Sexualität abgestellt hat, daß man diese Bereiche verfestigt und einzieht, um die Lebenskraft des Atems und die Energie am Durchfließen zu hindern. Falls dies so sein sollte – aus welchen Gründen auch immer –, pflegt auch das meiste Gefühl in den Beinen abgeschnitten zu sein. Eine Verspannung oder ein Mangel an Kraft oder eine Steifheit in den Beinen weist gewöhnlich auf einen Mangel an Verwurzeltsein, Stabilität, Gegründetheit oder Gleichgewicht im allgemeinen hin.

Wie wir gerade gesehen haben, ist also eine der besten Möglichkeiten, die allgemeine *Bedeutung* einer Blockierung zu verstehen, die Feststellung, wo im Körper sie stattfindet. Bestimmte Bereiche des Körpers führen gewöhnlich bestimmte Emotionen ab. Sie schreien wahrscheinlich nicht mit den Füßen, weinen nicht mit den Knien oder haben keinen Orgasmus im Ellbogen. Wenn also eine Blockierung in einer bestimmten Körpergegend vorliegt, können wir annehmen, daß die entsprechende Emotion unterdrückt und drinnen festgehalten wird. In dieser Hinsicht sind die Arbeiten von Lowen und Keleman (am Ende des Kapitels aufgeführt) ausgezeichnete Anleitungen.

Nehmen wir an, daß Sie nun mehr oder weniger Ihre Hauptgefühlsblockierungen lokalisiert haben, dann können Sie zu der wirklich interessanten Unternehmung fortschreiten: zur Aufhebung und Auflösung der Blockierungen. Zwar ist das Grundverfahren einfach zu begreifen und ziemlich leicht durchzuführen, aber das Erlangen bewußter Ergebnisse erfordert viel harte

Arbeit, Mühe und Geduld. Sie haben vermutlich mindestens 15 Jahre gebraucht, um eine bestimmte Blockierung aufzubauen; Sie sollten also nicht überrascht sein, wenn sie nicht nach 15 Minuten für immer verschwindet. Wie alle Grenzen brauchen auch diese Zeit, um sich im bewußten Gewahrsein aufzulösen. Wenn Ihnen diese Blockierungen schon früher begegnet sind, wird Ihnen klar sein, daß das Ärgerlichste an ihnen ist, daß Sie sie, so sehr Sie sich auch bemühen, anscheinend nicht entspannen können, zumindest nicht auf die Dauer. Durch bewußte Bemühung gelingt es Ihnen vielleicht, sich für ein paar Minuten zu lockern, aber die Verspannung (im Hals, im Rücken, in der Brust usw.) kehrt in dem Moment verstärkt zurück, in dem Sie diese »erzwungene Entspannung« vergessen. Einige Blockierungen und Verspannungen – vielleicht die meisten – weigern sich überhaupt, sich zu entspannen. Und doch ist das einzige Mittel, das wir gewohnheitsmäßig anwenden, der vergebliche Versuch, diese Verspannungen bewußt zu lockern (ein Weg, der paradoxerweise selbst eine ziemlich erschöpfende Anstrengung erfordert).

Anders ausgedrückt, scheint es so, als geschähen uns diese Blockierungen, als träten sie gegen unseren Willen ein, als seien sie ganz unwillkürlich und ungebeten. Wir scheinen ihre beunruhigten Opfer zu sein. Sehen wir also zu, was es mit der Hartnäkkigkeit dieser ungebetenen Gäste auf sich hat.

Als erstes ist zu beachten, daß diese Blockierungen alle muskulärer Art sind, wie wir schon gesehen haben. Jede Blockierung ist in Wirklichkeit eine Kontraktion, eine Anspannung, eine Sperrung einer Muskelgruppe oder eines Muskels, d. h. einer Gruppe von *Skelettmuskeln,* und *jeder Skelettmuskel unterliegt der Willenssteuerung*. Dieselben willkürlichen Muskeln, die Sie benützen, um einen Arm zu bewegen, zu kauen, zu gehen, zu springen, eine Faust zu machen oder mit dem Fuß zu stoßen – genau diese Muskeln sind an jeder Blockierung des Körpers beteiligt. Das bedeutet jedoch, daß diese Blockierungen nicht unwillkürlich sind – ja, es *nicht* sein *können*. Sie stoßen uns nicht zu. Sie sind und müssen etwas sein, was wir uns aktiv antun. Kurzum,

wir haben diese Blockierungen vorsätzlich, absichtlich und willkürlich geschaffen, da an ihnen allein willkürliche Muskeln beteiligt sind.
Aber seltsamerweise *wissen* wir *nicht,* daß wir sie schaffen. Wir spannen diese Muskeln an, und obwohl wir wissen, daß sie angespannt und hart sind, wissen wir nicht, daß *wir* sie aktiv anspannen. Sobald eine Blockierung dieser Art eingetreten ist, können wir diese Muskeln nicht mehr entspannen, einfach, weil wir von vornherein nicht wissen, daß wir sie zusammenziehen. Es scheint dann, daß diese Blockierungen ganz von allein entstehen (ebenso wie alle anderen unbewußten Prozesse), und wir scheinen hilflose Opfer zu sein, die von Kräften zerquetscht werden, die »jenseits« unseres Steuerungsvermögens sind.
Diese ganze Situation ist fast genauso, als würde ich mich selber kneifen, wüßte es aber nicht. Es ist, als würde ich mich absichtlich selber kneifen, dann aber vergessen, daß ich der/die Kneifende wäre. Ich fühle den Schmerz des Kneifens, kann aber nicht herausbekommen, warum es nicht aufhört. Genauso sind all diese Muskelverspannungen, die in meinem Körper verankert sind, tiefsitzende Formen des Sich-selbst-Kneifens. Die wichtige Frage ist also *nicht,* »Wie kann ich diese Blockierungen beenden oder loslassen?«, sondern vielmehr, »Wie kann ich erkennen, daß *ich* sie aktiv herbeiführe?«. Wenn Sie sich selber kneifen, es aber nicht wissen, nützt es nichts, wenn Sie jemand anderes bitten, dem Schmerz ein Ende zu machen. Zu fragen, wie Sie aufhören sollen, sich selber zu kneifen, impliziert, daß *Sie* es *nicht* selber tun. Andererseits, sobald Sie erkennen, daß Sie sich aktiv selber kneifen, dann, und nur dann, hören Sie spontan damit auf. Sie laufen nicht herum und fragen, wie Sie die Hand heben sollen. Beides sind willkürliche Handlungen.
Das Entscheidende ist daher, das direkte Gefühl zu bekommen, wie ich diese Muskeln aktiv anspanne, und daher ist das einzige, was ich *nicht* unternehme, der Versuch, sie zu entspannen. Ich muß vielmehr, wie immer, meine Gegensätze ausspielen. Ich muß das tun, woran ich früher nie gedacht hätte: Ich muß aktiv und bewußt versuchen, die besondere Spannung zu *verstärken.*

Indem ich die Spannung vorsätzlich verstärke, mache ich meine Selbstkneiftätigkeit bewußt, anstatt unbewußt. Kurzum, ich beginne mich zu erinnern, wie *ich* mich selber gekniffen habe. Ich sehe, wie ich mich buchstäblich selbst angegriffen habe. Dieses durch und durch gespürte Verstehen setzt Energie aus dem Kampf der Muskeln frei, Energie, die ich dann nach außen, auf die Umwelt, lenken kann, anstatt nach innen, gegen mich selbst. Anstatt mich selbst zu quetschen und anzugreifen, kann ich eine Aufgabe, ein Buch, eine gute Mahlzeit »anpacken« und so aufs neue die richtige Bedeutung des Wortes Aggression lernen: »sich auf etwas zubewegen«.

Aber die Auflösung dieser Blockierungen hat noch eine zweite, ebenso wichtige Seite. Wir haben gerade gesehen, daß die erste darin besteht, absichtlich den Druck oder die Spannung zu verstärken, indem man die beteiligten Muskeln noch mehr anspannt. Auf diese Weise tun wir bewußt, was wir bisher unbewußt getan haben. Sie dürfen aber nicht vergessen, daß diese Blockierungen von Anspannung einem höchst wichtigen Zweck dienten – sie wurden ursprünglich eingeführt, um Gefühle und Impulse zu ersticken, die einmal gefährlich, verboten oder unannehmbar schienen. Diese Blockierungen waren und sind noch immer Formen des *Widerstands* gegen bestimmte Gefühle. Wenn also diese Blockierungen auf die Dauer aufgelöst werden sollen, werden Sie sich den Gefühlen öffnen müssen, die unter der Muskelverkrampfung begraben liegen.

Wir müssen betonen, daß diese »begrabenen Gefühle« nicht irgendwelche heftig unersättlichen und total überwältigenden orgiastischen Forderungen sind, ebensowenig irgendwelche dämonisch besitzergreifenden und bestialischen Triebe, Vater, Mutter und Geschwister zu beseitigen. Sie sind meist eher sanft, obwohl sie dramatisch scheinen können, weil Sie sie so lange muskulär in sich festgehalten haben. Die »begrabenen Gefühle« bringen gewöhnlich einen Tränenausbruch, einen ordentlichen Schrei oder zwei, die Fähigkeit zum ungehemmten Orgasmus, einen guten altmodischen Wutanfall oder einen vorübergehenden, aber wütenden Angriff auf Kissen mit sich, die für diesen

Zweck bereitgelegt werden. Selbst wenn eine ziemlich starke negative Gemütsbewegung aufsteigt – eine ausgewachsene Wut z. B. –, braucht man sich nicht sehr zu beunruhigen, denn sie stellt keinen übergroßen Teil der Persönlichkeit dar. Wenn in einem Theaterstück ein unwichtiger Darsteller, der zwei Zeilen zu sagen hat, zum ersten Mal die Bühne betritt, richten sich die Augen aller Zuschauer auf ihn, obwohl er in der Gesamtbesetzung nur eine untergeordnete Rolle spielt. Ebenso erstarren Sie vielleicht vorübergehend, wenn eine negative Emotion zum ersten Mal auf die Bühne Ihres Bewußtseins kommt, obwohl auch sie nur ein Bruchstück der Gesamtheit Ihrer Emotionen ist. Es ist viel besser, sie an der Rampe zu haben, als daß sie hinter der Bühne herumschleicht.

Auf jeden Fall tritt diese emotionale Befreiung, dieses Auftauchen irgendeiner im Inneren festgehaltenen Emotion, gewöhnlich von selbst ein, wenn Sie allmählich anfangen, bewußt die Verantwortung für eine gesteigerte Anspannung der Muskeln zu übernehmen, die an den verschiedenen Blockierungen in Ihrem Körper beteiligt sind. Wenn Sie beginnen, die beteiligten Muskeln absichtlich zusammenzuziehen, wird Ihnen wahrscheinlich wieder einfallen, wogegen Sie es tun. Wenn Sie z. B. einen Freund sehen, der gerade in Tränen ausbrechen will, und sagen, »Was immer du machst, geh' dagegen an!«, wird er wahrscheinlich anfangen zu weinen. In dem Augenblick versucht er vorsätzlich, etwas aufzuhalten, was für den Organismus natürlich ist, und er weiß, daß er es zu blockieren versucht, deshalb kann das Gefühl nicht leicht im Untergrund verschwinden. Ähnlich wird, wenn Sie absichtlich Ihre Blockierungen auf sich nehmen, während Sie versuchen, sie zu verstärken, das gehemmte Gefühl an die Oberfläche kommen und sich zeigen.

Das ganze Verfahren bei dieser Art, mit dem Gewahrsein des Körpers zu experimentieren könnte folgendermaßen ablaufen: Nachdem Sie eine bestimmte Blockierung – sagen wir, eine Verspannung im Kiefer, in der Kehle und in den Schläfen – lokalisiert haben, wenden Sie sich ihr mit voller Bewußtheit zu und versuchen, genau zu spüren, wo die Spannung sitzt und welche Muskeln an ihr beteiligt zu sein scheinen. Dann fangen Sie langsam und mit Bedacht an, diese Spannung und diesen Druck zu steigern, in diesem Fall, indem Sie Ihre Halsmuskeln anspannen und die Zähne fest zusammenbeißen. Während Sie versuchen, den muskulären Druck zu verstärken, erinnern Sie sich daran, daß Sie nicht einfach nur Muskeln anspannen, *Sie versuchen aktiv, etwas nicht herauszulassen*. Sie können sich sogar vorsagen (laut, wenn der Kiefer nicht beteiligt ist), »Nein! Ich will nicht! Ich leiste Widerstand!«, so daß Sie wirklich den Teil von sich selbst spüren, der das Kneifen besorgt, der versucht, irgendein Gefühl im Inneren festzuhalten. Dann können Sie langsam die Muskeln wieder lockerlassen – und sich zugleich ganz jedem Gefühl öffnen, das aufsteigen möchte. In diesem Fall könnte es der Wunsch sein, zu weinen, zu beißen, sich zu erbrechen, zu lachen oder zu schreien, oder es könnte nur ein angenehmes Wärmegefühl an der Stelle zurückbleiben, wo die Blockierung war. Eine echte Freisetzung blockierter Emotionen erfordert Zeit, Mühe, Offenheit und einige ehrliche Arbeit. Wenn Sie eine typisch hartnäckige Blockierung haben, werden tägliche »Arbeitsphasen« von etwa 15 Minuten während mindestens eines Monats so gut wie sicher notwendig sein, um wesentliche Erfolge zu erreichen. Die Blockierung ist gelöst, wenn die Gefühlsaufmerksamkeit durch den betreffenden Bereich auf ihrem Weg zur Unendlichkeit vollkommen ungehindert strömen kann.

Diese einfache Heilung der Spaltung zwischen Seele und Leib, dem Willkürlichen und dem Unwillkürlichen, dem Gewollten und dem Spontanen, bewirkt eine bedeutsame Veränderung im Selbst- und Realitätsgefühl. In dem Maß, in dem Sie Ihre unwillkürlichen körperlichen Prozesse als »ich selbst« empfinden lernen, können Sie anfangen, allerlei Dinge, die Sie nicht zu *steuern* vermögen, als völlig normal zu *akzeptieren*. Sie werden vielleicht das Unlenkbare bereitwilliger akzeptieren und unbesorgt im Spontanen ruhen, mit Vertrauen zu einem tieferen Selbst, das über das oberflächliche Dröhnen des Willens und des Ichs hinausgeht. Sie werden vielleicht erfahren, daß Sie sich nicht zu beherrschen brauchen, um sich akzeptieren zu können. Tatsächlich ist Ihr tieferes Selbst, Ihr Kentaur, außerhalb Ihrer Beherrschung. Es ist willkürlich *und* unwillkürlich, und beides ist völlig akzeptabel als Manifestation *Ihrer selbst*.

Außerdem bedeutet es, wenn Sie sowohl das Willkürliche als auch das Unwillkürliche als zu sich gehörig akzeptieren, daß Sie sich nicht mehr als Opfer Ihres Körpers oder allgemein unwillkürlicher und spontaner Vorgänge fühlen. Sie entwickeln ein tiefes Verantwortungsgefühl, nicht in dem Sinn, daß Sie bewußt alles beherrschen, was geschieht, und dafür verantwortlich sind, sondern in dem Sinn, daß Sie nicht mehr anderen dafür die Schuld geben oder das Verdienst dafür zuschreiben müssen, wie Sie sich fühlen. Letzten Endes *sind* Sie die tiefe Quelle, die alle willkürlichen und unwillkürlichen Vorgänge in Ihnen hervorbringt, und nicht ihr Opfer.

Das Unwillkürliche als Teil Ihrer selbst zu akzeptieren heißt nicht, daß Sie es beherrschen können. Sie werden nicht fähig sein, Ihr Haar schneller wachsen zu lassen oder Ihrem Magen zu befehlen, mit dem Knurren aufzuhören oder Ihr Blut rückwärts fließen zu lassen. Vielmehr geben Sie, indem Sie erkennen, daß diese Prozesse *ebensosehr Sie selber sind wie die willkürlichen,* das chronische, aber fruchtlose Programm auf, die Schöpfung zu lenken, sich selbst und Ihre Welt besessen zu manipulieren und zwanghaft zu beherrschen. Paradoxerweise bringt diese Erkenntnis ein erweitertes Gefühl der Freiheit mit sich. Ihr eigenwilliges Ich kann sich bewußt vielleicht mit zwei oder drei Dingen auf einmal befassen. Ihr Gesamtorganismus jedoch koordiniert – ohne irgendeine Hilfe des Ichs – in diesem Augenblick buchstäblich Millionen von Prozessen zugleich, von den verwickelten Verdauungsvorgängen über die komplexen Vorgänge der Nervenleitung bis hin zur Koordination der begrifflichen Information. Das erfordert eine Weisheit, die unendlich viel größer ist als die oberflächlichen Tricks, auf die das Ich so stolz ist. Je mehr wir fähig sind, im Kentauren zu ruhen, desto mehr können wir unser Leben auf diesem größeren Reichtum an natürlicher Weisheit und Freiheit begründen und es ihm anvertrauen.

Die meisten unserer Alltagsprobleme und Sorgen rühren daher, daß wir versuchen, Vorgänge zu steuern oder zu manipulieren, mit denen der Organismus vollkommen fertigwerden würde, wenn das Ich sich nicht einmischte. Zum Beispiel versucht das irregeleitete Ich, Glück, Lust oder einfach Lebensfreude herzustellen. Wir haben das Gefühl, wahre Lust fehle in der gegenwärtigen Situation vollkommen, und wir müßten sie fabrizieren, indem wir uns mit raffiniertem Spielzeug und raffinierten technischen Vorrichtungen umgeben. Das verstärkt die Illusion, Glück und Wonne könnten von außen hereingeleitet werden, eine Illusion, die gerade dafür verantwortlich ist, daß die Lust blokkiert wird, so daß wir schließlich nach dem streben, was unser eigenes Glück verhindert.

Zum Kentauren zurückkehren heißt erkennen, daß leibliches und seelisches Wohlbefinden schon im psychophysischen Gesamtorganismus kreisen. »Energie ist ewiges Entzücken, und sie rührt vom Körper her«, sagt Blake, und dies ist eine Wonne, die nicht von äußerlichen Belohnungen und Versprechungen abhängig ist. Sie entspringt im Inneren und wird im gegenwärtigen Moment reichlich gewährt. Während das Ich in der Zeit lebt, den Hals nach zukünftigen Gewinnen reckend und im Herzen frühere Verluste beklagend, lebt der Kentaur immer im *nunc fluens,* in der verstreichenden und konkreten Gegenwart, dem lebendigen Jetzt, das sich weder ans Gestern klammert noch nach dem Morgen schreit, sondern seine Erfüllung in den Gaben dieses Augenblicks findet (dies ist nicht die ewige Gegenwart, das *nunc stans,* aber ein Schritt in die richtige Richtung). Kentaurisches Bewußtsein ist ein mächtiges Gegenmittel gegen die Welt des Zukunftsschocks.

Vielleicht lernen Sie nicht nur, das Willkürliche und das Unwillkürliche als etwas anzunehmen, was Sie selbst sind, sondern beginnen sogar zu begreifen, daß auf dieser tieferen Ebene Willkürliches und Unwillkürliches *eins* sind. Beide sind *spontane* Aktivitäten des Kentauren. Wir wissen schon, daß das Unwillkürliche spontan ist. Aber selbst Willensakte und zielgerichtete Entschlüsse tauchen spontan auf. Denn was steckt hinter einem

Willensakt? Noch ein weiterer Willensakt? Will ich wollen oder geschieht der Wille einfach? Wenn das erstere zutrifft, will ich dann wollen, daß ich will? Entstehen Entschlüsse spontan oder entschließe ich mich, mich zu entschließen, mich zu entschließen? Tatsächlich geht irgendwo auf dem Weg selbst eine willkürliche zielgerichtete Aktivität in die Spontaneität des Kentauren über, eine Spontaneität, die sowohl dem Willkürlichen als auch dem Unwillkürlichen zugrundeliegt und beide vereint. Von dieser Tiefe aus führt das Selbst, wie Coomaraswamy es ausdrückte, »ein fortwährendes unkalkuliertes Leben in der Gegenwart«.

Das wichtigste Ergebnis jeder Therapie, die sich an diese Ebene wendet, ist die subtile, aber umfassende Veränderung der Bewußtheit, während man anfängt, den Kentauren wieder aufleben zu lassen und seine frühere Identität mit ihm wiederzuentdecken. Dieses Potential ist nicht nur eine Zusammenfassung von Potentialen des Ichs und des Körpers, sondern vielmehr eine Ganzheit, die die Summe ihrer Teile weit übertrifft. Rollo May sagt das so: »Weder das Ich noch der Körper noch das Unbewußte kann ›autonom‹ sein; sie können nur als Teile einer Ganzheit existieren. Und in dieser Ganzheit müssen Wille und Freiheit ihre Grundlage haben.« Die erweiterten Potentiale dieser »Ganzheit« sind allgemein als solche für *Selbstverwirklichung* (»self-actualization«, Goldstein, Maslow), *Autonomie* (Fromm, Riesman), oder *Sinn des Lebens* (May) bekannt. Die kentaurische Ebene ist *die* große Ebene der Bewegung für das »human potential«, des Existentialismus, der humanistischen Therapie, die alle von der Grundannahme der Integration von Seele, Leib und Gefühlen zu einer Einheit höherer Ordnung, einer »tieferen Ganzheit« ausgehen.

Hier ist nicht der Ort für eine Abhandlung über Selbstverwirklichung; das folgende Zitat von Maslow sagt tatsächlich alles Notwendige. Es erklärt, was »self-actualization« ist und wohin es führt, wenn man sich nicht damit beschäftigt:

Wir haben alle den Drang, mehr von unserem Potential zu verwirklichen, einen Drang zur Selbstverwirklichung oder zur vollen Menschlichkeit oder zu menschlicher Erfüllung. [Dies ist] ein Anstoß zur Schaffung des voll entfalteten und authentischen Selbst . . ., eine verstärkte Betonung der Integration (oder der Einheit, der Ganzheit). Das Auflösen einer Dichotomie in eine höhere, umfassendere Einheit kommt der Heilung eines Risses im Menchen gleich und macht ihn mehr zur Einheit. [Dies ist auch ein Drang,] das beste, das allerbeste zu sein, das man werden kann. Wenn Sie absichtlich planen, weniger zu sein, als Sie sein können, dann sage ich Ihnen warnend, daß Sie für den Rest Ihres Lebens zutiefst unglücklich sein werden.

Selbstverwirklichung und Sinn hängen, wie Maslow zu verstehen gibt, eng zusammen. Aus eben diesem Grund kümmern sich Therapeuten des kentaurischen/existentiellen Bereichs auch eingehend um den fundamentalen Sinn des Lebens, allerdings nicht um einen ichhaften Sinn, sondern um etwas, das jenseits davon liegt. Denn wenn Sie erst einmal ein richtiges und gesundes Ich entwickelt haben, was dann? Wenn Sie Ihre Ich-Ziele erreicht haben, wenn Sie das Auto und das Haus und eine gewisse Selbstachtung haben, wenn Sie materielle Güter und berufliche Anerkennung angehäuft haben – wenn das alles so ist, was dann? Wenn die Geschichte für die Seele keinen Sinn mehr hat, wenn materielle Unternehmungen in der äußeren Welt reizlos werden, wenn Ihnen die Gewißheit dämmert, daß allein der Tod noch auf Sie wartet, was dann?

Einen ichhaften Sinn im Leben finden, heißt, etwas im Leben zu *tun,* und bis zu einer gewissen Grenze ist das angemessen. Aber wer über das Ich hinausgeht, ist auch jenseits dieser Art von Sinn – auf dem Weg zu einem Sinn, der weniger mit dem Tun und mehr mit dem Sein zu tun hat. Wie E. E. Cummings sagte: »Wenn du sein kannst, sei. Wenn nicht, nur Mut! und tu' weiter die Geschäfte anderer, tu' und lasse gegenüber anderen, bis du umfällst.«

Einen kentaurischen Sinn im Leben finden – einen fundamentalen Sinn – bedeutet, zu finden, daß die Lebensvorgänge selbst Wonne erzeugen. Man findet den Sinn nicht in äußeren Handlungen oder Prozessen, sondern in den inneren strahlenden Strömungen des eigenen Seins und im *Freisetzen* und in den *Beziehungen* dieser Strömungen zur Welt, zu Freunden, zur Menschheit im allgemeinen und zur Unendlichkeit selbst.

Wirklichen Sinn im Leben finden heißt auch, den Tod im Leben zu akzeptieren, sich mit der Vergänglichkeit alles Seienden zu befreunden, mit jedem Ausatmen Körper, Geist und Seele ganz in die Leere entlassen. Bei jedem Ausatmen bedingungslos dem Tod nachgeben heißt, mit jedem Einatmen wiedergeboren und wiederhergestellt zu werden. Andererseits bedeutet das Zurückweichen vor dem Tod und der Vergänglichkeit jedes Augenblicks ein Zurückweichen vor dem Leben jedes Augenblicks, da beide ein und dasselbe sind.

Alles in allem ist die Kentauren-Ebene der Ort 1. der Selbstverwirklichung, 2. des Sinns und 3. existentieller oder Leben und Tod betreffender Probleme. Die Lösung all dieser Fragen erfordert eine Bewußtheit, an der Leib und Seele voll beteiligt sind, eine Strömung von Gefühlsaufmerksamkeit, die Körper, Geist und Seele durchflutet und das gesamte psychophysische Sein einsetzt. Sich mit dem Ich *und* mit dem Körper identifizieren heißt in Wirklichkeit, beide zu verändern, indem man beide in einen neuen Zusammenhang stellt. Das Ich kann bis zur Erde – seiner Grundlage und Stütze – hinunterreichen, und der Körper kann bis zum Himmel hinaufreichen – seinem Licht und Raum. Die Grenze und der Kampf zwischen beiden sind aufgehoben, ein weiteres Gegensatzpaar ist wieder vereint, und eine tiefere Einheit ist entdeckt worden. Zum ersten Mal können Sie Ihre Seele verkörpern und Ihren Körper beseelen.

Empfehlungen

Es gibt zahlreiche ausgezeichnete Bücher, die verschiedene Aspekte der Kentauren- oder Existentialebene behandeln. Besonders zu empfehlen sind *Love and Will* von Rollo May (New York: Norton, 1969) und *Entwickung der Persönlichkeit* von Carl Rogers (Stuttgart: Klett-Cotta, 1973) und *Dynamik des Todes* von Ernest Becker (München: Goldmann, 1981).

Drei oder vier Zugänge zur Kentaurenebene heben sich hervor. Hatha-Yoga, die durch Jahrhunderte erprobte Methode, ist einfach, wirksam und leicht selbständig anzuwenden. Siehe das

Complete Illustrated Book of Yoga von Swami Vishnudevananda (New York: Pocket, 1972). Siehe auch *Conscious Exercise and the Transcendental Sun* von Bubba Free John (San Francisco: Daron Horse, 1977).

Die Gestalttherapie stellt einen ausgezeichneten und theoretisch stichhaltigen Zugang dar, dazu siehe *Gestalt-Therapie* von Perls, Goodman und Hefferline (Stuttgart: Klett-Cotta 1979); *Gestalt-Therapie in Aktion* von Fritz Perls (Stuttgart: Klett-Cotta 1974). Das erste wird besonders empfohlen, da es einerseits die klassische theoretische Formulierung der Gestalttherapie ist, andererseits als Arbeitsbuch für den Selbstunterricht gedacht ist.

Focusing von E. T. Gendlin (Salzburg: Müller, 1981) ist eine wichtige Darstellung der einflußreichen Schule der Experiential Therapy, die mit dem »fortwährenden psychophysischen Fließen« arbeitet. Die Werke Maslows sind sehr wichtig, aber da er schließlich zu einer transpersonalen Ausrichtung überging, werden seine Bücher in dem entsprechenden Kapitel aufgeführt.

Einen unübertroffenen Zugang zum Kentauren bildet die bioenergetische Analyse, die Elemente der noëtischen Analyse mit hochwirksamen Körperübungen verbindet. Man sollte aber zumindest erwähnen, daß einige »Praktiker« der Bioenergetik auf eine bloße Verherrlichung des einfachen physikalischen Körpers und körperlicher Übungen regredieren und von ihnen geradezu besessen sind, während sie Einsichten in Ich und Seele scheuen und Verbalisierung nicht zulassen. Diese sogenannten Therapien sollte man meiden – falls sie nicht in bewußter Koordination mit oder als Vorbereitung auf eine Ich-Therapie oder eine echte kentaurische Therapie angewandt werden. Alexander Lowen scheint immer ein gutes Gleichgewicht zwischen Seelischem und Körperlichem zu finden; siehe *Körperausdruck und Persönlichkeit* (München: Kösel, 1981), *Verrat am Körper* (München: Scherz, 1981) und *Depression* (München: Kösel, 3. Aufl. 1982). Siehe auch *Dein Körper formt dein Selbst* von Stanley Keleman (München: Kösel, 1980).

9 Das Selbst in Transzendenz

Wenn wir nun die Ebene des Kentauren verlassen und zu den Bereichen des Transpersonalen weitergehen, lassen wir die Vertrautheit mit und die dem gesunden Menschenverstand entsprechenden Orientierungen auf uns selbst und unsere Welt hinter uns. Wir treten ein in die Welt des Jenseits und Darüber, wo wir allmählich mit einem Gewahrsein in Fühlung kommen, das das Individuum transzendiert und dem Menschen etwas offenbart, das weit über ihn selbst hinausgeht. Jede Art wohlbegründeter Disziplin auf dieser Ebene öffnet den Menschen früher oder später für ein Gewahrsein in sich selbst, das so tief und unergründlich ist, daß es ihn aus sich selbst heraus in die weite und subtile Welt des Transpersonalen hineinheben kann.

Leider erzeugen Aussagen wie diese jedoch bei den meisten modernen gebildeten Abendländern wenig mehr als Verwirrung, denn bei der allgemeinen Blutleere der heutigen Religion haben wir jeden direkten und sozial begehbaren Weg zur Transzendenz weitgehend verloren. Der Durchschnittsmensch wird daher vermutlich ungläubig zuhören, wenn ihm erklärt wird, daß er – eingenistet in den tiefsten Tiefen seines Wesens – ein transpersonales Selbst hat, ein Selbst, das über seine Individualität hinausgeht und ihn mit einer Welt verbindet, die jenseits von konventionellem Raum und konventioneller Zeit liegt.

Es ist bedauerlich, daß wir im Westen im Lauf der vergangenen Jahrhunderte zunehmend die Tendenz gehabt haben, das Transzendente zu verdrängen. Diese ebenso ausgedehnte wie subtile Verdrängung ist zweifellos stärker für die Unzufriedenheiten in unserer gegenwärtigen unglücklichen Kultur verantwortlich als irgendein Maß an Verdrängung von Sexualität, Feindseligkeit, Aggression oder andere oberflächliche Verdrängungen, die in den oberen Schichten des Bewußtseinsspektrums wirksam werden. Verdrängungen auf den Stufen der Persona, des Ichs oder des Kentauren mögen zwar rasend und dramatisch sein, aber sie sind nicht so umfassend, daß sie in einer ganzen Gesellschaft den Ton angeben könnten, einer Gesellschaft, die ihre Wurzeln immer, bewußt oder unbewußt, im Boden der Transzendenz hat. Irgendwie haben wir es geschafft, diese Tatsache kollektiv zu leugnen. Weil jedoch das Verdrängte niemals wirklich gebannt ist, sondern lediglich schlummert und Kräfte sammelt oder in verkleideter Form an die Oberfläche dringt, sehen wir heute zunehmend verdrängte Transzendenz hervorbrechen. Sie nimmt die Form eines Interesses an Meditation, an übersinnlichen Erscheinungen, Yoga, östlichen Religionen, Veränderungen des Bewußtseins, Biofeedback, Erfahrungen mit dem Verlassen des Körpers und Zuständen der Todesnähe an. Weil dieser Drang zur Transzendenz allgemein so lange verdrängt gewesen ist, nimmt er gelegentlich bizarre ober übertriebene Formen an, wie z. B. schwarze Magie, Okkultismus, Mißbrauch psychedelischer Drogen und kultische Guru-Verehrung.

Aber trotz dieses Ausbruchs von Transzendenz fällt es den meisten Abendländern immer noch sehr schwer zu begreifen, wie es sein kann, daß etwas tief in ihnen Verborgenes tatsächlich Raum und Zeit überschreitet, wie es in ihnen ein Gewahrsein geben kann, das, weil es über das Individuum hinausgeht, frei von persönlichen Problemen, Spannungen und Ängsten ist. Deshalb möchte ich, anstatt direkt mitten in die Erörterung dieses transpersonalen Selbst hineinzuspringen, zum Zweck der Einführung kurz das Werk Carl Gustav Jungs besprechen, Freuds berühmtestem Schüler. Das wird dem Leser notwendige Hintergrundinformationen liefern – die in vielen anderen Kulturen dem Menschen in der einen oder anderen Form von Geburt an vermittelt werden.

Jung begann am Anfang dieses Jahrhunderts, bei Freud zu lernen, und obwohl Freud Jung als seinen einzigen »Nachfolger und Kronprinzen« bezeichnet hatte, entzweiten sich Jung und Freud innerhalb eines Jahrzehnts wegen verschiedener Ansichten über die »Lehre«. Nachdem sich ihre Wege auf spektakuläre Weise getrennt hatten, redeten die beiden großen Männer nie wieder ein Wort miteinander. Die Grundlage ihrer wechselseitigen Unverträglichkeit lag in dem Umstand (den ich im ersten Kapitel erwähnt habe), daß jeder Forscher im Bereich der Psychologie, der eine bestimmte Ebene des Spektrums untersucht, im allgemeinen alle Ebenen, die der seinen entsprechen oder darüber liegen, als real anerkennt, oft aber jeder Ebene, die unterhalb der seinen liegt, also tiefer geht, die Realität abspricht. Er behauptet, diese tieferen Ebenen seien pathologisch, illusorisch oder existierten überhaupt nicht.

Freud beschränkte seine bemerkenswerten und mutigen Untersuchungen schließlich auf das Ich, die Persona und den Schatten. Jung erkannte zwar diese oberen Ebenen voll an; es gelang ihm aber, seine Forschungen bis ganz hinunter zu den transpersonalen Ebenen voranzutreiben. Jung war der erste bedeutende europäische Psychologe, der wichtige Aspekte des transpersonalen Bereichs des menschlichen Bewußtseins entdeckte und erforschte. Freud konnte dies, da er an die oberen Ebenen gefesselt war, nicht begreifen, und so gingen die beiden Männer ihre getrennten Wege.

Aber was war es denn genau, worauf Jung ganz unerwartet stieß? Was entdeckte er in den tiefsten Tiefen der menschlichen Seele, das unverkennbar auf einen transpersonalen Bereich hindeutete? Was könnte *in* einem Menschen überhaupt *über* ihn hinausgehen? Zunächst hatte Jung viel Zeit damit zugebracht, die Mythologien der Welt zu studieren – die Ruhmeshallen der chinesischen, ägyptischen, indianischen, griechischen, römischen, afrikanischen und indischen Götter und Göttinnen und Dämonen und Gottheiten, Totemfiguren und Animismen, alten Symbole, Bilder und mythologischen Motive. Was Jung verblüffte, war, daß diese primitiven mythologischen Bilder regelmäßig und unverkennbar *in den Träumen und Phantasien moderner zivilisierter Europäer* auftauchten, von denen die große Mehrheit mit diesen Mythen nie in Berührung gekommen war (sie besaßen zumindest nicht die überraschenden und erstaunlich genauen Kenntnisse der Mythologie, die in ihren Träumen zutage traten). Diese Informationen hatten sie nicht während ihrer Lebenszeit erworben, und deshalb müssen diese mythologischen Grundmotive, so argumentierte Jung, angeborene Strukturen sein, die jeder Angehörige der menschlichen Rasse erbt. Diese Urbilder oder Archetypen, wie Jung sie nannte, sind also allen Menschen gemeinsam. Sie gehören keinem Einzelmenschen, sondern sind vielmehr trans-individuell, kollektiv, transzendent.

Dies ist eine einleuchtende Hypothese, besonders, wenn man die großen Mengen der peinlich genau detaillierten Daten sorgfältig prüft, die Jung berichtet. Genauso wie z. B. jeder Mensch ein Herz, zwei Nieren, zehn Finger, zwei Arme, zwei Beine usw. hat, könnte das Gehirn jedes Menschen universelle *symbolische Formen* enthalten, die im wesentlichen mit denen aller anderen normalen menschlichen Gehirne identisch wären. Das menschliche Gehirn selbst ist Millionen von Jahren alt, und in diesem ungeheuren Zeitraum hat es notwendigerweise gewisse grundlegende (und in diesem Sinn »mythologische«) Arten und Weisen entwickelt, die Realität wahrzunehmen und zu erfassen, genau wie unsere Hände sich auf besondere Weise entwickelt haben, um physikalische Objekte zu ergreifen. Diese imaginativen, mythischen Grundarten der Realitätserfassung sind die Archetypen, und da alle Menschen eine ähnliche Grundstruktur des Gehirns haben, kann jeder Mensch in sich dieselben grundlegenden mythischen Archetypen beherbergen. Da sie allen Menschen einfach kraft ihrer Zugehörigkeit zur Menschenrasse gemeinsam sind, nannte Jung diese Tiefenschicht der Seele das »kollektive Unbewußte«. Es ist, anders ausgedrückt, nicht individuell oder persönlich, sondern überindividuell, transpersonal, transzendent. Tief im Wesen jedes Menschen ist der Mythos der Transzendenz begraben, und eine Nichtbeachtung dieser machtvollen Schicht kann nur die bedauerlichsten Folgen haben.

Teile des Unbewußten (die der Persona-, der Ich- und der Kentauren-Ebene entsprechen) enthalten *persönliche* Erinnerungen, persönliche Wünsche und Ideen, Erfahrungen und Potentiale. Aber der tiefere Bereich, das kollektive Unbewußte *im Einzelmenschen,* enthält gar nichts streng Persönliches. Er beherbergt vielmehr die kollektiven Leitmotive der ganzen menschlichen Art – alle Götter und Göttinnen, Gottheiten und Dämonen, Helden und Schurken, die äußerlich durch die alten Mythen der Welt dargestellt werden, sind in verdichteter Form in den Tiefen Ihres eigenen Wesens enthalten. Ob wir es wissen oder nicht – nach Jung leben sie weiter und bewegen uns weiterhin zutiefst, sowohl auf schöpferische als auch auf zerstörerische Weise.

Das Ziel mancher Therapieart, die sich – wie die Jungs – an die transpersonale Ebene wendet, besteht darin, uns zu helfen, diese mächtigen Kräfte bewußt anzuerkennen, einzusetzen und uns mit ihnen zu befreunden, anstatt unbewußt und gegen unseren Willen von ihnen angetrieben zu werden. In einem besonderen Sinn bringt dies mit sich, daß wir lernen, das Leben *mythologisch* zu leben. Diese Aussage mag vielen Menschen Rätsel aufgeben, denn wir Modernen sehen im allgemeinen alles, was nach Mythologie aussieht, in äußerst düsterem Licht. In unserer Kultur z. B. meinen wir, wenn wir sagen, etwas sei ein »Mythos«, es sei eine Unwahrheit, eine primitive Phantasie oder Wunschdenken. Dieser Gebrauch des Wortes Mythos ist schon in Ordnung, aber wir gebrauchen es hier natürlich nicht in dieser Weise. Vielmehr bedeutet »das Leben mythologisch leben« das Transzendente zu begreifen, es in sich selber, im eigenen Leben, in der eigenen Arbeit, in den Freunden und in der Umwelt lebendig am Werk zu sehen. Die Mythologie öffnet uns für eine solche Welt der Transzendenz. Coomaraswamy sagte, »Es war einmal eine Zeit ...«, womit alle Märchen beginnen, ist in Wirklichkeit »Es war einmal, jenseits der Zeit ...«, und die Erzählung, die folgt, handelt von einer Welt, in der Raum und Zeit vorübergehend aufgehoben sind, wo das Spiel die oberste Herrschaft ausübt, und wo alles möglich ist. Und insofern, als die reale Welt keine Grenzen hat, sind Sprache und Vorstellungsbilder der Mythologie in Wirklichkeit dieser Realität näher als lineare Logik und abstraktes Denken. Die Mythologie beginnt, Grenzen zu überschreiten – Grenzen von Raum und Zeit und von Gegensätzen im allgemeinen – und allein schon aus diesem Grund ist mythologisches Gewahrsein der realen Welt des Soseins um einen Schritt näher.

Mythologisch leben bedeutet also, sich für eine expansive Welt ohne Grenzen zu öffnen. Das bedeutet nicht, daß wir die konventionelle Welt der Grenzen ganz und gar aufgeben und uns in mythische Phantasien zurückziehen (was wirklich ein gefährlicher Zustand ist). Es bedeutet vielmehr, daß wir uns der mythischen Transzendenz öffnen und dieses Gewahrsein in unsere konventionelle Welt hineinbringen; wir beleben das Dasein neu, indem wir es wieder mit einer Quelle verbinden, die viel tiefer ist als das Dasein selbst. Eine mythische Anschauung zu entwikkeln, ist nicht einfach nur ein zweckloser Vorschlag. Denn Jung zufolge sind diese mythischen Vorstellungsbilder, diese Archetypen, in jedem einzelnen Menschen *schon vorhanden,* und sie können durch jede Situation aktiviert werden, die dem jeweiligen Archetypus entspricht. Das archetypische Bild übt dann eine Wirkung auf das Verhalten aus, die von geringfügigem Einfluß bis zur totalen Vereinnahmung geht. Zugleich kann es in Träumen, Phantasien, Tagträumen, Imaginationen oder Halluzinationen sichtbar zutage treten.

Sie können z. B. einen »Schlüsseltraum« haben, in dem das zentrale Bild eine Sphinx, eine Gorgo, eine Riesenschlange, ein geflügeltes Pferd oder irgendein anderer mythischer Gegenstand ist. Wenn Sie sich ein wenig mit antiker Mythologie beschäftigen, können Sie leicht erfahren, was diese mythischen Bilder für die Menschheit insgesamt bedeutet haben, und dadurch entdecken, *was diese Bilder für Ihr eigenes kollektives Unbewußtes bedeuten*. Wenn Sie diese Bedeutung in Ihr Bewußtsein integrieren, werden Sie nicht mehr zwangsläufig von ihr beherrscht und gesteuert. Die Tiefe Ihrer Seele beginnt sich so zu lockern, und die verkrustete oberste Schicht des normalen Ich-Bewußtseins oder des kentaurischen Bewußtseins beginnt sanft auseinanderzubrechen, um ein Wachstum des Transzendenten zuzulassen, ein Wachsen jener Vorgänge, die über Ihr persönliches Leben hinausgehen, nichtsdestoweniger aber Aspekte eines tieferen Selbst sind.

Sehen wir uns in diesem Zusammenhang des mythologischen Gewahrseins an, wie dieser Übergang zu einem tieferen Selbst, einem transpersonalen Selbst, zustandekommen könnte. Wenn das Individuum sein Leben durch die Augen der Archetypen und mythischen Vorstellungsbilder zu betrachten beginnt, verschiebt sich vielleicht sein Bewußtsein in Richtung auf eine universellere Perspektive. Der Mensch sieht sich nicht mit den eigenen Augen an, die auf mancherlei Weisen voreingenommen sind, sondern mit den Augen des kollektiven Menschengeistes – das ist wirklich ein anderer Blickpunkt! Er ist nicht mehr ausschließlich von seinem persönlichen Vorteil in Anspruch genommen. Tatsächlich erweitert sich, wenn dieser Prozeß richtig lebendig wird, seine Identität, sein Selbst, qualitativ in diese mehr oder weniger globalen Dimensionen hinein, und seine Seele wird von Tiefe erfüllt. Er identifiziert sich nicht mehr ausschließlich mit seinem Ich oder seinem Kentauren, und so wird er nicht mehr von rein persönlichen Problemen und Dramen erstickt. In gewissem Sinn kann er von seinen individuellen Sorgen lassen und sie mit schöpferischer Distanz betrachten und dabei erkennen, daß sein tieferes Selbst, welchen Problemen sein persönliches Selbst auch gegenüberstehen mag, diese Probleme überschreitet und von ihnen unberührt, frei und offen bleibt. Er findet, zunächst noch unsicher, dann aber mit ständig zunehmender Gewißheit, eine stille Quelle innerer Stärke, die, wie die Tiefen des Meeres, ohne Beunruhigung bleibt, auch wenn die Oberflächenwellen des Bewußtseins von Fluten des Schmerzes, der Angst oder der Verzweiflung gepeitscht werden.

Die Entdeckung dieses transzendenten Selbst in der einen oder anderen Form ist das Hauptziel aller Therapien und Disziplinen, die sich an die transpersonale Schicht richten. Der Zugang über die Mythologie, den wir bisher besprochen haben, ist jedoch keineswegs der einzige Weg zum transzendenten Selbst. Zu jeder Ebene des Spektrums gibt es viele verschiedene Zugänge, und der Einzelne muß vielleicht etwas experimentieren, um zu entscheiden, was für ihn am besten ist. Ich habe Nachdruck auf den mythologischen Weg gelegt als geeignete Einführung in den

Bereich des Transpersonalen, aber die streng mythologische Route ist schwierig, und man braucht gewöhnlich einen fachkundigen Helfer, der einem auf dem Weg durch das riesige Labyrinth der Welt-Mythen und durch die eigene archetypische Schicht beisteht.

Es gibt einfachere Wege zum transzendenten Selbst; sie sind nicht unbedingt kürzer oder leichter begehbar, aber viel weniger heikel und kompliziert. Man kann sie selbständig einschlagen und sie aus eigenem Antrieb verfolgen. Diese Zugänge wollen wir nun untersuchen.

Beachten Sie zunächst die deutlichen Merkmale des transzendenten Selbst: es ist ein Zentrum und ein weiter Raum des Gewahrseins in schöpferischer Distanz von der persönlichen Seele, dem Körper, den Emotionen, den Gedanken und Gefühlen. Wenn Sie also anfangen wollen, daran zu arbeiten, dieses transzendente Selbst in sich, das über Sie hinausgeht, intuitiv zu erfassen, Ihr Selbst, das nicht Sie selbst ist, gehen Sie folgendermaßen vor: Beginnen Sie mit zwei oder drei Minuten kentaurischen Gewahrseins, wie im letzten Kapitel beschrieben (aus dem einfachen Grund, daß Sie dann mehr oder weniger in Fühlung mit der Kentauren-Ebene und damit den transpersonalen Schichten darunter »näher« sind). Dann fangen Sie langsam und tonlos an, sich Folgendes vorzusagen, wobei Sie versuchen sollten, sich so lebhaft wie möglich den Sinn jeder Aussage klarzumachen:

Ich *habe* einen Körper, aber ich *bin nicht* mein Körper. Ich kann meinen Körper sehen und fühlen, und was gesehen und gefühlt werden kann, ist nicht der wahre Sehende. Mein Körper mag müde oder erregt, krank oder gesund, schwer oder leicht sein, aber das hat nichts mit meinem inneren Ich zu tun. Ich *habe* einen Körper, aber ich *bin nicht* mein Körper.

Ich *habe* Begierden, aber ich *bin nicht* meine Begierden. Ich kann meine Begierden kennen, und was gekannt werden kann, ist nicht der wahre Erkennende. Begierden kommen und gehen, sie schweben durch mein Bewußtsein, aber sie berühren nicht mein inneres Ich. Ich *habe* Bergierden, aber ich *bin nicht* die Begierden.

Ich *habe* Gefühle, aber ich *bin nicht* meine Gefühle. Ich kann meine Gefühle fühlen und spüren, und was gefühlt und gespürt werden kann, ist nicht der wahre Fühlende. Gefühle gehen durch mich hindurch, aber

sie berühren nicht mein inneres Ich. Ich *habe* Gefühle, aber ich *bin nicht* die Gefühle.
Ich *habe* Gedanken, aber ich *bin nicht* meine Gedanken. Ich kann meine Gedanken kennen und intuitiv erfassen, und was gekannt werden kann, ist nicht der wahre Erkennende. Gedanken kommen zu mir und verlassen mich wieder, aber sie berühren nicht mein inneres Ich. Ich *habe* Gedanken, aber ich *bin nicht* meine Gedanken.

Wenn man dies getan hat – vielleicht mehrmals – dann behauptet man so konkret wie möglich:

Ich bin, was übrig geblieben ist, ein reines Zentrum des Gewahrseins, ein unbewegter Zeuge all dieser Gedanken, Emotionen, Gefühle und Begierden.

Wenn Sie bei einer solchen Übung bleiben, wird der in ihr enthaltene Sinn lebendig werden, und vielleicht werden Sie fundamentale Veränderungen in Ihrem »Selbst«-Gefühl bemerken. Sie werden z. B. vielleicht anfangen, ein tiefes inneres Gefühl von Freiheit, Leichtigkeit, Entlastung und Stabilität intuitiv wahrzunehmen. Diese Quelle, dieses »Zentrum des Zyklons«, wird seine erleuchtete Stille selbst inmitten der Stürme von Angst und Leiden behalten, die möglicherweise um es herumwirbeln. Die Entdeckung dieses beobachtenden Zentrums ist so ähnlich, als tauchte man aus den unheilschwangeren Wellen an der Oberfläche eines stürmischen Meeres hinunter in die ruhigen und sicheren Tiefen am Meeresgrund. Zunächst gelangen Sie vielleicht nicht mehr als einen Meter unter die bewegten Wogen der Emotion, aber mit Ausdauer werden Sie vielleicht fähig, klaftertief in die ruhigen Gründe Ihrer Seele hinabzutauchen und, ausgestreckt am Grunde liegend, aufmerksam aber distanziert zu dem Wirbel aufzublicken, der Sie früher gefangen hielt.
Wir sprechen hier vom transpersonalen Selbst oder Zeugen – wir reden noch nicht vom reinen Bewußtsein der All-Einheit. Der transpersonale Zeuge selbst fällt hier mit allem Wahrgenommenen zusammen. Bevor das eintreten kann, muß man jedoch zunächst diesen transpersonalen Zeugen entdecken, der dann den »Absprung« zum Bewußtsein der All-Einheit erleichtert. Dieses

Kapitel ist dem Zeugen gewidmet, das nächste Kapitel seinem »Zusammenfallen« mit der Einheit. Wir finden diesen transpersonalen Zeugen, indem wir unsere Identifikation mit *allen* seelischen, emotionalen und physikalischen Objekten aufheben und sie dadurch übersteigen.

In dem Maß, in dem Sie wirklich erkennen, daß Sie z. B. nicht Ihre Ängste sind, bedrohen Ihre Ängste Sie nicht mehr. Selbst wenn Angst vorhanden ist, überwältigt sie Sie nicht mehr, weil Sie nicht mehr ausschließlich an sie gebunden sind. Sie fordern sie nicht mehr heraus, kämpfen nicht mehr gegen sie, leisten ihr keinen Widerstand mehr und laufen nicht mehr vor ihr weg. Auf die radikalste Weise wird die Angst ganz und gar angenommen, wie sie ist, und man erlaubt ihr, sich zu bewegen, wie sie will. Sie haben durch ihre An-und Abwesenheit nichts zu verlieren, nichts zu gewinnen, denn Sie beobachten einfach, wie sie vorübergeht. Jede Empfindung, jede Emotion, jeder Gedanke, jede Erinnerung und jedes Erlebnis, das Sie beunruhigt, ist einfach eine Erscheinung, mit der Sie sich ausschließlich identifiziert haben, und die Beseitigung der Störung erfolgt einfach, indem Sie Ihre *Identifikation zurücknehmen*. Sie lassen einfach alle Störungen ganz und gar von sich abfallen, indem Sie erkennen, daß sie nicht Sie sind – da Sie sie ja sehen können, können sie nicht der wahre Sehende und das Subjekt sein. Da sie nicht Ihr wahres Selbst sind, haben Sie keinen wie auch immer gearteten Grund, sich mit ihnen zu identifizieren, an ihnen festzuhalten oder Ihr Selbst von ihnen fesseln zu lassen.

Während Sie diese »Ent-Identifizierungs-Therapie« betreiben, werden Sie vielleicht bemerken, daß Ihr ganzes *individuelles* Selbst (Persona, Ich, Kentaur), für das Sie bisher gekämpft, das Sie verteidigt und geschützt haben, ganz allmählich und sanft anfängt, durchsichtig zu werden und von Ihnen abzufallen. Es ist nicht so, daß es buchstäblich abfällt und Sie plötzlich feststellen, daß Sie körperlos durch den Raum schweben. Vielmehr fangen Sie an zu spüren, daß das, was mit Ihrem persönlichen Selbst geschieht – Ihre Wünsche, Hoffnungen, Begierden, Kränkungen –, nicht so eine todernste Angelegenheit ist, weil in Ihrem

Inneren ein tieferes und grundlegenderes Selbst ist, das von diesen peripheren Fluktuationen, diesen Oberflächenwellen großen Tumults, aber schwacher Substanz, nicht berührt wird.

Ihr persönliches leibseelisches Gefüge mag daher Schmerzen oder Demütigung oder Angst leiden, aber solange Sie als Zeuge dieser Angelegenheit verharren, als stünden Sie weit darüber, bedrohen sie Sie nicht mehr, und so fühlen Sie sich nicht länger gedrängt, sie zu manipulieren, mit ihnen zu ringen oder sie zu bezwingen. Weil Sie bereit sind, sie als Zeuge zu beobachten, sie unparteiisch zu betrachten, können Sie sich über sie hinwegsetzen. Der heilige Thomas sagte: »Was bestimmte Dinge erkennt, kann keines von ihnen in seiner eigenen Natur haben.« Wenn das Auge also rotgefärbt wäre, könnte es rote Gegenstände nicht wahrnehmen. Es kann rot sehen, weil es klar oder »rotlos« ist. Ebenso beweisen wir, wenn wir unsere Nöte nur beobachten oder als Zeugen anschauen können, daß wir »ohne Not« sind, frei von dem mitangesehenen Tumult. Dasjenige im Inneren, was Schmerz fühlt, ist selbst ohne Schmerz; das, was Furcht empfindet, ist furchtlos; das, was Spannung wahrnimmt, ist frei von Spannung. Diese Zustände als Zeuge wahrnehmen heißt, sie zu übersteigen. Sie packen einen nicht mehr von hinten, weil man sie von vorn anschaut.

So können wir verstehen, warum Patanjali, der das Yoga in Indien systematisiert hat, sagte, Unwissenheit sei die Identifikation des Sehenden mit den Instrumenten des Sehens. Jedesmal, wenn wir uns ausschließlich mit Persona, Ich oder Kentaur identifizieren oder uns an sie binden, scheint uns alles, was ihre Existenz oder ihre Maßstäbe bedroht, unser Selbst zu bedrohen. Also ist jede Bindung an Gedanken, Empfindungen, Gefühle oder Erlebnisse nur ein weiteres Glied in der Kette unserer Selbstversklavung.

In allen vorherigen Kapiteln haben wir von »Therapie« als von einer »Erweiterung« der Identität gesprochen, aber jetzt sprechen wir ziemlich unvermittelt von einer Aufhebung der Identifikation. Ist das nicht ein Widerspruch? In Wirklichkeit handelt es sich nur um zwei Arten, über denselben Vorgang zu sprechen.

Sehen Sie sich noch einmal Abbildung 1 an und beachten Sie z. B. das Hinabsteigen von der Persona-Ebene auf die Ich-Ebene. Zwei Dinge geschehen dabei: Einmal *identifiziert* sich der Mensch mit seinem Schatten. Aber zweitens *hebt* er die *Identifikation* mit seiner Persona *auf* oder löst seine ausschließliche Bindung an sie. Seine »neue« Identität, das Ich, ist also eine synergetische Kombination von Persona und Schatten. Ähnlich dehnt ein Mensch, um auf die Kentauren-Ebene hinunterzusteigen, seine Identität auf den Körper aus, während er seine *ausschließliche* Identifikation mit dem Ich aufhebt. In jedem Fall erweitern wir unsere Identität nicht nur auf ein neues und größeres Maß, sondern wir sprengen auch eine alte und verengte Identität. Auf dieselbe Weise »erweitern« wir uns zur neuen Identität des transzendenten Selbst, indem wir unsere engere Identität mit dem Kentauren allein sanft aufbrechen oder fahren lassen. Wir geben die Identität mit dem Kentauren auf, bewegen uns jedoch auf mehr Tiefe und Erweiterung zu.

Wir beginnen also, wenn wir mit dem transpersonalen Zeugen in Fühlung kommen, unsere rein persönlichen Probleme, Kümmernisse und Sorgen loszulassen. Tatsächlich (und dies ist der Schlüssel zu den meisten Therapien, die sich an die transpersonale Schicht wenden) versuchen wir nicht einmal, unsere Probleme oder Nöte zu beseitigen, wie wir es auf den Ebenen der Persona, des Ichs oder des Kentauren gewiß tun würden und auch sollten. Denn hier sind wir nur daran interessiert, unsere jeweiligen Nöte zu *beobachten,* einfach und arglos ihrer gewahr zu sein, ohne sie zu beurteilen, zu vermeiden, zu dramatisieren, zu bearbeiten oder zu rechtfertigen. Wenn ein Gefühl oder eine Tendenz aufsteigt, nehmen wir es zur Kenntnis. Wenn ein Haß gegen dieses Gefühl entsteht, sind wir uns dessen bewußt. Wenn Haß gegen den Haß aufsteigt, nehmen wir *das* wahr. Es ist nichts zu machen, aber wenn ein Tun aufsteigt, nehmen wir dies zur Kenntnis und bleiben als »nichts bevorzugendes Bewußtsein« inmitten aller Nöte. Das ist nur möglich, wenn wir begreifen, daß keine von ihnen unser reales Selbst darstellt. Solange wir an sie gebunden sind, wird es eine Bemühung geben – und sei sie noch so subtil –, die Nöte zu manipulieren. Wenn wir begreifen, daß sie nicht der Mittelpunkt oder das Selbst sind, beschimpfen wir unsere Nöte nicht, brüllen sie nicht an, lassen sie uns nicht mißfallen, versuchen nicht, sie abzulehnen und geben uns ihnen nicht hin. Jede Maßnahme, die wir ergreifen, um eine Plage zu beseitigen, verstärkt einfach die Illusion, wir *seien* die jeweilige Plage. So verschafft letzten Endes der Versuch, einer Not zu entgehen, ihr lediglich Dauer. Was so beunruhigend ist, ist nicht die Plage selbst, sondern unsere *Bindung* an sie. Wir identifizieren uns mit ihr, und das allein ist die wirkliche Schwierigkeit. Anstatt gegen eine Plage anzugehen, nehmen wir einfach die Arglosigkeit einer distanzierten Unparteiischkeit ihr gegenüber an. Die Mystiker und Weisen vergleichen diesen Zustand des Registrierens als Zeuge gern mit einem Spiegel. Wir spiegeln einfach alle Empfindungen oder Gedanken, die aufsteigen, ohne uns an sie zu klammern oder sie wegzuschieben, genauso wie ein Spiegel vollkommen und unparteiisch alles zurückwirft, was vor ihm geschieht. Chuang Tzu sagt: »Der vollkommene Mensch benützt seine Seele als Spiegel. Sie ergreift nichts; sie lehnt nichts ab; sie empfängt, aber sie behält nicht.«

Wenn Sie überhaupt Erfolg damit haben, diese Art des distanzierten Beobachtens zu entwickeln (es braucht Zeit), werden Sie die Ereignisse in Ihrem leibseelischen Gefüge mit derselben Unparteiischkeit betrachten können, mit der Sie Wolken ansehen würden, die am Himmel vorbeiziehen, Wasser, das in einem Strom vorüberfließt, Regen, der auf ein Dach herunterplatscht, oder irgendwelche anderen Objekte in Ihrem Wahrnehmungsfeld. Anders ausgedrückt, Ihre *Beziehung* zu Ihrem leibseelischen Gefüge wird dieselbe wie die zu *allen anderen Objekten*. Bisher haben Sie Leib und Seele als etwas benützt, um die Welt anzuschauen. So haben Sie eine enge Bindung an sie entwickelt und sich an ihre begrenzte Perspektive gefesselt. Sie haben sich ausschließlich mit ihnen identifiziert, und dadurch waren Sie an ihre Probleme, Schmerzen und Nöte gebunden und gefesselt. Aber wenn Sie sie ausdauernd betrachten, erkennen Sie, daß sie lediglich *Objekte* des Gewahrseins sind – tatsächlich, Objekte des transpersonalen Zeugen. »Ich *habe* Leib und Seele und Emotionen, aber ich *bin nicht* Leib und Seele und Emotionen.« Es ist wichtig, zu bekräftigen, daß ein Mensch, nur weil er beginnt, mit den transpersonalen Schichten in Berührung zu kommen oder sogar ganz und gar zu ihnen übergeht, den Zugang zu allen oberen Schichten des Spektrums und die Herrschaft über sie nicht verliert. Denken Sie daran, daß das Individuum, wenn es von einer ausschließlichen Identität mit der Persona zu einer vollständigeren und genaueren Identität mit seinem Gesamt-Ich hinabsteigt, nicht den Zugang zur Persona verliert – er klebt nur nicht mehr an ihr. Er kann immer noch seine Persona (Maske) »aufsetzen«, wenn er z. B. beschließt, eine »gute Schau abzuziehen« oder vorübergehend aus praktischen oder Anstands-Gründen eine gesellschaftliche Fassade zur Schau zu stellen. Aber er ist nicht mehr chronisch in dieser Rolle verankert. Früher konnte er seine Fassade nicht fallen lassen, weder vor anderen noch – und hier liegt das Problem – vor sich selber. Jetzt jedoch kann er sie einfach benützen oder nicht, je nach den Umständen und nach eigenem Ermessen. Wenn er beschließt, seine »gute Miene«, seine Persona, aufzusetzen, dann hält er bewußt und zeitweise seinen Schatten in Schach und zeigt seine negativen Seiten nicht. Er kann sich ihrer aber noch bewußt sein, und daher projiziert er sie nicht.Die Persona selbst ist also nicht anpassungsfeindlich oder problemschaffend – es sei denn, sie ist das einzige Selbst, das man hat. Also ist das, was aufgelöst wird, wenn man von der Persona-Ebene zur Ich-Ebene hinuntersteigt, nicht der Schatten oder die Persona, sondern die Grenze und der Kampf zwischen ihnen.

Ebenso zerstören Sie, wenn Sie von der Ich-Ebene zur Kentauren-Ebene hinabsteigen, weder das Ich noch den Körper, sondern einfach nur die Grenze zwischen beiden. Auf der Kentauren-Ebene haben Sie immer noch Zugang zum Ich, zum Körper, zur Persona und zum Schatten, aber weil Sie sich nicht mehr ausschließlich mit einem im Gegensatz zu den anderen identifizieren, arbeiten all diese Elemente in Harmonie zusammen. Sie haben mit allen Freundschaft geschlossen und sind mit allen

durch Annahme in Berührung gekommen. Es gibt zwischen ihnen keine unüberwindlichen Grenzen mehr, also auch keine größeren Kämpfe.
Ebenso haben Sie, wenn Sie mit dem transpersonalen Selbst in Fühlung kommen, weiterhin Zugang zu allen Ebenen, die darüber liegen. Sie sind jedoch nicht mehr an diese Ebene gebunden, gefesselt oder von ihnen eingeschränkt. Sie werden zu Hilfsmitteln; sind nicht mehr wesentlich. Wenn also ein Mensch mit dieser schöpferischen Distanzierung von der ausschließlichen Identifikation mit dem isolierten Organismus anfängt, hört er keineswegs auf, für seinen Organismus zu sorgen. Er hört nicht auf, zu essen, zu leben usw. Tatsächlich ist das Gegenteil der Fall. Man wird fürsorglicher und akzeptierender gegenüber Leib und Seele. Da man nicht mehr durch sie *gefesselt* ist, erscheinen sie einem nicht mehr als freiheitraubendes Gefängnis. Die Energien des Menschen sind nicht mehr in unterdrückter Wut und unterdrücktem Haß auf den eigenen Organismus eingefroren. Der Organismus als ganzes wird zum vollkommen akzeptierten Ausdruck des transpersonalen Selbst.
Wir wir schon gesagt haben, beginnt man von der Stellung des transzendenten Zeugen aus das leibseelische Gefüge auf dieselbe Weise zu betrachten, wie man jeden anderen Gegenstand der Wahrnehmung ansehen würde, sei es ein Tisch, ein Baum, ein Hund, ein Auto. Dies könnte so klingen, als behandelten wir unseren Organismus mit der Geringschätzung, die wir manchmal der Umwelt zeigen. Aber in Wirklichkeit geht es andersherum: Wir fangen an, alle Umweltobjekte so zu behandeln, als wären sie unser eigenes Selbst. Tatsächlich stellt diese Haltung die Intuition dar, daß die Welt in Wirklichkeit der eigene Körper ist und als solcher behandelt werden sollte. Aus dieser Art der transpersonalen Intuition entspringt das universelle Mitleid, das die Mystiker so betonen. Dies ist ein Mitleid oder eine Liebe anderer Größenordnung, als man sie auf den Ebenen der Persona, des Ichs oder des Kentauren findet. Auf der transpersonalen Ebene beginnen wir, andere nicht deshalb zu lieben, weil sie uns lieben, bestätigen, spiegeln oder uns in unseren Illusionen Sicherheit

geben, sondern weil *sie wir sind*. Die elementare Lehre Christi bedeutet nicht, »Liebe deinen Nächsten, wie du dich selber liebst«, sondern »Liebe deinen Nächsten als dein Selbst«, und nicht nur deinen Nächsten, sondern deine ganze Umwelt. Sie fangen an, Ihre Umgebung ebenso zu schätzen wie Ihre eigenen Arme und Beine. Denken Sie daran, daß auf dieser Ebene Ihre Beziehung zu Ihrer Umwelt dieselbe ist wie die zu Ihrem eigenen Organismus.

Auf der Ebene des transpersonalen Zeugen, des archetypischen Selbst, werden Sie vielleicht auch allmählich eine fundamentale Intuition wiedergewinnen, wie Sie sie wahrscheinlich als Kind besessen haben, nämlich die, daß das Bewußtsein, da es grundsätzlich den gesonderten Organismus übersteigt, 1. *eins* ist und 2. unsterblich ist.

Fast jedes Kind fragt sich irgendwann einmal: »Wie wäre ich, wenn ich andere Eltern hätte?« Anders ausgedrückt, das Kind ist sich auf sehr unschuldige und undeutliche Weise darüber im klaren, daß das Bewußtsein selbst (jener innere Zeuge oder die innere Ichheit) nicht allein durch die besonderen äußeren Formen von Leib und Seele begrenzt ist, die es belebt. Jedes Kind scheint zu spüren, daß es noch immer es selbst sein würde, auch wenn es andere Eltern und einen anderen Körper hätte. Das Kind weiß, daß es anders aussehen und handeln würde, aber *immer noch ein »Ich« sein würde* (»Ich habe eine Seele, einen Leib und Emotionen, aber *ich bin nicht* die Seele, der Leib und die Emotionen.«). Das Kind stellt die Frage – »Wäre ich noch *ich*, wenn ich andere Eltern hätte?« –, weil es möchte, daß die Eltern seine Transzendenz erklären, die Tatsache, daß es noch als dieselbe »innere Ichheit« erscheinen und dieselbe »innere Ich-heit« fühlen würde, auch wenn es andere Eltern hätte. Die Eltern haben wahrscheinlich ihr eigenes transpersonales Selbst schon lange vergessen und können daher keine für das Kind annehmbare Antwort geben. Einen Augenblick lang sind die meisten Eltern jedoch bestürzt und spüren, daß hier etwas unendlich Wichtiges ist, an das sie sich irgendwie nicht richtig erinnern können . . .

Jeder, der grundlegend anfängt, das transpersonale Selbst intuitiv zu erfassen, wird vielleicht erkennen, daß es nur *ein* Selbst gibt, das diese verschiedenen äußeren Formen annimmt, denn jeder Mensch hat dieselbe Intuition von dieser *selben* inneren Ich-heit, die über den Körper hinausgeht. Dieses einzelne Selbst geht absolut über Leib und Seele hinaus und ist daher *im wesentlichen in allen bewußten Lebewesen ein und dasselbe*. Genauso wie ein Mensch ein Zimmer verlassen und in ein anderes hineingehen kann, ohne daß sich sein inneres Gefühl der Ich-heit grundlegend verändert, wäre er auch nicht grundlegend anders, wenn er einen anderen Körper mit anderen Erinnerungen und anderen Empfindungen hätte. Er ist der Zeuge dieser Objekte, aber er ist nicht an sie gebunden.

Die Einsicht, daß das transzendente Selbst über den individuellen Organismus hinausgeht, bringt auch eine innere Schau der Unsterblichkeit mit sich. Die meisten Menschen haben das Gefühl in sich, unsterblich zu sein. Sie können sich ihr eigenes Nicht-Dasein nicht vorstellen. Niemand kann das. Aber der Durchschnittsmensch stellt sich irrigerweise vor und wünscht zutiefst – weil er nur als Kentaur, Ich oder Persona existiert –, sein *individuelles* Selbst werde ewig leben. Es ist nicht wahr, daß die Seele, das Ich oder der Leib unsterblich ist. Sie werden sterben wie alles, was zusammengesetzt, ein Kompositum, ist. Sie sterben beständig, und nicht eines von ihnen wird ewig leben. Reinkarnation bedeutet nicht, daß das Ich sich durch aufeinanderfolgende Existenzen bewegt, sondern, daß das transzendente Selbst der »eine und einzige Wanderer« ist, wie Shankara selbst gesagt hat.

In gewissem Sinn müssen wir also in unserem falschen, abgetrennten Selbst »sterben«, um zu unserem unsterblichen und transzendenten Selbst zu erwachen. Daher das berühmte Paradoxon: »Wenn du stirbst, bevor du stirbst, wirst du nicht sterben, wenn du stirbst«, und die Aussage der Mystiker: »Niemand bekommt so viel von Gott, wie derjenige, der gründlich tot ist«. Das ist auch der Grund, warum so viele Menschen, die beharrlich irgendeine Form transpersonaler »Therapie« praktizieren, berichten, daß sie den Tod eigentlich nicht mehr fürchten.

Vielleicht können wir dieser grundlegenden Einsicht der Mystiker und Weisen – daß es nur *ein* unsterbliches Selbst gibt, das uns allen gemeinsam innewohnt – noch auf andere Art nahekommen. Vielleicht haben Sie wie die meisten Menschen das Gefühl, Sie seien heute im Grunde derselbe Mensch, der Sie gestern waren. Sie meinen wahrscheinlich auch, daß Sie im Grunde noch derselbe Mensch sind wie vor einem Jahr. Tatsächlich scheinen Sie noch *derselbe* Mensch zu sein, der Sie immer waren. Drücken wir es anders aus: Sie erinnern sich nicht an eine Zeit, in der Sie nicht Sie waren. Mit anderen Worten, *etwas* in Ihnen scheint vom Verstreichen der Zeit unberührt zu bleiben. Aber gewiß ist Ihr Körper nicht derselbe, der er auch nur vor einem Jahr war. Gewiß sind auch Ihre Empfindungen heute anders als früher. Sicher sind auch Ihre Erinnerungen im ganzen heute anders als vor zehn Jahren. Ihre Seele, Ihr Körper, Ihre Gefühle – *alles* hat sich mit der Zeit verändert. Aber etwas hat sich nicht verändert, und Sie wissen, daß etwas sich nicht verändert hat. Etwas fühlt sich gleich an. Was ist das?

Vor einem Jahr um diese Zeit hatten Sie andere Sorgen und grundlegend andere Probleme. Ihre unmittelbaren Erlebnisse waren anders, ebenso Ihre Gedanken. Sie sind alle verschwunden, aber etwas in Ihnen bleibt. Gehen Sie einen Schritt weiter. Was wäre, wenn Sie in ein ganz anderes Land gezogen wären, mit neuen Freunden, einer neuen Umgebung, neuen Erlebnissen, neuen Gedanken. Sie hätten immer noch das grundlegende innere Gefühl von Ich-heit. Und weiter – wenn Sie nun sofort die ersten zehn oder fünfzehn oder zwanzig Jahre Ihres Lebens vergessen würden? Sie würden immer noch dieselbe innere Ich-heit empfinden, nicht wahr? Wenn Sie in diesem Moment einfach vorübergehend *alles* vergessen, was in Ihrer Vergangenheit geschehen ist, und einfach nur diese reine innere Ich-heit fühlen – hat sich in Wirklichkeit *irgend etwas* verändert?

Es ist, kurz gesagt, etwas in Ihnen – dieses tiefe innerliche Gefühl der Ich-heit –, das *nicht* Gedächtnis, Gedanken, Seele, Körper, Erfahrung, Umgebung, Gefühle, Konflikte, Empfindungen oder Stimmungen ist. Denn diese alle haben sich verändert und können sich verändern, ohne diese innere Ich-heit wesentlich zu beeinflussen. *Das* ist es, was durch das Verstreichen der Zeit nicht berührt wird – und das ist der transpersonale Zeuge und das transpersonale Selbst.

Ist es denn so schwer, sich klarzumachen, daß *jedes* bewußte Lebewesen *dieselbe* innere Ichheit hat? Und daß deshalb die Gesamtzahl der transzendenten »Iche« nur *eins* ist? Wir haben schon vermutet, daß Sie, wenn Sie einen anderen Körper hätten, immer noch dieselbe Ich-heit empfinden würden – aber das ist schon genau dieselbe Art, wie jeder andere Mensch eben jetzt empfindet. Ist es nicht ebenso einfach zu sagen, daß es nur eine einzige Ich-heit oder ein einziges Selbst gibt, das verschiedene Anschauungen, verschiedene Erinnerungen, verschiedene Gefühle und Empfindungen annimmt?

Und nicht nur zu diesem Zeitpunkt, sondern zu allen Zeiten, vergangenen und zukünftigen. Da Sie zweifellos das Gefühl haben (obwohl Ihre Erinnerungen, Ihr Leib und Ihre Seele anders sind), Sie seien derselbe Mensch wie vor zwanzig Jahren (nicht dasselbe Ich, derselbe Körper, aber dieselbe Ichheit), könnten Sie nicht auch dieselbe Ich-heit sein wie vor zweihundert Jahren? Wenn die Ich-heit nicht von Erinnerungen und Leib und Seele abhängt, was würde es ausmachen? Der Physiker Schrödinger drückte es so aus:

> Es ist unmöglich, daß diese Einheit von Wissen, Gefühl und Entscheidung, die Sie *Ihre eigene* nennen, in einem bestimmten Augenblick vor noch nicht so langer Zeit plötzlich aus dem Nichts entstanden ist; vielmehr sind dieses Wissen, dieses Gefühl und diese Entscheidung ihrem Wesen nach ewig und unveränderlich und zahlenmäßig *eins* in allen Menschen, nein, in allen fühlenden Wesen. Die Bedingungen für Ihr Dasein sind fast so alt wie die Felsen. Jahrtausendelang haben Männer gestrebt und gelitten und gezeugt, und Frauen haben unter Schmerzen geboren. Vor hundert Jahren hat vielleicht ein anderer Mensch an dieser Stelle gesessen; wie Sie hat er mit Furcht und Sehnsucht im Herzen auf das sterbende Licht auf den Gletschern geblickt. Wie Sie war er vom Mann gezeugt und von der Frau geboren. Er hat Schmerz und kurze Wonne empfunden wie Sie. *War* er jemand anders? War er nicht Sie selbst?

Ah, sagen wir, das kann ich nicht gewesen sein, denn ich kann mich nicht erinnern, was damals geschehen ist. Aber das heißt, den Fehler begehen, Ich-heit mit Erinnerungen gleichzusetzen, und wir haben gerade gesehen, daß Ich-heit nicht Erinnerung ist, sondern Zeuge der Erinnerung. Außerdem können Sie sich wahrscheinlich nicht einmal erinnern, was im letzten Monat mit Ihnen geschehen ist, aber Sie sind dennoch Ich-heit. Was hat es also zu sagen, wenn Sie sich nicht erinnern können, was im letzten Jahrhundert geschehen ist? Sie sind dennoch diese transzendente Ich-heit, und dieses Ich – es gibt nur eins im ganzen Kosmos – ist dasselbe Ich, das in jedem neugeborenen Wesen erwacht, dasselbe Ich, das aus unseren Ahnen hervorgeschaut hat und aus unseren Nachkommen herausschauen wird – ein und dasselbe Ich. Wir meinen nur deshalb, daß sie anders seien, weil wir den Fehler machen, die innere und transpersonale Ich-heit mit den äußeren und individuellen Größen Erinnerung, Leib und Seele gleichzusetzen, die tatsächlich anders sind.

Aber was dieses innere Ich angeht . . . wirklich, was ist das? Es ist nicht mit Ihrem Körper geboren worden und es wird beim Tod nicht vergehen. Es erkennt die Zeit nicht an, noch sorgt es sich um ihre Nöte. Es ist ohne Farbe, Gestalt, Form oder Umfang, und doch erblickt es die ganze Pracht vor Ihren Augen. Es sieht Sonne, Wolken, Sterne und Mond, ist selbst aber nicht sichtbar. Es hört die Vögel, die Grillen, den rauschenden Wasserfall, ist selbst aber unhörbar. Er erfaßt das gefallene Blatt, den verkrusteten Felsen, den knotigen Ast, kann aber selbst nicht erfaßt werden.

Sie brauchen nicht zu versuchen, Ihr transzendentes Selbst zu sehen, was ohnehin nicht möglich ist. Kann Ihr Auge sich selber sehen? Sie brauchen nur anzufangen, indem Sie beharrlich Ihre falsche Identifikation mit Ihren Erinnerungen, Ihrem Leib, Ihrer Seele, Ihren Gefühlen und Gedanken aufgeben. Und dieses Aufgeben erfordert nichts in der Art einer übermenschlichen Anstrengung oder theoretischen Verständnisses. Erforderlich ist zunächst nur eine Erkenntnis: *Alles, was Sie sehen können, kann nicht der Sehende sein. Alles,* was Sie von sich wissen, ist gerade *nicht* Ihr Selbst, der Wissende, die innere Ich-heit, die weder wahrgenommen, definiert oder in irgendeiner Weise zum *Objekt* gemacht werden kann. Knechtschaft ist nichts als die irrtümliche Identifizierung des Sehenden mit all diesen Dingen, die man *sehen* kann. Die Befreiung beginnt mit der einfachen Umkehrung dieses Fehlers.

Jedesmal, wenn Sie sich mit einem Problem, einer Angst, einem Seelenzustand, einer Erinnerung, einem Verlangen, einer Körperempfindung oder einem Gefühl identifizieren, stürzen Sie sich selbst in Sklaverei, Begrenzung, Furcht, Einengung und schließlich in den Tod. Diese alle kann man sehen, also sind sie nicht der Sehende. Andererseits bedeutet es, wenn man fortwährend der Sehende, der Zeuge, das Selbst bleibt, sich von Einschränkungen und Problemen zu *distanzieren* und schließlich aus ihnen herauszutreten.

Die ist eine einfache, wenn auch mühsame Übung, aber ihre Ergebnisse sind nichts weniger als Befreiung in diesem Leben, denn das transzendente Selbst wird überall als ein Strahl des Göttlichen anerkannt. Im Prinzip ist Ihr transzendentes Selbst von der gleichen Natur wie Gott (wie immer Sie diese auffassen mögen). Denn schließlich, im Grunde, zutiefst, ist es Gott allein, der mit Ihren Augen sieht, mit Ihren Ohren hört und mit Ihrer Zunge spricht. Wie sonst könnte der heilige Clemens behaupten, wer sich selbst kenne, kenne Gott?

Dies ist also die Botschaft Jungs, und mehr noch der Heiligen und Mystiker, seien sie Indianer, Taoisten, Hindus, Moslems, Buddhisten oder Christen: Auf dem Grunde Ihrer Seele ist die Seele der Menschheit selbst, aber eine göttliche, transzendente Seele, die aus der Knechtschaft zur Befreiung führt, aus der Verzauberung zum Erwachen, aus der Zeit in die Ewigkeit, vom Tod zur Unsterblichkeit.

Die transpersonalen Schichten haben so viele Aspekte, und es gibt so viele Zugänge zu ihnen, daß wir sie in Gruppen zusammenfassen wollen.

Zu den Werken C. G. Jungs: *Das C. G. Jung-Lesebuch*. Hrsg. von Franz Alt (Olten/Freiburg: Walter, 1983): zum ersten Einlesen geeignete Auswahl. Die wichtigsten Schriften enthält: *Grundwerk C. G. Jung*, 9 Bände (Olten/Freiburg: Walter, 1984/85). Eine Einführung in das Gesamtwerk bietet: Jolande Jacobi: *Die Psychologie von C. G. Jung*. (Frankfurt: Fischer Tb., 1977, Bücher d. Wiss. 6365). In Leben und Werk führt ein: Marie-Louise von Franz: *C. G. Jung. Sein Mythos in unserer Zeit*. (Frauenfeld: Huber, 1972). Einen Vergleich der Psychoanalyse Freuds und der Analytischen Psychologie Jungs nimmt vor: Liliane Frey-Rohn: *Von Freud zu Jung* (Zürich, 1980).

Abraham Maslows grundlegende Studien des Transpersonalen sind *Psychologie des Seins* (München: Kindler, 1973) und *The Farther Reaches of Human Nature* (New York, 1971). Wer sich für herkömmliche Psychologien interessiert, sollte sich *Transpersonale Psychologie*. Hrsg. von Charles Tart ansehen (Olten/Freiburg: Walter, 1978). Siehe auch *Die Begründung der Transpersonalen Psychologie*. Hrsg. von Eckart Ruschmann (Freiburg: Gesellschaft für Transpersonale Psychotherapie, 1983).

Die Psychosynthese stellt einen zuverlässigen und wirksamen Zugang zum transzendenten Selbst dar, der ohne Unsicherheit formuliert ist; das *Handbuch der Psychosynthesis*. Angewandte transpersonale Psychologie (Freiburg: Aurum, 1978) von Roberto Assagioli, dem Begründer dieser Richtung, ist eine umfassende Einführung. Die in diesem Kapitel angegebene Übung der Aufhebung von Identifikationen habe ich nach diesem Buch ausgearbeitet. Wichtige Angaben zur psychedelischen Forschung finden sich in *Topographie des Unbewußten* von S. Grof (Stuttgart: Klett-Cotta, 1978). Tun Sie Grofs Werk nicht als Mitteilungen über »LSD-Halluzinationen« ab. Grof gehört zu den brillantesten Psychologen unserer Zeit, und seine Arbeiten beruhen immer auf sorgfältigen Forschungen, die er gekonnt darstellt und mit Verstand erläutert.

Zur transzendenten Einheit der Religionen – und zur Philosophia perennis im allgemeinen – siehe Frithjof Schuon: *Von der inneren Einheit der Religionen* (Interlaken: Ansata, 1981). Die beste Einführung in dieses Gebiet für den allgemein interessierten Leser ist *The Forgotten Truth* von Huston Smith (New York: Harper & Row, 1976).

Für den Bereich »Meditation und das Transpersonale«: Karlfried Graf Dürckheim: *Meditieren – wozu und wie*. (Freiburg: Herder, 5. Aufl. 1980), noch deutlicher auf das Bewußtsein von All-Einheit im Überschreiten der Grenzen von Zeit und Raum orientiert: Hetty Draayer: *Finde dich selbst durch Meditation*. (München: Kösel, 1984). Besonders das zweite Buch führt durch zahlreiche Übungen zur Meditation hin und enthält hilfreiche grundsätzliche und praktische Anleitungen. Zu den transpersonalen Schichten und durch diese hindurch auf die Schicht des »Bewußtseins von Einheit« zielen viele Wege und Ansätze. Deshalb sind die Empfehlungen ziemlich willkürlich geteilt in die hier angeführten und jene, die zum nächsten Kapitel angegeben werden. Im allgemeinen stellen die hier genannten Werke – als eine Art Mittelding – eine Grundlage der Bewußtheit in den transpersonalen Schichten her und gehen dann (sofern sie darüber hinausreichen) von dort aus zur Ebene des Bewußtseins von Einheit weiter.

Die transpersonalen Schichten setzen sich in Wirklichkeit aus mehreren Unter-Ebenen zusammen, und verschiedene Arten der Meditation scheinen diese Unter-Ebenen anzusprechen. Für die Kundalini-Ebene siehe Gopi Krischna: *Die evolutionäre Kundalini-Kraft*. (Freiburg: Aurum, 1975). Spezieller: *Kundalini, Evolution, and Enlightenment*. Hrsg. von J. White (New York: Anchor Press/Doubleday, 1979). Die subtileren Aspekte (bekannt als *nada* oder *shabd*) findet der Leser in jedem der Werke von Kirpal Singh.

Da die Transzendentale Meditation einfach, wirksam und, was

besonders wichtig ist, leicht zugänglich ist, würde ich sie zur Einführung in diese Art der Meditation als eine der ersten empfehlen. Meine abschließenden Empfehlungen für Meditation im allgemeinen habe ich dem nächsten Kapitel vorbehalten.

10 Der höchste Zustand des Bewußtseins

Es gibt weder Schöpfung noch Zerstörung,
weder Schicksal noch Willensfreiheit;
weder Weg noch Vollendung;
dies ist die letzte Wahrheit.

Sri Ramana Maharshi

Da das »All-Einheitsbewußtsein« dem zeitlosen Augenblick angehört, ist es jetzt ganz gegenwärtig. Und offensichtlich gibt es keinen Weg, um das Jetzt zu erreichen. Es gibt keine Möglichkeit, bei dem *anzukommen,* was schon ist. Daher gibt es, worauf Ramana hinweist, keinen Weg zum Bewußtsein der All-Einheit, und das verkündet er als letzte Wahrheit.
Dies erscheint als eine seltsame oder zumindest frustrierende Schlußfolgerung, besonders da wir gerade so viel Zeit damit zugebracht haben, einige praktische Möglichkeiten zu untersuchen, wie wir mit den anderen Ebenen des Spektrums in Kontakt kommen könnten. In den letzten Kapiteln haben wir gesehen, daß es gewisse Übungen, Techniken und Disziplinen gibt, die das Hinabsteigen zu jeder der anderen Ebenen erleichtern können. Der Grund, daß wir mit diesen Ebenen Kontakt aufnehmen können, liegt darin, daß sie *Teil*zustände des Bewußtseins sind (d. h. weniger als allumfassend). Sie *unterscheiden* sich von anderen Ebenen, und deshalb kann man sie unter Ausschluß aller anderen entwickeln. Sie haben Grenzen subtiler oder grober Art, und man kann Sie daher *selektiv* bearbeiten.
Die Situation ist jedoch bei der »Ebene« des Bewußtseins der All-Einheit etwas anderes, denn es ist kein Teilzustand. Vielmehr ist es auf radikalste Weise allumfassend, ähnlich wie ein Spiegel, der gleichfalls alle Objekte umfaßt, die er widerspiegelt. Bewußtsein der All-Einheit ist kein von anderen Zuständen verschiedener oder gesonderter Zustand, sondern die Bedingung

und wahre Natur *aller* Zustände. Wenn es anders wäre als irgendein Zustand (z. B. wenn es anders wäre als Ihr Bewußtsein eben jetzt), dann würde das bedeuten, daß es eine Grenze hätte, daß es etwas hätte, was es von Ihrem gegenwärtigen Bewußtsein trennt. Aber das Bewußtsein der All-Einheit hat keine Grenzen, also gibt es nichts, was es von irgendetwas trennt. Die Erleuchtung flammt in diesem Moment hell auf, und in diesem Moment, und in diesem.

Vielleicht wird eine einfache Analogie helfen, diesen Punkt zu erklären. Die verschiedenen Ebenen des Spektrums sind etwas Ähnliches wie die verschiedenen Wellen des Meeres – jede Welle unterscheidet sich sicherlich von allen anderen. Manche Wellen nahe der Küste sind stark und mächtig, während andere weiter draußen schwächer und weniger mächtig sind. Aber jede Welle ist dennoch anders als alle anderen, und wenn Sie beim Wellenreiten wären, könnten Sie eine bestimmte Welle auswählen, sie erwischen, sie reiten und mit ihr je nach Ihren Fähigkeiten arbeiten. Nichts von alledem könnten Sie tun, wenn die Wellen nicht unterschiedlich wären. Jede Ebene des Spektrums ist wie eine bestimmte Welle, und so können wir jede von ihnen »erwischen« – mit der richtigen Technik und genügend Übung.

Bewußtsein der All-Einheit ist jedoch nicht so sehr eine bestimmte Welle, sondern vielmehr das *Wasser* selbst. Und es gibt keine Grenze, keinen Unterschied, keine Trennung zwischen dem Wasser und allen Wellen. Das heißt, das Wasser ist in *allen* Wellen gleichermaßen gegenwärtig, in dem Sinn, daß keine Welle nasser ist als eine andere.

Wenn Sie also nach der »Nässe« selbst suchen – der *Bedingung* und dem *Zustand* aller Wellen –, werden Sie überhaupt nichts dadurch gewinnen, daß Sie von einer Welle zur anderen hüpfen. Tatsächlich haben Sie viel zu verlieren, denn solange Sie auf der Suche nach Nässe von einer Welle zur anderen hüpfen, werden Sie natürlich nie entdecken, daß Nässe in ihrer Reinheit in jeder Welle existiert, auf der Sie vielleicht gerade reiten. Nach dem Bewußtsein der All-Einheit suchen, ist ebenso, als wollte man auf der Suche nach Wasser von einer Erlebniswelle zur nächsten springen. Und darum »gibt es weder Weg noch Erfüllung«. Der große Zen-Meister Hakuin schien eben diese Analogie im Sinn zu haben, als er schrieb:

> Nicht wissend, wie nah die Wahrheit ist,
> suchen die Menschen sie weit weg – wie schade!
> Sie gleichen dem, der inmitten des Wassers
> so flehend seinen Durst hinausschreit.

Vielleicht können wir nun allmählich erkennen, warum es, streng genommen, keinen Weg zum Bewußtsein der All-Einheit gibt. Es ist kein besonderes Erlebnis unter anderen Erlebnissen, keine große Erfahrung im Gegensatz zu einer kleinen Erfahrung, nicht eine Welle an Stelle einer anderen. Es ist vielmehr jede Welle des gegenwärtigen Erlebens, wie sie gerade ist. Und wie kann man mit dem gegenwärtigen Erleben in Kontakt treten? Es gibt nichts anderes als gegenwärtiges Erleben, und es gibt eindeutig keinen Weg zu dem, was immer ist. Es gibt keinen Weg zur Nässe, wenn man schon bis zum Hals im Wasser steht.

Aus all diesen Gründen behaupten die wahren Weisen, es gebe keinen Weg zum Absoluten, keine Möglichkeit, Bewußtsein der All-Einheit zu *gewinnen*. Der Hindu Shankara sagt: »Da Brahman das Selbst eines Menschen bildet, ist es nicht etwas, was dieser Mensch erlangen kann.« Der Buddhist Huang Po sagt: »Daß es nichts zu erlangen gibt, ist kein müßiges Gerede; es ist die Wahrheit.« Der Christ Eckhart sagt: »Du sollst Gott ohne Abbild und ohne Hilfsmittel (ohne Weg) erkennen.« Krishnamurti, ein moderner Weiser, sagt: »Das Reale ist nahe, du brauchst nicht danach zu suchen, und ein Mensch, der die Wahrheit sucht, wird sie niemals finden.«

Wie Eckhart sagte, gibt es *keine Hilfsmittel,* die zum Höchsten führen, keine Techniken, keine Wege, und das ist nur so, weil es seine Natur ist, allgegenwärtig zu sein, immer und überall gegenwärtig. Unsere Schwierigkeit ist, so scheint es, dieselbe wie die des Menschen, der auf der Suche nach Nässe von einer Welle zur anderen hüpft. Wir wollen nicht lange genug stillhalten, um unseren gegenwärtigen Zustand zu verstehen. Indem wir

immer woandershin schauen, *entfernen* wir uns in Wirklichkeit von der Antwort, in dem Sinn, daß sich das wesentliche Verständnis des gegenwärtigen Zustands, wenn wir immer in die Ferne sehen, nicht entfaltet. Unsere Suche selbst, unsere eigene Sehnsucht, vereitelt die Entdeckung. Kurzum, wir versuchen immer, uns vom gegenwärtigen Erleben zu entfernen, während in Wirklichkeit gerade *dieses gegenwärtige Erleben* immer den Schlüssel zu unserer Suche enthält. Wir suchen nicht wirklich nach der Antwort – wir fliehen vor ihr.
Aber bedeutet dies, daß wir nichts tun sollen? Daß wir aufhören sollen, uns von der Gegenwart zu entfernen? Daß wir versuchen sollen, mit dem Jetzt voll in Kontakt zu treten? Das scheint einigermaßen vernünftig, bis wir es näher untersuchen. Selbst das Nichtstun ist völlig abwegig, denn *warum* wollen wir nichts tun? Ist das nicht nur ein weiterer Versuch, uns von dieser gegenwärtigen Welle des Erlebens auf der Suche nach einer nasseren Welle zu entfernen? Ob wir versuchen, etwas zu tun oder nichts zu tun, *wir müssen doch einen Schritt tun* – und verfehlen beim ersten Schritt schon das Ziel.
Dies ist also das große Paradoxon des Bewußtseins der All-Einheit. Man kann eigentlich nichts tun, um es zu bekommen – ich glaube, das ist zumindest theoretisch klar. Und doch ist es noch offensichtlicher, daß wir, wenn wir nicht etwas tun, genauso bleiben, wie wir sind. Der Zen-Meister Ma-tsu drückte es unverblümt aus: »Im Tao gibt es nichts, worin man sich disziplinieren kann. Wenn irgendeine Disziplin darin ist, bedeutet der Vollzug einer solchen Disziplin die Zerstörung des Tao. Aber wenn im Tao überhaupt keine Disziplin ist, bleibt man ein Unwissender.«
So kommen wir zu einem wesentlichen Punkt der wichtigeren mystischen Traditionen, dem nämlich, daß *besondere Bedingungen* für die Aktualisierung des Bewußtseins der All-Einheit geeignet (aber nicht notwendig) sind. Außerdem *führen* diese Bedingungen nicht zum Bewußtsein der All-Einheit – sie sind selbst ein *Ausdruck* dieses Bewußtseins. Sie sind

eine formale, rituelle Verkörperung und eine Freude an der ursprünglichen Erleuchtung.

Im Zen-Buddhismus gibt es z. B. ein schönes Wort: *Honsho-myoshu,* das bedeutet »ursprüngliche Erleuchtung ist eine herrliche Übung«. Das Bewußtsein der All-Einheit ist kein *zukünftiger* Zustand, der das *Ergebnis* irgendeiner Übung ist, denn das würde bedeuten, daß es einen *Anfang* in der Zeit hat, daß es nicht jetzt existiert, sondern morgen existieren wird. Das würde das Bewußtsein der All-Einheit zu einem streng zeitlichen Zustand machen, was überhaupt nicht annehmbar ist, denn »All-Einheitsbewußtsein« ist ewig gegenwärtig.

Daß das Bewußtsein der All-Einheit immer gegenwärtig ist, ist unser *Honsho,* unsere »ursprüngliche Erleuchtung«, ursprünglich nicht deshalb, weil es in alten Vorzeiten eingetreten ist, sondern weil es der *Ursprung* und Grund dieses Augenblicks ist. Erleuchtung ist der Ursprung der gegenwärtigen Form. *Myoshu,* spirituelle Übung, ist die Bewegung oder Aktivität dieses Ursprungs; sie ist die angemessene Funktion der ursprüng-lichen Erleuchtung. *Honsho-myoshu* bedeutet daher, daß echte spirituelle Übung *aus* der Erleuchtung entspringt, nicht *zu* ihr hinführt. Unsere Übung führt nicht *zum* Bewußtsein der All-Einheit, unsere Übung *ist* von Anfang an Bewußtsein der All-Einheit – tatsächlich seit Beginn der Zeit. Suzuki Roshi drückt dies so aus:

> Wenn unsere Übung nur ein Mittel ist, um Erleuchtung zu erlangen, gibt es tatsächlich keine Möglichkeit, sie zu erlangen. Erleuchtung ist nicht irgendein gutes Gefühl oder ein besonderer Geisteszustand. Der Geisteszustand, der herrscht, wenn man (im Zazen) sitzt, ist selbst Erleuchtung. In dieser Haltung ist es nicht nötig, vom richtigen Geisteszustand zu reden. Man hat ihn schon.

Und ist dies wirklich anders als die christlich-esoterische Lehre, nach der man im wahren Gebet nicht versucht, Gott zu erreichen, sondern daß hier Gott zu sich selbst betet? »Tröste dich; du würdest Mich nicht suchen, wenn du nicht schon gefunden hättest.« Nach allem, was man hört, ist unsere spirituelle Übung selbst schon das Ziel. Der Zweck und die Mittel, der Weg und das Ziel, Alpha und Omega, sind eins.

Aber dies löst noch eine weitere Frage aus. Warum sollen wir dann überhaupt üben, wenn wir schon die Buddha-Natur oder die ursprüngliche Erleuchtung oder den inneren Christus haben? Gut, wir könnten sagen, »Warum nicht?«. Aber das wirklich Wesentliche ist, daß das Übernehmen der besonderen Bedingungen spiritueller Übung ein angemessener Ausdruck des Bewußtseins der All-Einheit ist. Ein unschätzbares Juwel hat keinen irgendwie gearteten irdischen Wert, wenn man es nicht verwenden, ausdrücken, manifestieren kann. Ebenso ist ein angemessener Gebrauch ursprünglicher, spiritueller Erleuchtung spirituelle Aktivität in ihrer vollen Ausdehnung. Selbst wenn es in unserer spirituellen Übung so aussieht, als versuchten wir, Erleuchtung zu *erlangen, drücken* wir sie in Wirklichkeit nur *aus*. Wenn wir z. B. Zazen üben, tun wir das tief im Inneren nicht, um Buddhas zu werden, sondern um uns wie die Buddhas zu verhalten, die wir schon sind. Um noch einmal Suzuki Roshi zu zitieren:

> Die von Buddha bis in unsere Zeit weitergegebene Erkenntnis lautet, wenn man mit Zazen beginnt, ist Erleuchtung da, ohne jede Vorbereitung. Ob Sie Zazen praktizieren oder nicht, Sie haben eine Buddha-Natur. Weil Sie sie haben, ist Erleuchtung in Ihren Übungen. Wenn wir von Anfang an eine Buddha-Natur haben, ist der Grund, warum wir Zazen praktizieren, daß wir uns wie Buddha verhalten müssen. Unser Verfahren besteht nicht darin, daß wir sitzen, um etwas zu erwerben, es soll unsere wahre Natur ausdrücken. Das ist unsere Übung. Die Praxis des Zazen ist der unmittelbare Ausdruck unserer wahren Natur. Streng genommen gibt es für einen Menschen keine andere Praxis als diese; es gibt keine andere Lebensweise als diese.

Suzuki Roshi meint nicht, daß der Buddhismus an sich das einzige Leben sei, sondern daß das Bewußtsein der All-Einheit oder der »große Geist« das einzige Leben ist. Und wegen des *Honsho-myoshu* ist die Praxis von einem Augenblick zum nächsten als freudiger und dankbarer Ausdruck der ursprünglichen Erleuchtung die einzige Lebensweise. Von dieser Seite her gesehen, gibt es tatsächlich keine andere Art zu leben, sondern als Alternative nur zahlreiche Arten zu leiden.

Wenn wir *Honsho-myoshu* verstehen, ist alles, was wir tun, Übung, ein Ausdruck der ursprünglichen Erleuchtung. Jede

Handlung entspringt der Ewigkeit, der Grenzenlosigkeit, und ist, wie sie eben ist, ein vollkommener und unbehinderter Ausdruck des Alls. Alles, was wir tun, wird uns zur Übung, zum Gebet – nicht nur Zazen, liturgischer Gesang, die Sakramente, Mantra-Meditation, Sutra-Rezitation oder Bibellesungen – sondern alles, vom Geschirrspülen bis zum Anfertigen der Einkommenssteuer-Erklärung. Das ist nicht in dem Sinn gemeint, daß wir Geschirr spülen und an die ursprüngliche Erleuchtung denken, sondern so, daß das Geschirrspülen selbst ursprüngliche Erleuchtung ist.

Wir beginnen also jede »Therapie«, die auf die Ebene des Bewußtseins der All-Einheit abzielt, indem wir besondere Bedingungen spiritueller Übung auf uns nehmen. Es kann Zazen sein oder Mantra-Meditation oder Hingabe an Gott durch Christus oder durch einen Guru oder bestimmte Visualisierungsverfahren. Es ist unmöglich, im Rahmen eines kurzen Kapitels auch nur eine dieser spirituellen Übungen zu skizzieren, daher wird sich der allgemein interessierte Leser auf die am Ende dieses Kapitels empfohlene Lektüre stützen und der Sache selbst nachgehen müssen. Ich möchte hier eine kurze Vorschau auf einige der Einsichten und Veränderungen geben, die sich bei Ihnen ergeben könnten, wenn Sie eine spirituelle Übung anfangen. Das mag Ihnen zumindest ein Gespür dafür geben, wie einige dieser Übungen sind und Ihnen so zu entscheiden helfen, ob es sich in Ihrem Fall lohnt, sich auf sie einzulassen.

Wenn sich jemand in die besonderen Bedingungen einer spirituellen Übung hineinbegibt, wird er allmählich mit zunehmender Gewißheit und Klarheit eine ärgerliche, aber unverkennbare Tatsache erkennen: Niemand will das Bewußtsein der All-Einheit. Zu jeder Zeit leisten wir in Wirklichkeit *Widerstand* gegen dieses Bewußtseins, vermeiden Gott, bekämpfen das Tao. Es ist sicher, daß wir immer von einer Welle zur anderen hüpfen, daß wir immer die gegenwärtige Welle des Erlebens abwehren. Aber Bewußtsein der All-Einheit und Gegenwart sind ein und dasselbe. Dem einen widerstehen, heißt, auch dem anderen widerstehen. Theologisch ausgedrückt: Wir leisten immer der Gegenwart Gottes Widerstand; sie ist nichts weiter als die volle Gegenwart in all ihren Formen. Wenn es einen Aspekt des Lebens gibt, der Ihnen mißfällt, dann gibt es einen Aspekt des Bewußtseins der All-Einheit, gegen den Sie Widerstand leisten. Wir verleugnen also aktiv, wenn auch insgeheim, dieses Bewußtsein und leisten ihm Widerstand. Das Begreifen dieses geheimen Widerstands ist letztlich der Schlüssel zur Erleuchtung.

Wir sollten aber beachten, daß wir hier nicht zum ersten Mal irgendeine Form von *Widerstand* sehen. Tatsächlich wird jede Hauptebene des Spektrums durch einen besonderen Widerstandsmodus festgesetzt. Als wir das Hinabsteigen von der Persona-Ebene zur Ich-Ebene besprachen, ist uns als erstes der Widerstand gegen den Schatten begegnet. Darum hat Freud, der meisterliche Erforscher des Schattens, gesagt: »Wie Sie wissen, ist eigentlich die ganze psychoanalytische Theorie über der Wahrnehmung des *Widerstands* aufgebaut, den uns der Patient bei dem Versuch, ihm sein Unbewußtes bewußt zu machen, leistet.« Bei unserer Untersuchung des Schattens haben wir diesen Widerstand überall auftauchen sehen. Wir haben gesehen, daß ein Individuum gegen jeden Impuls und jede Information, die für sein Selbstbild unannehmbar ist, Widerstand leisten kann. Dieses abgelehnte Material wird dann Teil seines Schattens und hinterläßt dem Individuum an seiner Stelle nichts als ein Symptom. Der Mensch kehrt dann den im Grunde gleichen Widerstand gegen sein Symptom. Er bekämpft sein Symptom der Angst, der Phobie oder dergleichen ebenso, wie er früher seinen Schatten bekämpft hat. Außerdem pflegt der Betreffende auch jedem Menschen Widerstand (wieder denselben) zu leisten, auf den er vielleicht seinen eigenen Schatten projiziert. Er behandelt dann Menschen wie Symptome.

Das Verblüffende ist – besonders für den, der in diesem Widerstand befangen ist –, daß er (als Persona) ehrlich glaubt, er leiste keinen Widerstand. Er ist sich dessen überhaupt nicht bewußt. Oberflächlich glaubt er, wenn es nach ihm ginge, würde er nicht leiden, nicht depressiv werden, sich nicht verspannen oder andere Symptome entwickeln. Aber das gilt nur für eine Hälfte von ihm, denn die andere, entfremdete Hälfte seiner selbst (sein

Schatten) erlegt sehr gern Leiden auf, und zwar ihm! Er verletzt sich also selber, ohne es zu wissen. Und weil er es nicht weiß, kann er nicht aufhören. Er bringt seine eigenen Symptome hervor, aber er will es nicht zugeben, und so kommt es, daß er schließlich sein Leiden verteidigt. Bis er seinen eigenen Widerstand gegen seinen Schatten einsieht, tritt überhaupt kein Fortschritt ein, denn er wird weiterhin Widerstand leisten und daher jede Bemühung um Weiterentwicklung sabotieren.

Die erste und schwierigste Aufgabe des Therapeuten, der auf der Persona-Ebene arbeitet, ist es also, dem Betroffenen zu helfen, seinen Widerstand gegen seinen eigenen Schatten zu verstehen und durchzuarbeiten. Der Therapeut versucht nicht die Widerstände abzuschaffen, zu umgehen oder unbeachtet zu lassen. Statt dessen hilft er dem Klienten, zu erkennen, wie und, in zweiter Linie, warum er seinem eigenen Schatten Widerstand leistet. Sobald der Mensch erkennt, daß er ganz konkret Aspekten seiner selbst Widerstand leistet – und das ist in Wirklichkeit das Entscheidende an seinen Schwierigkeiten –, ist er in der Lage, allmählich seinen Widerstand herabzusetzen und mit seinem Schatten Fühlung aufzunehmen, ihm nicht auszuweichen, nicht Widerstand zu leisten und ihn nicht zu verdrängen. Wenn der Mensch aber versuchen würde, zuerst direkten Kontakt zu seinem Schatten aufzunehmen, ohne seine Widerstände in Betracht zu ziehen, würde er einfach seine Anstrengungen, dem Schatten zu widerstehen und ihn auszutreiben, verdoppeln, da er die Grundursache des Problems unbeachtet gelassen hat.

In der Psychoanalyse z. B., die eine sehr konsequente Annäherung an den Schatten umfaßt, fordert man den Patienten auf, frei zu assoziieren. Er wird angewiesen, alles und jedes auszusprechen, was ihm in den Sinn kommt, gleichgültig, wie unerhört, unzusammenhängend oder sogar albern es erscheint. Der Patient beginnt damit, und es kommen ihm Gedanken, die in Ketten von Assoziationen, Erinnerungen und Phantasien dahinfließen. Aber ausnahmslos kommt er ziemlich plötzlich an irgendeine Verwicklung. Vielleicht fällt ihm nichts mehr ein oder vielleicht wird es ihm peinlich oder er erstarrt einfach. Als er anfing, frei zu assoziieren, hat er seinen Widerstand, die chronische Zensur seiner Gedanken, fallen lassen, und innerhalb weniger Minuten ist in dieser freien und unbewachten Atmosphäre ein Schattengedanke oder -impuls ganz natürlich an die Oberfläche gekommen, den er bisher abgewehrt und mit Widerstand belegt hatte. Sobald der Schattengedanke aufzutauchen beginnt, gerät der Mensch in die Abwehr und weiß nichts mehr zu sagen. Er leistet dem Schattengedanken Widerstand und bringt so den Fluß der freien Assoziation zum Stehen.

Der Therapeut weist ihn darauf hin. Er konfrontiert den Patienten nicht mit dem Schattengedanken, sondern beginnt lediglich, dessen Widerstandsgefühle gegen einige seiner eigenen Gedanken zu untersuchen. Indem der Therapeut diesen Widerstand in all seinen Formen beharrlich erforscht, hilft er dem Patienten, seine Fähigkeit wiederzugewinnen, sich frei, ohne jeden Widerstand, durch den ganzen Bereich seiner eigenen vergangenen, gegenwärtigen und zukünftigen Gedanken zu bewegen. Am Ende pflegt der Patient seinen eigenen Impulsen und Vorstellungen, seinem eigenen Schatten, keinen Widerstand mehr entgegenzusetzen; auf diese Weise hat er dann ein zutreffenderes und annehmbareres Selbstbild entwickelt.

Diese Art des Widerstands haben wir als erste entdeckt. Die Persona leistet Widerstand gegen den Schatten und verhindert so die Entdeckung und das Auftauchen des richtigen Ichs. Wenn wir uns zur nächsten Hauptebene des Spektrums hinunterbewegen, finden wir einen Widerstand, den das Ich selbst zeigt. Es ist der *Widerstand* des Ichs *gegen die Gefühlsaufmerksamkeit des Kentauren*. Ein Teil dieses Widerstands ist eine Unfähigkeit, eine echte, *auf die Gegenwart zentrierte* Bewußtheit (oder Gefühlsaufmerksamkeit) über längere Zeit aufrechtzuerhalten. Da das kentaurische Bewußtsein sich auf die verstreichende Gegenwart gründet, ist der Widerstand des Ichs gegen den Kentauren ein Widerstand gegen das unmittelbare Hier und Jetzt.

Da das Denken im Grunde in der Zeit verläuft, die Vergangenheit abtastet und die Zukunft drängt, hat es die Tendenz, selbst ein Widerstand gegen den Kentauren zu sein.

Bei Ich-Therapien arbeitet man mit Widerständen im Denkprozeß und gegen den Denkprozeß. In kentaurischen Therapien ist das Denken selbst ein Widerstand. Tatsächlich ist unter dem tieferliegenden Blickwinkel der Kentaurenebene selbst die therapeutische Technik, die auf der Ich-Ebene verwendet wird, eine Form des Widerstands. Darum konnte Fritz Perls, der Therapeut der Kentauren-Ebene par excellence, behaupten: »Da Vermeidung (Widerstand) als Zentralsymptom nervöser Störungen gilt, habe ich die Methode des freien Assoziierens oder der Gedankenflucht durch das Gegenmittel gegen das Vermeiden – die Konzentration – ersetzt.« Und Konzentration worauf? Auf nichts als die unmittelbare Gegenwart in all ihren Formen und das leibseelische Gewahrsein, das sie offenbart. Perls gab den etwas irreführenden Ausdruck »Konzentration« bald auf und ersetzte ihn durch »Gewahrsein des Hier und Jetzt«, und nach Perls macht das Vermeiden (oder der Widerstand gegen das) des kentaurischen Hier und Jetzt die meisten Krankheitszustände aus.

In kentaurischen Therapien wie der Gestalttherapie wird der Klient also nicht aufgefordert, seine Gedanken frei laufen zu lassen, sondern vielmehr das »innere Geplapper« zeitweise zu unterbinden und das Gewahrsein auf das unmittelbare Hier und Jetzt zu lenken. Der Therapeut achtet – nicht auf Blockierungen *im* Denken, sondern – auf jedes Flüchten vom gegenwärtigen Gewahrsein *ins* Denken. Der Therapeut weist den Klienten auf diesen Widerstand oder dieses Vermeiden des Hier und Jetzt hin, bis der Klient selbst begreift, wie er den Kentauren vermeidet, indem er sich ins Ich flüchtet. Bei einer Therapie auf der Ich-Ebene ermutigt man den Klienten, seine Vergangenheit zu erforschen; bei einer Therapie auf der Kentauren-Ebene hindert man ihn daran. In jedem Fall ist ein anderer Typus des Widerstands wirksam, und es haben sich unterschiedliche Techniken herausgebildet, um mit den Widerständen umzugehen, wobei jede Technik auf ihrer eigenen Ebene gültig und angemessen ist.

Wir erkennen also allmählich, wie jede Ebene des Spektrums unter zahlreichen anderen Dingen durch verschiedene Arten des Widerstands oder der Vermeidung gekennzeichnet ist. Auf der

Persona-Ebene haben wir uns gegen die Einheit mit dem Schatten in all seinen Formen gewehrt. Auf der Ich-Ebene haben wir gegen die Einheit mit dem Kentauren und all seinen Eigenschaften Widerstand geleistet. Und schließlich finden wir, wie wir jetzt sehen werden, auf der Kentauren-Ebene selbst (und bis in die transpersonalen Schichten hinein) den letzten und Ur-Widerstand – gegen das Bewußtsein der All-Einheit.

Wir haben auch gesehen, daß jede Art von Widerstand zur Folge hat, daß der Mensch wieder andere Aspekte seiner selbst so sieht, *als seien sie* »Objekte dort draußen«. Der Schatten erschien als etwas Fremdes dort draußen. Der Körper erschien als ein fremder Gegenstand dort unten. Ebenso führt der allertiefste Widerstand an der Basis des Spektrums dazu, daß man einige Aspekte des eigenen Selbst so sieht, als seien sie »Objekte dort draußen«. Aber auf dieser Ebene, da sie so umfassend ist, sind diese äußeren Objekte nichts anderes als die gesamte Umgebung (sei sie grob, subtil, persönlich oder überpersönlich). Die Bäume, die Sterne, die Sonne und der Mond – diese »Umweltobjekte« sind ebensosehr Teil unseres wirklichen Selbst wie der Schatten Teil unseres ichhaften Selbst und wie der Körper Teil unseres kentaurischen Selbst ist.

Dieser Urwiderstand führt zu dem, was wir gemeinhin *Wahrnehmung* nennen. Das heißt, wir nehmen allerlei Objekte wahr, als seien sie von uns getrennt. Und wir wehren uns, ja, wir kämpfen gegen das Bewußtsein der Einheit mit all diesen wahrgenommenen Objekten, genauso, wie wir früher gegen die Einheit mit dem Schatten und die Einheit mit dem gesamtkörperlichen Kentauren gekämpft haben. Wir kämpfen, kurz gesagt, gegen das Bewußtsein der All-Einheit.

So werden wir zu unserem Hauptpunkt zurückgebracht: Durch das Aufnehmen geeigneter spiritueller Übungen beginnen wir zu lernen, *wie* wir gegen das Bewußtsein der All-Einheit Widerstand leisten. Spirituelle Übung zwingt diesen grundlegenden Widerstand in unserem Bewußtsein an die Oberfläche. Wir beginnen zu erkennen, daß wir in Wirklichkeit kein Bewußtsein der All-Einheit wollen und daß wir es immer vermeiden. *Aber gerade das ist die entscheidende Einsicht,* genau wie das Begreifen unseres Widerstands auf jeder anderen Ebene die ausschlaggebende Einsicht war. Unseren Widerstand gegen das Bewußtsein der All-Einheit erkennen heißt, zum ersten Mal mit ihm umgehen und ihn schließlich fallenlassen zu können – und so das geheime Hindernis, das unserer eigenen Befreiung entgegensteht, zu beseitigen.

Wie offenbaren uns diese besonderen Bedingungen der spirituellen Praxis unseren Widerstand gegen das Bewußtsein der All-Einheit? Was ist eigentlich so besonders an ihnen? Warum sind es aus der unendlichen Zahl von Tätigkeiten, die wir ausführen könnten, die »spirituell« genannten, die »funktionieren«, wenn wir es so pragmatisch ausdrücken dürfen? Was ist so einzigartig am Zazen, an tiefer Kontemplation oder an der Hingabe an Gott oder Guru? Warum sind sie so wirksam? Wenn wir beginnen können, dies zu verstehen, werden wir einen langen Weg in der Entzifferung des Paradoxons der großen Befreiung zurückgelegt haben.

Beachten Sie zunächst, daß dies in Wirklichkeit nicht das erste Mal ist, daß wir *besonderen Bedingungen* begegnet sind. Wie die Widerstände haben wir sie schon vorher unter anderen Bezeichnungen gesehen. Wir haben in den letzten drei Kapiteln gesehen, daß die Therapien jeder einzelnen Ebene dem Individuum jeweils besondere Bedingungen auferlegen. Jede der verschiedenen Therapien hat ihre eigenen besonderen Übungen und speziellen Techniken, die sie dem Menschen auferlegt, der nach dieser Ebene des Wachstums strebt. Ohne diese besonderen Bedingungen würde überhaupt nichts herauskommen – außer Stillstand. Diese Bedingungen sind natürlich für jede Ebene verschieden. Aber was haben sie alle gemeinsam, das es ihnen ermöglicht, wirksam zu sein? Anders ausgedrückt, fragen wir uns zunächst, warum funktioniert jede dieser besonderen Bedingungen?

Die Antwort scheint zu sein, daß *jede Art von Bedingungen einen bestimmten Typus von Widerstand durchkreuzt.* Ein paar kurze Beispiele werden dies deutlich machen. Wir haben gerade festgestellt, daß die Psychoanalyse, die vor allem mit dem Hinabstei-

gen von der Persona-Ebene zur Ich-Ebene zu tun hat, die besondere Bedingung des freien Assoziierens verwendet. Nun kann das Ich ohne große Schwierigkeiten frei assoziieren, denn für ein richtiges Ich gibt es wenige Gedanken oder Wünsche, die ihm ganz und gar unannehmbar sind. Die Persona kann jedoch nur mit größten Schwierigkeiten frei assoziieren, denn in dem Moment, in dem sie ihre chronische Zensur lockert, kommen unerwünschte und unannehmbare Gedanken an die Oberfläche. Das freie Assoziieren geht also bestenfalls ruckweise vor sich. Der Therapeut wird dazu ausgebildet, diese Blockierungen als Zeichen von Widerstand zu erkennen und den Klienten auf sie hinzuweisen. Da der Klient angewiesen wird, die besondere Bedingung anzunehmen, treten seine Widerstände sehr leicht zutage. Außerdem werden seine Widerstände, weil er immer weiter versuchen muß, frei zu assoziieren, die besondere Bedingung immer wieder zu erfüllen, allmählich vereitelt. Man kann nicht zugleich im Widerstand sein *und* frei assoziieren. In dem Augenblick, in dem der Klient die besondere Bedingung des unbehinderten freien Assoziierens leicht einhalten kann, ist die Therapie sehr erleichtert.
Derselbe Faktor ist bei den besonderen Bedingungen der Therapie auf der Kentauren-Ebene wirksam. Es wird einem Klienten z. B. gesagt, er solle alle Gedanken an gestern und morgen fallen lassen und seine Gefühlsaufmerksamkeit streng auf das unmittelbare Hier und Jetzt richten, das *nunc fluens,* die verstreichende Gegenwart des existentiellen Gewahrseins. Genau dies ist die besondere Bedingung. Dies ist etwas, das der Gesamtorganismus relativ leicht einhalten kann, aber selbst das richtige Ich kann es nicht, denn das Ich ist auf der Zeit aufgebaut, auf aufeinanderfolgenden Blicken auf Vergangenheit und Zukunft, und es verfällt unter dem Licht des gegenwärtigen Gewahrseins. Das Ich leistet also der verstreichenden Gegenwart Widerstand – es kämpft gegen die besonderen Bedingungen und gleitet immer wieder in Gedanken an gestern und morgen hinein. Der Therapeut setzt sanft (wie immer) die Bedingungen durch und vereitelt so die Widerstände gegen diese Ebene, die Absetzbewegungen von

der unmittelbaren, verstreichenden Gegenwart. Ohne diese Bedingungen würde der Klient vielleicht nie erfahren, daß er Widerstände hat.
Die besonderen Bedingungen (jeder Ebene) *zeigen* also *Ihre Widerstände auf und vereiteln sie zur gleichen Zeit*. Tatsächlich zeigen sie Ihre Widerstände auf, *indem* sie sie vereiteln. Wenn Ihre Widerstände nicht vereitelt würden, würden Sie ihr Vorhandensein wahrscheinlich nicht einmal vermuten. Sie würden sie insgeheim weiter ausüben und so eine Weiterentwicklung sabotieren. Außerdem gestatten Ihnen die besonderen Bedingungen, indem sie Ihre Widerstände vereiteln, einen tieferen Zustand ohne Widerstände zu verwirklichen. Tatsächlich sind die Bedingungen jeweils einer Ebene das, was ein Mensch auf der nächsttieferen Ebene verwirklichen kann. Das heißt, *die besonderen »therapeutischen« Bedingungen jeder Ebene sind ein Merkmal oder mehrere der nächsttieferen Ebene*. Wenn Sie die Merkmale der tieferen Ebene als die besonderen Bedingungen Ihrer gegenwärtigen Praxis auf sich nehmen, wird Ihr Widerstand gegen diese tiefere Ebene ans Licht gebracht, vereitelt und untergraben; so werden Sie auf die tiefere Ebene zurückgeführt.
Wir kehren nun zum Urwiderstand selbst zurück, den die besonderen Bedingungen aller echten spirituellen Übungen ans Licht bringen und dann vereiteln, untergraben und auflösen. Diesem Urwiderstand gegen das Bewußtsein der All-Einheit müssen wir uns nähern, nicht diesem Bewußtsein selbst. Denn solange Sie nicht genau erkennen, wie Sie dem Bewußtsein der All-Einheit Widerstand leisten, werden all Ihre Bemühungen, etwas zu »erreichen«, vergeblich sein, weil das, was Sie zu erreichen versuchen, auch das ist, wogegen Sie unbewußt Widerstand leisten und was Sie unbewußt zu verhindern suchen. Wir wehren uns insgeheim gegen das Bewußtsein der All-Einheit, wir produzieren heimlich die »Symptome« der Nicht-Erleuchtung, genauso, wie wir insgeheim all unsere anderen Symptome auf den verschiedenen Ebenen des Spektrums hervorgebracht haben. Was wir uns an der Oberfläche brennend wünschen, verhindern wir in der Tiefe mit Erfolg. Dieser Widerstand ist unsere wirkli-

che Schwierigkeit. Wir werden uns also nicht *auf* das Bewußtsein der All-Einheit *zu* bewegen; wir werden nur begreifen, wie wir uns ständig von ihm *fort* bewegen. Und dieses Begreifen selbst könnte uns einen Schimmer des Bewußtsein der All-Einheit vermitteln, *denn das, was Widerstand erkennt, ist selbst frei von Widerstand*.

Der Urwiderstand – wie alle anderen Widerstände, die im Bewußtseinsspektrum wirksam sind – ist nicht etwas, das Ihnen zustößt, er ist auch nicht etwas, das in der Vergangenheit geschehen ist, er ist auch nichts, was ohne Ihre Zustimmung auftritt. Er ist vielmehr eine gegenwärtige Aktivität, etwas, das Sie tun, ohne es zu merken. Und diese Ur-Aktivität hat die Tendenz, das Bewußtsein der All-Einheit zu blockieren. Einfach ausgedrückt, ist sie eine umfassende Abneigung, alles so anzuschauen, wie es – in diesem Moment – ist. Konkret gesprochen, gibt es etwas in dieser Gegenwart, das Sie nicht ansehen wollen. Insgesamt besteht ein allgemeiner Widerstand gegen die ganze Qualität des gegenwärtigen Erlebens und ein Nicht-Akzeptieren dieser Qualität – nicht nur Widerstand gegen ein bestimmtes gegenwärtiges Erleben oder einen fest umrissenen und offenkundigen Aspekt des gegenwärtigen Erlebens, sondern gegen die gesamte Gegenwart in all ihren Dimensionen. Wie wir sehen werden, ist dies kein Widerstand gegen die verstreichende Gegenwart, das *nunc fluens* der kentaurischen Ebene, sondern ein Widerstand gegen die ewige Gegenwart, das *nunc stans,* die das Bewußtsein der All-Einheit ist.

Da dieser Widerstand so allumfassend ist, ist er eigentlich nichts, was Sie deutlich wahrnehmen und worüber Sie nachdenken können. Er ist vielmehr etwas ganz Subtiles. Wilder und dramatischer Widerstand tritt meist in den oberen Schichten auf, aber an der Basis des Spektrums ist dieser Widerstand subtil und verfließend. Die meisten von uns können ihn jedoch im Inneren fühlen und intuitiv spüren. Irgendwie scheinen wir den gegenwärtigen Gesamtzustand einfach nicht vollständig zu akzeptieren – es besteht eine winzige innere Spannung, die uns von der Gesamtgegenwart wegzudrängen scheint. Daher wollen wir es unserem

Bewußtein nicht gestatten, ganz natürlich bei dem zu bleiben, was jetzt ist. *Wir neigen dazu, wegzusehen.*

Es besteht also diese umfassende Abneigung, alles ingesamt, wie es ist, gerade wie es jetzt ist, zu betrachten. Wir neigen dazu, wegzusehen, das Bewußtsein von dem, *was ist,* zurückzuziehen, die Gegenwart in all ihren Formen zu vermeiden. Und weil wir die Tendenz haben, wegzu*sehen,* neigen wir auch zum Weg*laufen.* Mit diesem subtilen Widerstand, diesem Wegsehen und Weglaufen, scheinen wir das Bewußtsein der All-Einheit zu blockieren; wir scheinen unsere wahre Natur zu »verlieren«.

Dieser »Verlust« des Bewußtseins der All-Einheit stürzt uns in eine Welt von Grenzen, von Raum, Zeit, Leiden und Sterblichkeit. Aber während wir uns durch diese Welt der Grenzen und Kämpfe bewegen, sind wir im Grunde von einem motiviert: dem Wunsch, das Bewußtsein der All-Einheit wiederzuerlangen, noch einmal das Reich ohne Grenzen wiederzuentdecken. All unsere Begierden, unser Verlangen, unsere Absichten und Wünsche sind letztlich »Ersatzbefriedigungen« für das Bewußtsein der All-Einheit – aber nur halb befriedigend, und daher halb enttäuschend.

Obwohl das einzige, was der Mensch im Grunde will, das Bewußtsein der All-Einheit ist, ist das einzige, was er tut, Widerstand leisten. Wir suchen immer nach dem Bewußtsein der All-Einheit, aber auf eine Art und Weise, die die Entdeckung immer verhindert: Wir suchen nach ihm, indem wir uns von der Gegenwart entfernen. Wir bilden uns ein, irgendwie sei diese »Gegenwart« nicht richtig, »nicht ganz das«, und deshalb wollen wir nicht ganz und gar in dieser Gegenwart bleiben, sondern beginnen statt dessen, uns von ihr zu *entfernen,* in Richtung auf etwas, von dem wir glauben, es werde eine neue und bessere Gegenwart sein. Wir beginnen, anders ausgedrückt, mit dem Wellenreiten. Wir fangen an, uns in Raum und Zeit zu bewegen, um für uns selbst eine letzte Welle zu sichern, die Welle, die endlich unseren Durst stillen wird, die uns schließlich »Nässe« geben wird. Da wir die Nässe auf der nächsten Welle des

Erlebens suchen, versäumen wir sie immer auf unserer gegenwärtigen Welle. Auf ewig suchen heißt, sie auf ewig versäumen.
Das Problem ist, daß Sie, um der gegenwärtigen Welle des Erlebens zu widerstehen, sich von ihr trennen müssen. Wenn Sie sich vom gegenwärtigen Erleben *entfernen,* bedeutet das, daß Sie und das gegenwärtige Erleben zweierlei sind.
Indem Sie fortwährend versuchen, sich vom Jetzt zu entfernen, verstärken Sie ständig die Illusion, Sie seien außerhalb des Jetzt. Wenn Sie versuchen, sich von der gegenwärtigen Welt zu entfernen, sieht es so aus, als seien Sie von dieser Welt getrennt. Genau auf diese Weise errichten wir die Urgrenze zwischen unserem Selbst einerseits und unserer Welt andererseits. Darum haben wir vor einiger Zeit gesagt, die Wahrnehmung einer objektiven Welt »dort draußen« sei ein Widerstand gegen unser gegenwärtiges Erleben und daher eine Trennung von ihm.
Das Fortgehen vom Jetzt bedeutet, daß man sich vom Bewußtsein der All-Einheit trennt und so beginnt, das Spektrum zu entfalten. Diese »erste Ursache«, von der wir im 6. Kapitel so geheimnisvoll gesprochen haben, ist nichts weiter als dieses »Sich-Entfernen«, das sich in der Urgrenze verkörpert. Darum haben wir gesagt: »Die Urgrenze, diese andauernd aktive erste Ursache, ist *unser* Tun in *diesem* Augenblick«. Sie ist ein einfaches Suchen und Sich-Entfernen. In dem Augenblick, in dem wir der einen Welt des gegenwärtigen Erlebens Widerstand leisten, teilen wir notwendigerweise diese Welt in zwei. Wir teilen sie in ein *inneres* Erleben, das wir als der Sehende, Erlebende und Handelnde erkennen, im Gegensatz zu einem *äußeren* Erleben, das wir als Gesehener, Erlebter und »Behandelter« empfinden. Unsere Welt wird in zwei Teile gespalten, und eine Grenze, eine illusorische Grenze, wird zwischen Ihnen, dem Erlebenden, und ihr, der erlebten Welt, gezogen. Die Entwicklung des Spektrums hat angefangen; der Krieg der Gegensätze ist ausgebrochen.
Unsere Welt wird auch noch auf eine andere grundlegende Weise gespalten. Wenn man sich fortwährend von der umfassenden Gegenwart entfernt, bedeutet dies, daß es eine Zukunft gibt, die

diese Bewegung akzeptiert. Wir *entfernen* uns, weil wir uns vorstellen, es gebe eine andere Zeit, auf die wir uns zubewegen *können*. Sich entfernen ist also nichts weiter als ein Sich-Bewegen in der Zeit – tatsächlich bedeutet es, daß man Zeit erschafft. Denn indem wir uns vom zeitlosen und gegenwärtigen Erleben entfernen (oder vielmehr, uns zu entfernen versuchen), erzeugen wir die Illusion, das Erleben selbst bewege sich ebenso an uns vorbei. Durch unseren Widerstand gegen die ewige und umfassende Gegenwart wird sie zur *verstreichenden* Gegenwart herabgesetzt. Die Erlebnisse scheinen dann, eins nach dem anderen, linear an uns vorbeizuziehen – aber nur weil wir auf der Flucht vor dem Jetzt an ihnen vorbeilaufen. (Dies ist, wie wir schon gesehen haben, die Angst vor dem Tod, die Angst, keine Zukunft zu haben, die Angst, *sich nicht entfernen zu können*.)
Während wir versuchen, uns von der gegenwärtigen Welt wegzubewegen, scheint sich diese Welt an uns *vorbei*zubewegen. Die ewige Gegenwart erscheint daher begrenzt, eingeschränkt, beengt. Sie wird auf der einen Seite durch all die Erlebnisse begrenzt, an denen wir vorbeigelaufen sind, und an der anderen Seite durch all die zukünftigen Momente, in die wir hineinzulaufen versuchen. Sich entfernen schafft also ein Vorher und Nachher, einen Ausgangspunkt in der Vergangenheit, *von* dem wir uns entfernen, und einen Schicksalshafen in der Zukunft, *auf* den wir uns zubewegen. Unsere Gegenwart ist auf die Bewegung selbst reduziert, das stille Weglaufen. Unsere Momente verstreichen. Von allen Seiten her bedeutet also das Sich-Entfernen, daß wir uns vom gegenwärtigen Erleben trennen und uns in Zeit, Geschichte, Schicksal und Tod hineinprojizieren. Dies ist also unser Urwiderstand – die Abneigung, alles Erleben als ganzes so anzusehen, wie es jetzt ist; wir versuchen statt dessen insgesamt, uns zu entfernen. Dieser umfassende Widerstand wird von den besonderen Bedingungen der spirituellen Praxis aufgedeckt und dann vereitelt. Wenn ein Mensch die Bedingungen auf sich nimmt, beginnt er zu erkennen, daß er sich ständig von der umfassenden Gegenwart *entfernt*. Er erkennt allmählich, daß er durch das ständige Sich-Entfernen lediglich Widerstand leistet

und verhindert – das Bewußtsein der All-Einheit oder Gottes Willen, den Fluß des Tao, die Liebe zum Guru oder die ursprüngliche Erleuchtung. Wie man es auch nennt, er widersteht seiner Gegenwart. Er schaut weg. Er entfernt sich. Darum leidet er.
Aber in gewissem Sinn macht er Fortschritte. Er beginnt seinen Urwiderstand zu *erkennen* und ihn daher zu lockern. Wie bei allen anderen Therapien ist dies die Zeit der »Flitterwochen«. Er ist relativ glücklich; er ist sicher in seiner Übung; er hat das Gefühl, letzten Endes gebe es Hoffnung auf Befreiung. Er mag sogar bis zum transpersonalen Zeugen vorankommen (den wir im letzten Kapitel beschrieben haben). Weil er allmählich seinen Urwiderstand erkennt, beginnt er seinen Feind zu verstehen. Er weiß, was zerstört werden muß. Er muß dieses fortwährende Sich-Entfernen aufgeben.
Das bringt ihn ins Unglück und zu einem abrupten Ende der Flitterwochen. Denn wie, um Himmelswillen, kann er *aufhören*, sich zu entfernen? Er erkennt z. B., daß er in diesem Moment versucht, sich vom Jetzt zu entfernen. Er beschließt also zu versuchen, diese Entfernung vom Jetzt abzustellen. Aber diese Handlung des Abstellens ist selbst nichts als eine weitere Bewegung. Zu versuchen, sich nicht wegzubewegen, bedeutet immer noch, eine Bewegung zu machen. Es erfordert immer noch einen zukünftigen Moment, in dem dieses Abstellen eintreten kann. Anstatt das Sich-Entfernen abzustellen, entfernt er sich lediglich vom Sich-Entfernen. An die Stelle des groben Widerstandes ist derselbe Widerstand auf subtilerer Ebene getreten.
Gehen wir unter einem etwas anderen Blickwinkel heran: Er wird vielleicht versuchen, den Widerstand gegen das Jetzt dadurch aufzugeben, daß er sich bemüht, sich ganz *dieser* ewigen Gegenwart bewußt zu sein, genau wie sie ist. Aber der Versuch, sich dieser Gegenwart bewußt zu sein, erfordert eine zukünftige Gegenwart, in der dieses Bewußtsein eintreten könnte. Er *bewegt* sich also immer noch vom Jetzt *weg*, sogar bei dem Versuch, es nicht zu tun. Denn die einzige Gegenwart, die man *erfassen* kann, ist die verstreichende Gegenwart – und das ist genau die therapeutische Technik der Kentaurenebene. Aber auf dieser

tiefsten Ebene, der Ebene des Bewußtseins der All-Einheit, haben wir es mit der ewigen Gegenwart zu tun, nicht mit der verstreichenden, und der Versuch, die ewige Gegenwart zu ergreifen oder zu suchen, hat nur zur Folge, daß man eine Reihe von verstreichenden Gegenwarten findet. Sich auf die verstreichende Gegenwart konzentrieren heißt einfach, der Ewigkeit zu widerstehen, denn diese Konzentration auf die verstreichende Gegenwart erfordert eine Reihe rascher Zugriffe in der Zeit – wesentlich für die Kentaurenebene, aber beim Bewußtsein der All-Einheit unangebracht. Denn die ewige Gegenwart ist *dieser* Moment, bevor Sie versuchen, ihn zu ergreifen. Sie ist das, was Sie wissen, bevor Sie irgend etwas anderes wissen, was Sie sehen, bevor Sie irgend etwas anderes sehen, was Sie sind, bevor Sie irgend etwas anderes sind. Der Versuch, sie zu ergreifen, erfordert eine Bewegung; der Versuch, sie nicht zu ergreifen, erfordert ebenfalls eine Bewegung. Was der Mensch auch tut, er verfehlt sie von vornherein.

Zu diesem Zeitpunkt in seiner Unternehmung fühlt sich der Mensch allmählich auf allen Seiten umzingelt. Nichts, was er tun kann, scheint richtig zu sein. Um nicht mehr Widerstand zu leisten, muß er immer noch widerstehen. Das zeitlose Jetzt zu suchen, erfordert einen Sekundenbruchteil Zeit. Um mit dem Sich-Entfernen aufzuhören, muß er immer noch eine Bewegung machen. So dämmert ihm allmählich, daß *alles, was er tut, ein Widerstand ist*. Es ist nicht so, daß er manchmal Widerstand leistet und manchmal nicht, sondern so, daß er (solange er Zeit anerkennt und sich eines abgetrennten Selbst bewußt ist) *nur* Widerstand leistet und sich entfernt. *Alles,* was er überhaupt tut, ist ein Sich-Entfernen. Und dazu gehören auch all seine geschickten Versuche, sich nicht zu entfernen. Er kann wahrhaftig keine Bewegung machen, ohne Widerstand zu leisten, weil jede *Bewegung* per definitionem Widerstand ist.

Auf jeder der oberen Ebenen des Bewußtseinsspektrums gab es irgendein Handeln, das nach den Maßstäben der jeweiligen Ebene kein Widerstand war. Zum Beispiel waren freies Assoziieren auf der Ich-Ebene und das Beachten der verstreichenden

Gegenwart auf der Kentaurenebene kein Widerstand, zumindest nicht im Rahmen dieser Ebenen. In all diesen Fällen konnte der Mensch daher wählen, ob er Widerstand leisten wollte oder nicht. Er hatte Alternativen. Es gab einerseits sein Selbst (Persona, Ich, Kentaur oder das Transpersonale) und andererseits seinen Widerstand.

Aber hier, am Grund des Spektrums, gibt es keine Alternative. Die Therapie auf jeder der oberen Ebenen war die Abschaffung eines groben Widerstands durch Verstärkung eines subtileren. Aber hier gibt es keinen subtileren Widerstand. Der Mensch hat keine Alternative mehr zum Widerstand, denn alles, was er tut, *ist* Widerstand. Er hat den Widerstand bis an die Grenze des Spektrums gejagt, und hier umzingelt er ihn.

Es gibt auch einen besonderen Grund dafür, den er allmählich intuitiv erfaßt. Sein abgesondertes Selbst scheint immer Widerstand zu leisten, weil die Empfindung eines abgesonderten Selbst und die Empfindung von Widerstand ein und dasselbe sind. Dieses innere Gefühl, ein gesondertes Selbst zu sein, ist nichts weiter als ein Gefühl des Sich-Entfernens, des Widerstands, des Sich-Zusammenziehens, des Abseitsstehens, des Wegsehens, des Zugreifens. Wenn man sich selber fühlt, fühlt man sonst nichts.

Das ist der Grund, warum alles, was der Mensch versuchte zu tun oder nicht zu tun, »falsch« war, einfach nur mehr Widerstand und mehr Sich-Entfernen war. Alles was er tat, war falsch, weil *er* es tat. Sein Selbst *ist* Widerstand und konnte daher den Widerstand nicht aufgeben.

An dieser Stelle scheint tatsächlich alles trübe zu sein. Das Individuum scheint nichts als eine Falle zu sein, die aufgestellt ist, damit es sich immer wieder selber fängt. Die dunkle Nacht der Seele beginnt, und das Licht des Bewußtseins scheint sich wider sich selbst zu kehren und spurlos zu verschwinden. Alles scheint verloren, und in gewissem Sinn ist alles verloren. Eine Dunkelheit folgt der anderen, Leere führt zu Leere, die Mitternacht dauert an. Aber, wie es im Zenrin heißt:

Im Abenddämmern kündigt der Hahn den Morgen an;
um Mitternacht die helle Sonne.

Aus Gründen, die wir gleich erklären wollen, wird an dieser Stelle, wo absolut alles falsch zu sein scheint, alles spontan richtig. Wenn der Mensch wirklich erkennt, daß jede Bewegung, die er macht, eine *Entfernung* ist, ein Widerstand, dann lösen sich die ganzen Umtriebe des Widerstands auf. Wenn er diesen Widerstand in jeder Bewegung sieht, die er macht, gibt er ganz spontan den Widerstand ganz und gar auf. Das Aufgeben dieses Widerstands ist die Öffnung des Bewußtseins der All-Einheit, die Verwirklichung des Gewahrseins ohne Grenzziehungen. Der Mensch erwacht wie aus einem langen und nebelhaften Traum und stellt fest, was er die ganze Zeit schon gewußt hat: Er als abgesondertes Selbst existiert gar nicht. Sein wahres Selbst, das All, ist niemals geboren worden und wird niemals sterben. Es gibt nur das Bewußtsein als solches, in allen Richtungen, absolut und alles durchdringend, strahlend durch alle Bedingungen und als alle Bedingungen, die Quelle und das Sosein von allem, das von Augenblick zu Augenblick entsteht, aufs äußerste älter als diese Welt und dennoch nichts anderes als diese Welt. Alle Dinge sind nur ein Wellengekräusel in diesem Teich; alles, was entsteht, ist nur eine Geste dieses einen.

Wir haben also gesehen, daß die besonderen Bedingungen spiritueller Übung dem Menschen all seine Widerstände zeigen, während sie sie zugleich auf tiefster Ebene vereiteln. Kurzum, die Bedingungen zeigen uns unser Wellenreiten und machen es schließlich unmöglich. Der Wendepunkt kommt, wenn der Mensch erkennt, daß *alles,* was er tut, nichts weiter ist als Wellenreiten, Widerstand, ein Sich-Entfernen vom Jetzt auf der Suche nach »nasseren Wellen«. Die spirituelle Praxis dreht sich, ob es der Betreffende in dieser Form erkennt oder nicht, um diesen wesentlichen Angelpunkt.

Bis der Mensch erkennt, daß absolut *alles,* was er tut, Widerstand ist, fährt er nämlich insgeheim fort, sich zu entfernen, zuzugreifen, zu suchen und auf diese Weise die Entdeckung total zu

verhindern. Er entfernt sich, ohne zu merken, daß er sich entfernt. Wenn er nicht erkennt, daß *all* seine Handlungen Widerstände sind, wird er immer noch glauben, daß er irgendeinen Schritt tun kann, um das Bewußtsein der All-Einheit zu bekommen. Bis er erkennt, daß alles, was er tut, nichts weiter ist als ein Sich-Entfernen, wird er einfach fortfahren, sich zu entfernen. Er wird glauben, er habe eine Wahl, eine Alternative, etwas zu tun, einen Ausweg. Und so fährt er fort, einen Schritt zu tun – einen Schritt, der immer *weg*führt –, und somit einen Schritt, der eine Schranke gegen das Bewußtsein der All-Einheit errichtet, die vorher *nicht* da war. Der Grund, warum er kein Bewußtsein der All-Einheit »bekommt«, ist der, daß er es will.
Aber genau an dem Punkt, wo er erkennt, daß alles, was er tut, ein Widerstand ist, ein Wegschauen und Weglaufen, hat er keine Wahl mehr als das Aufgeben. Er kann jedoch nicht *versuchen*, dies zu tun, auch nicht, es nicht zu tun. Wir haben gesehen, daß das überhaupt nicht funktioniert, denn beide Versuche sind nur ein Sich-Entfernen. Es geschieht vielmehr von selber, spontan, wenn er erkennt, daß nichts, was er tun oder nicht tun kann, funktioniert, weil das Bewußtsein der All-Einheit immer schon vorhanden ist. Das Erkennen des Widerstands ist die Auflösung des Widerstands und ein Anerkennen der früheren Einheit.
Sobald dieser Urwiderstand anfängt, sich aufzulösen, löst sich das gesonderte Selbst des Menschen mit ihm zusammen auf. Denn es ist nicht so, daß Sie, auf der einen Seite, Ihr Sich-Entfernen auf der anderen Seite sehen. Es kann vielleicht so anfangen, daß Sie als ein gesondertes Selbst den Widerstand als Ihre eigene Aktivität erkennen. Aber wenn Sie allmählich erkennen, daß alles, was Sie tun, ein Widerstand ist, beginnen Sie auch zu erkennen, daß sogar Ihr Gefühl, ein gesondertes Selbst »hier drinnen« zu sein, auch nichts weiter ist als ein Widerstand. Wenn Sie sich selber fühlen, fühlen Sie nur eine winzige innere Spannung, ein subtiles Sich-Zusammenziehen, ein subtiles Sich-Entfernen. Das Gefühl des Selbst und das Gefühl des Sich-Entfernens sind ein und dasselbe. Aber wenn dies offenkundig wird, sind nicht länger *zwei* verschiedene Gefühle vorhanden,

nicht mehr einerseits ein Erlebender, der andererseits ein Erlebnis hat, sondern nur ein einziges, alles durchdringendes Gefühl – das Gefühl des Widerstands. Sie fühlen diesen Widerstand nicht, Sie *sind* dieses Gefühl des Widerstands, und beide lösen sich auf. Im gleichen Maß, in dem sich dieser Urwiderstand auflöst, löst sich auch Ihre Trennung von der Welt auf. Spontan tritt ein tiefgehendes und totales Aufgeben des Widerstands ein, ein Aufgeben der Abneigung, die Gegenwart in all ihren Formen zu betrachten, und so eine vollständige Auflösung der Urgrenze, die Sie zwischen innen und außen errichtet haben. Wenn Sie sich nicht mehr gegen das gegenwärtige Erleben wehren, haben Sie kein Motiv mehr, sich von ihm abzutrennen. Die Welt und das Selbst kehren als ein einziges Erlebnis zurück, nicht als zwei verschiedene. Wir springen nicht mehr von einer Welle zur anderen, denn es gibt nur eine Welle, und sie ist überall.

Ferner scheint das Erleben nicht mehr an uns vorbeizuziehen, wenn wir uns nicht mehr vom Erleben entfernen. Der Gegenwart nicht länger Widerstand leisten heißt, zu erkennen, daß es außer der Gegenwart nichts gibt – keinen Anfang, kein Ende, nichts hinter ihr, nichts vor ihr. Wenn man erkennt, daß die Vergangenheit der Erinnerung und die Zukunft der Erwartung gegenwärtige Fakten sind, dann fallen die Barrieren vor dieser Gegenwart. Die Grenzen *um* diesen Augenblick *herum* fallen *in* diesen Augenblick *hinein,* und dann gibt es nichts mehr als diesen Augenblick, und nichts anderes mehr, wohin man gehen könnte. Ein alter Zen-Meister sagte:

> Mein Selbst von lange her,
> in Natur nicht existent;
> Nirgendshin zu gehen, wenn tot,
> überhaupt nichts.

So wird offenbar, warum die Suche nach dem »All-Einheitsbewußtsein« so aufreibend war. Alles, was wir zu tun versuchten, war falsch, weil alles schon und von Ewigkeit her richtig war. Selbst was als Urwiderstand gegen Brahman erschien, war in Wirklichkeit eine Bewegung Brahmans, weil es *nichts als*

Brahman gab. Es hat nie eine andere Zeit als Jetzt gegeben, und es wird auch nie eine andere geben. Was als diese Urbewegung *weg* vom Jetzt erschien, war in Wirklichkeit eine ursprüngliche Bewegung *des* Jetzt. *Honsho-myoshu*. Ursprüngliche Erleuchtung *ist* wunderbare Übung. Das ewige Jetzt *ist* seine Bewegungen. Die Wellen des Meeres schlagen frei an die Küste und nässen die Steine und Muscheln.

Empfehlungen

Den Hindu-Weg lernt man am besten durch Sri Ramana Maharshi kennen. Arthur Osborne hat die meisten seiner Werke gesammelt und in hervorragenden Bänden herausgegeben. Siehe besonders: *Ramana Maharshi: Seine Lehren*. Zusammengestellt von Arthur Osborne (München: Hugendubel, 1983).

Beim buddhistischen Weg stehen uns drei Hauptwege offen. Zum Theravadin- oder frühen Buddhismus siehe *The Heart of Buddhist Meditation* von Nyaniponika Thera (London, 1972). Zum Vajrayana- oder tibetischen Buddhismus sind die Bücher von Tschögyam Trungpa erhellend, besonders *Spiritueller Materialismus*. Vom wahren geistigen Weg (Freiburg, 1975), ferner für westliche Leser geschriebene Bücher von Tarthang Tulku, bisher dt.: *Psychische Energie und inneres Gleichgewicht* (Freiburg: Aurum, 1981) und *Zeit, Raum und Erkenntnis* (München: O. W. Barth/Scherz, 1983). Für den Zen-Weg ist aus der Schriftenreihe des Zen-Centers in Los Angeles zu empfehlen: Maezumi's *Der verschleierte Mond der Erleuchtung* (München: O. W. Barth/Scherz, 1983). *Zen-Geist, Anfänger-Geist* von Shunryu Suzuki Roshi (Zürich: Theseus, 3. Aufl. 1982) ist ein Meisterwerk, und *Die drei Pfeiler des Zen* von Philip Kapleau (München: O. W. Barth/Scherz, 1979) bleibt ein Klassiker.

Zwei weitere Möglichkeiten des Zugangs sollten noch erwähnt werden, die beide nicht traditionell sind. Krishnamurti, auf dessen Einsichten wir uns in diesem Buch stark gestützt haben, spricht beredt durch seine vielen Werke, von denen *Schöpferische Freiheit* (Bern: Humata, 3. Aufl. 1979) und die beiden

Bände mit »Gedanken zum Leben«: *Ideal und Wirklichkeit* und *Konflikt und Klarheit* (Humata) besonders erwähnt werden sollen. Die Werke von Bubba Free John sind unübertroffen: siehe *The Enlightenment of the Whole Body* (Middletown, 1978). Diese – oder entsprechende – Zugangsmöglichkeiten erscheinen mir als die einzigen, die sowohl stark als auch sanft genug sind, um inmitten der gegenwärtigen Aktivität wahres Verständnis zu wecken. Wirkliche spirituelle Übung ist nicht etwas, das wir zwanzig Minuten täglich, zwei Stunden täglich oder sechs Stunden täglich praktizieren. Sie ist nicht etwas, das wir einmal am Tag morgens oder einmal in der Woche am Sonntag tun. Spirituelle Übung ist nicht eine Tätigkeit unter anderen menschlichen Tätigkeiten; sie ist der Grund aller menschlichen Tätigkeiten, ihre Quelle und ihre Bestätigung. Sie ist eine A-priori-Hingabe an die Transzendente Wahrheit, die vierundzwanzig Stunden am Tag gelebt, geatmet, intuiert und praktiziert wird. Ihr reales Selbst intuitiv zu erfassen heißt, Ihr ganzes Sein der Verwirklichung dieses Selbst in allen Wesen hinzugeben, gemäß dem uranfänglichen Gelübde: »Wie zahllos die Wesen auch sein mögen, ich gelobe, sie zu befreien; wie unvergleichlich die Wahrheit auch ist, ich gelobe, sie zu verwirklichen.« Wenn Sie diese tiefe Verpflichtung zu Verwirklichung, Dienen, Opfer und Hingabe durch alle gegenwärtigen Bedingungen bis zur Unendlichkeit selbst fühlen, wird Ihnen die spirituelle Übung als Weg ganz natürlich sein. Möge Ihnen die Gnade zuteil werden, in diesem Leben einen spirituellen Meister und im Augenblick Erleuchtung zu finden.

Register